网上零售理论与实务

e – Retailing

查尔斯·丹尼斯（Charles Dennis）
［英］蒂诺·费内奇（Tino Fenech）　　著
比尔·梅里斯（Bill Merrilees）

姚歆　赵敏　译

中国物资出版社

图书在版编目（CIP）数据

网上零售理论与实务/（英）丹尼斯，（英）费内奇，（英）梅里斯著；姚歆，赵敏译. —北京：中国物资出版社，2008.5（2013.8 重印）

ISBN 978-7-5047-2843-2

Ⅰ.网… Ⅱ.①丹…②费…③梅…④姚…⑤赵… Ⅲ.零售商业—电子商务 Ⅳ.F713.32 F713.36

中国版本图书馆 CIP 数据核字（2008）第 048348 号

责任编辑 王佳蕾
责任印制 何崇杭
责任校对 孙会香

e-Retailing

著作权合同登记号 图字：01-2007-3971 号

中国物资出版社出版发行
网址：http://www.cfpress.com.cn
社址：北京市西城区月坛北街 25 号
电话：（010）68589540 邮政编码：100834
全国新华书店经销
中国农业出版社印刷厂印刷

开本：787mm×1092mm 1/16 印张：17.25 字数：347 千字
2008 年 5 月第 1 版 2013 年 8 月第 3 次印刷
书号：ISBN 978-7-5047-2843-2/F·1185
印数：6001—8000 册
定价：36.00 元
（图书出现印装质量问题，本社负责调换）

呈　献

查尔斯·丹尼斯（Charles Dennis）：谨献给我的妻子 Mary，感谢她对我工作的理解和支持；献给我的女儿 Trish 和 Juliet；献给我的母亲 Joan 以及献给 Ross 和 Janine。

蒂诺·费内奇（Tino Fenech）：献给我耐心的和永远都在身边支持我的妻子 Clara；献给无比信任我的伟大的父亲和母亲。

比尔·梅里斯（Bill Merrilees）：本人致力于通过整合核心能力来帮助你渡过所有难关；献给我生命中最正直的伙伴 Dale。

鸣　　谢

感谢所有为本书提供帮助的人。尤其感谢 Lisa Harris 为本书的编著做出的巨大努力；感谢 Routledge 出版社的 Rachel Crookes 和 Jacqueline Curthoys 默默的支持；感谢 Mark Henry 和 Brian Bainbridge 为本书内容做出的贡献；感谢为本书提供案例素材和其他资料的同事和学生，感谢 Jennine Godfrey，Mehtap Durmus，Wayfer，Omar Chaudhry，John Honey，Chantima Kiti pattarapumikul，Vijay Sisoda，Numan Tahir 和 Mnisha Talwar。

作者简介

查尔斯·丹尼斯（Charles Dennis）博士是英国布鲁内尔大学（Brunel University）商学院的注册市务师、营销与零售管理专业的高级教授，主持学校理学和管理学位的营销工作。最初担任特许化学工程师，从事过几年工程学和后技术领域的工作，后来着重进行营销领域的研究。曾经他还作为营销协会发展顾问对营销方法进行了深入研究。从1993年开始，他全职进行此项工作，先后著有《国际消费者购物行为》、《网上购物》和《网上零售》。教材《电子商务营销》由Routledge出版社于2002年出版发行。

蒂诺·费内奇（Tino Fenech）博士作为一个营销人员对零售和服务行业已研究多年。从1984年开始曾在多所大学任教。他拥有管理学学士学位、商务硕士学位和营销硕士学位以及电子商务博士学位。在这些经验的基础上，他曾在澳大利亚、东南亚和中东的快餐、保健服务、汽车、娱乐、直复营销和电信等行业担任过顾问。作为直销和电子商务专家，媒体、教科书出版商和专业杂志曾多次刊登和发表过他关于互联网问题的观点和评论。现在，蒂诺·费内奇是澳大利亚格里夫大学（Griffith University）的高级营销教授、电子商务专家，在营销服务和无店铺营销方面担任授课任务，并进一步深入研究。他的研究成果得到了多家媒体、会议和杂志的认可，包括产品和品牌管理杂志、国际零售和分销管理杂志以及零售和顾客服务杂志等。

比尔·梅里斯（Bill Merrilees）教授是澳大利亚格里夫大学（Griffith University）商学院的营销专家、营销专业主任（金海岸校区），他同样效力于服务业研究中心，同时为学术界和政府部门工作。曾在澳大利亚纽卡斯尔大学获得商务学士学位，并在加拿大多伦多大学获得硕士和博士学位。比尔教授在多家企业担任顾问，如壳牌、Westpac和Jones Lang Lasalle等知名企业以及包括会计公司这样的中型企业，甚至还包括像Florists这样的小型企业。比尔尤其喜欢进行案例研究，为通向现实世界架起了一座桥梁。他先后出版了70多篇论文，并在多部书中担任编纂工作。其中六份杂志属于电子商务领域，包括营销关系杂志、商业战略杂志、公司职位总览和营销情报与计划。这项工作包括网络互动、网络品牌、网络战略和网络信任。

Brian Bainbridge 博士在伦敦帝国理工学院获得冶金学学士学位，于 1967 年在伦敦大学获得技术和医学学位，之后一直从事固体晶体的计算机模型研究，并于 1972 年在苏塞克斯大学获得材料学博士学位。现在任英国格林威治大学计算机和材料学院高级教授，讲授计算机语言和网络应用技术课程，主攻生物无机化学研究。在此之前，他一直在英国伦敦布鲁内尔大学企业管理学院任职，并担任 BIS 及金融系统的首席顾问。他同样也是阿普尔顿实验室信息部门的首席顾问，研究金融专家系统并与英国政府 Alvey 项目理事会进行合作。

Mark Henry 是商业分析师，在英国布鲁内尔大学任电子商务的兼课教授。他在布鲁内尔大学获得 MBA 学位，当前从事在线交易和消费者行为的研究工作。他有软件开发的商业背景，曾为 Diageo plc 和 Siemens AG 等知名企业的全球项目小型系统提供过指导。

译者简介

姚歆，男，北京师范大学职业技术教育学博士，法国巴黎第一大学企业管理硕士。现任中国商业联合会商业职业技能鉴定指导中心处长、对外经济贸易大学祥祺奢侈品研究中心特邀研究员。

曾起草中国商业联合会《会展业职业经理人》协会标准（CGCC/Z 0003—2007）、《特许经营管理师》协会标准（CGCC/Z 0005—2007）、《投资项目分析师》协会标准（CGCC/Z 0006—2007）、国内贸易行业标准SB/T《品牌管理专业人员技术条件》和国家标准 GB/T《会展业职业经理人执业资格条件》；编著出版《商务秘书理论与实务》、《项目管理理论与实务》和《移动商务理论与实务》等教材；主持开发商业电子商务师执业资格认证（CCEBS）、全国移动商务应用能力考试（CMCP）和全国网上零售应用能力考试（CERP）等项目。

研究方向：网上零售、品牌管理、电子商务、移动商务、特许经营管理。

电子邮件：ccebs2005@ yahoo. com. cn

赵敏，女，对外经济贸易大学企业管理硕士。曾翻译出版《运营管理》教材，参与开发全国网上零售应用能力考试（CERP）项目。

研究方向：网上零售、品牌管理、运营管理。

电子邮件：ccebs2008@ yahoo. com. cn

导 言

本书旨在说明网上零售实现效率和达到效果的成功要素，并对读者、网上零售商和研究人员在理解和学习网上零售和相关的营销过程中有所帮助。同时，提高他们通过互联网或其他电子渠道进行产品或服务的销售水平（相较于传统商业）。本书的关键特点是与最新的调查研究紧密相连，案例中还介绍了最新的研究成果，不仅确保了本书的前沿性，而且也体现了在指导网上零售的最佳手段方面所具有的优势。

基本原理：零售部门和消费者服务部门很少有机会面对这样有着显著复杂性和不确定性并且其显著性日趋突出的战略挑战（Reynolds，2000）。

互联网泡沫的破裂导致股价下跌，Reynolds 在此环境下对电子商务进行了总结和回顾。然而，电子商务没有消失，反而从那时开始，在消费者的接受度和市场份额方面都有所发展。在 1200 万名的网上购物者中，很多消费者每年在线消费超过 3000 英镑，购买范围从数码相机到内衣裤不等（详见第 1 章）。Reynolds 也写道："很少有理论世界……如此显著地落后于实践世界"。尽管学术界一直试图赶上时势的变化，但在零售和营销方面，职业教育和培训的现代化进程已经落后了。

网上零售不仅仅是一个学术问题。英国的《星期日泰晤士报》曾对读者进行网上购物调查，结果显示，消费者在网站设计、交货、支付结算等方面存在诸多抱怨，这表明网上零售商还需要进一步改善服务质量（英国《星期日泰晤士报》，2003 年 2 月 9 日）。在此，本书试图通过对网上零售基本问题和成功因素的研究，为研究者、讲师、培训师、学生和企业家提供一些解决问题的途径。

网上零售中的关键问题和成功要素

网上零售商能够为消费者提供价值的工具和技术的组合是什么？

网上零售中主要产品种类的最新实践和趋势是什么？

网上零售如何与组织相结合？

网上零售商如何理解网络消费者并与其进行沟通？

网上零售商怎样能满足消费者对信息的需求并如何增加销售量？

网络商店要如何设计才能方便浏览并令人愉快？

如何鼓励网络消费者忠诚度的发展？

如何更好地满足消费者对于优质服务的需求？

如何创建网上零售品牌？

网上零售商与实体零售商并存，这时网上购物中心的优势和劣势是什么？

如何评价网上零售产品的适用性？

移动零售的问题和机会是什么？

未来的网上零售业的发展将会出现哪些问题？

微型案例分析

在互联网世界中生活

网上购物有很大发展前景，但同时也存在一些问题。（Matthew Wall①，摘自2003年9月21日的英国《星期日泰晤士报》）

我已经在线生活了七天——购物、网络银行和网络娱乐。我能从网络空间中看到现实世界的缩影，可是我在明天之前能取到牛奶吗？

自2000年以来，网上零售已从无人知晓发展成人们生活中不可或缺的一部分。消费者已经能够在几秒钟之内获得自己想要的信息，却不能在几秒钟之内买到所需的巧克力和尿布。

最开始，我尝试光顾一个网络超市。我等了简直有一个世纪那么久，却还是没能成功地购买到想要的产品。系统死机了，我不得不重启了三次，更雪上加霜的是它没有当天送货的服务。其他的网站就要好得多。比如从Viking Direct购买照相纸（www. viking-direct. co. uk），从Laithwaites购买葡萄酒（www. laithwaites. com）以及从Interflora购买鲜花（www. interflora. co. uk），这些都是当天送货的。

而使用First Direct（www. firstdirect. com）的银行业务就像梦一样。按照相关提示，我成功地进行了转账，他们会在我透支之前提出信息

① Matthew Wall是《星期日泰晤士报》*Guide to the Internet*的作者。

(SMS) 警告。定制支付提示服务很不错，这样我就不会错过最后期限了。用 Direct Travel 买旅游保险同样也是轻而易举的事情（www. direct-travel. co. uk）。

在娱乐方面又如何呢？网络在娱乐上与其竞争者——影院、电视和广播还有很大差距。WWITV（www. wwitv. com）目录非常有用，但是传统的电视业已经先行一步。我也在收音机上听 Test Match，但即使有合理的音频质量保证，还是会存在杂音。

网络很好的迎合了利用宽带上网的音乐爱好者的需求，网上不仅有大量的音乐，而且音质也好。Radio Locator（www. radio-locator. com）中有大量选择，我还在 Emusic（www. emusic. com）上发现了 Cocteau Twins 的旧唱片。休闲时，我在国家海事博物馆（www. nmm. org. uk）订票，和孩子们在 Roald Dahl（www. roalddahl. com）上付费。如要从 Domino's（www. dominos. co. uk）上订比萨，25 分钟内就能送到，而且因为我用信用卡支付，我不需要找零钱。

所以，在线生活是可能的，互联网的时代正在到来。未来 20 年内，它将如何改变我们的生活呢？可以肯定的是，如果完全生活在网络世界中就像 David Blaine（在一个箱子里不吃东西待 45 天）一样，我还是需要出去透透气的。

参考文献

REYNOLDS, J.. 2000. e-Commerce: a critical review. International Journal of Retail and Distribution Management, 28 (10):417 – 444

目　　录

学习笔记：

1 网上零售世界

本章学习要点

- 什么是网上零售，网上零售对于零售商的优劣势
- （网络）零售组合
- 网上零售的趋势

1.1 什么是网上零售

网上零售（e-Retail）是指通过互联网或其他电子渠道，针对个人或家庭的需求销售商品或提供服务（Harris 和 Dennis，2002）。该定义包含了所有针对终端顾客（而不是生产性顾客）的电子商务活动，即企业对顾客（B2C）而不是企业对企业（B2B）。提供（免费）信息、推广品牌等活动，虽然都属于 B2C 的范畴，但由于没有直接参与交易，因此不属于本书讨论的网上零售范畴。

2000 年，互联网泡沫的破灭并没有阻碍网上零售的发展。网上零售主要品类的销量非常大，其中排名前八位的商品销量已占欧洲销量的 3/4 以上。发展潜力最大的品类包括：图书、音乐和 DVD 影碟、杂货、成人用品、游戏、软件、电子和计算机设备、旅游以及服装。

1.2 网上零售的劣势

网上零售现存的一些劣势，使得零售商从事网上零售的速度有所放缓。零售商可能缺乏专业技术知识，也可能缺乏充足的投资或者完成订单的能力。以投资为例，零售商必须进行前期投资，仅准备成本这一项就需要 20000~500000 英镑（53000~1400000 美元）。投资额的不同与规模直接相关，小型网站的准备成本和大型业务项目的准备成本差别很大，而准备成本仅仅属于初始投资。据 Datamonitor 估计，商业街（High Street）零

学习笔记：

售商的后续运营成本更为巨大，有时甚至超过新建店面的成本，此外业务运营和物流工作则需要进行更多的后续投资。作为成功的网上零售商，Next（www. next. co. uk）和 Lands' End（www. landsend. com）在电子订单目录方面已经投入巨额资金并占据绝对优势。此外，法律问题也是网上零售的一大劣势。如果购买者和供货商不在同一个国家，那么，两国的法律和税收问题就可能存在冲突。现在欧洲增值税（VAT）的问题还不是很明确，如理查德·布兰森的维珍集团的网上零售业务（www. virgin. co. uk）已在欧盟增值税率最低的马德拉群岛进行注册。

网络营销相对较弱的影响力是网上零售的又一劣势。相对于面对面营销，网络营销缺少相应刺激，对消费者而言，在一台计算机前说“不”更加容易。当零售商试图通过“氛围”——触觉、感觉、嗅觉来刺激消费时，网络营销往往会遇到麻烦。而且，顾客还很容易在网上进行价格比对，这也给网上零售的获利带来不小的压力，同时也会促使消费者形成在购物时一直期待持续低价的心理。最后，售后服务的开展也比较困难，尤其是面对海外消费者时，这个问题就会变得更加棘手。

知识链接 1-1

网上零售的劣势：

- 缺乏专业知识和技术；
- 缺乏充足的准备成本、投资成本和运营成本；
- 复杂的业务和物流工作；
- 相对于面对面营销，网络营销的影响力较弱——很难通过氛围进行营销；
- 较少的刺激性消费；
- 法律问题；
- 传统的商业街零售专长难以发挥；
- 销售利润和价格上的压力；
- 售后服务的困难。

学习笔记：

1.3　网上零售的优势

另一方面，网上零售也存在很多优势。其一，选址变得不再重要。很多教材都引用过一句话：零售业三个最重要的要素就是“选址、选址和选址”。在商业街零售业中，最好的店址非常昂贵，店面选址的成本也非常高。而网上零售则避开实体选址，不再受其牵制，网上零售商可以在任何地方开展经营活动，不受实体选址的影响。其二，规模的大小也不再重要。小型网上零售商可以与零售商巨头同台竞争，同时又拥有比商业街零售商更多的顾客，还具有24小时营业的优势。

网上购物者的个人背景也是网上零售的优势之一。网上购物者通常有较高层次的教育背景、良好的职业状况以及较高水平的可支配收入，这些特质往往具有很大的吸引力。同时，网上零售还节约了面对面营销所需的人员成本以及建立实体店面的成本。但是，由于网上零售商同样也需要与消费者建立联系，因此，建立和维护客户关系的成本以及包装费、运输费的存在使得网上零售节约下来的成本并没有预想的那么多。网上零售可以更方便地整合客户关系管理（Customer Relationship Management）和微观营销系统（Micro-marketing System）——将消费者看成是每一个个体来识别和对待。更为方便的商品信息供应，将为交叉销售（Cross-selling）和向上销售（Selling up）提供更好的机会。于是，很多跟随者进入网上零售行业，他们坚持一个信条：“如果我们不做，我们的竞争对手就会去做。”

知识链接 1-2

网上零售的优势：

- 选址变得不再重要；
- 规模不再重要；
- 节约人员和选址成本；
- 获得更多的顾客；
- 高收入的消费群体；
- 可24小时接受订单；
- 能为客户关系管理、微观营销、交叉销售和向上销售提

学习笔记：

供更好的机会。

由于顾客存在抵触心理，一些零售商放缓进入网上零售业的步伐。网络研究公司 Forrester 的调查数据表明，近 40% 的英国家庭在使用互联网，但估计只有 12%（Verdict）~20%（Forrester）的成年人会在网上购物，与此相比，B2B 的发展形势则更为乐观，其 25% 的订单都是在线完成（引自 2000 年的营销调查）的。在第 3 章中我们将看到“砖瓦加水泥”零售商为什么以及如何将网上零售与经营结合起来的。

1.4 （网络）零售组合：7C 理论

（网上）零售组合［（e-）Retail Mix］是零售商向顾客提供价值的工具与技术结合体的简称，是著名的营销组合（Marketing Mix）理论在零售和网上零售业的进一步发展。追溯到 20 世纪前期，营销人员的工作被描述成“要素组合”（Culliton，1948），营销人员的原则和目标就是让顾客满意，为顾客提供增值服务，并制订出相应的战略战术，而这些众多的要素组合就称为“营销组合”——由哈佛商学院的 Neil Borden（1964）首次提出。

营销组合的理论中，以 E. Jerome McCarthy（1960）的“4P”理论最为著名：渠道（Place）、商品（Product）、价格（Price）和促销（Promotion）。其中，“渠道”是指商家为获取利润，向潜在顾客提供商品和服务所使用的途径（即渠道的分布）。“商品”的内涵不仅包含切实的商品，还包括其附带的“服务”以及商家用来增值的所有方法。“价格”的内涵不仅包括定价，还包括价格策略的所有方面，比如利润分配，同样也属于价格的范畴。“促销”的概念涵盖了把商品销售给顾客的所有方法，它不再是传统意义上的专业化销售，还包括从广告印刷到网页制作的所有方面。

近几十年来，人们在营销组合的发展、更新和完善方面做了大量尝试。在这些理论中，有一种理论特别强调营销人员如何关注顾客，这就是“4C”理论（Lauterborn，1990），它比“4P”理论更注重顾客需求。4C（与上面的 4P 相对应）分别是：顾客便利（Convenience for the Customer）；顾客价值与利益（Customer Value and Benefits）；顾客成本（Cost to the

学习笔记：

Customer）以及沟通（Communication）与顾客关系（Customer Relationship）。"新"营销观点强调与顾客建立长期关系，因此将"顾客关系"纳入"沟通"范围之内。

1.4.1 C1：顾客便利（Convenience for the Customer）

"4P"理论中的"渠道"更关注"顾客便利"，尊重顾客选择便利的消费方式。

对于零售商来说，"渠道"是影响选址决策的最重要因素。这对网上零售商而言也同样重要，因为顾客更喜欢多渠道方式购物：浏览网页，然后在实体商店购物；或者反之，在网上购物，然后去商店要求退款！这也是商业街和多渠道零售商（Multi-channel Retailer）比纯粹网上零售商更具优势的原因。

实体选址（Physical Location）对网上零售商也很重要，因为顾客更喜欢或更信任同一国家的定点零售商，而且这样运费和税费都比较低。

网上零售商的"选址"（Location）同样包括虚拟选址以及搜索网页的便利程度，因此，搜索引擎注册、网上购物中心选址以及相关链接都成为其必备要素。便利性同样包含网页设计的主要方面，如网站导航、网站布局以及购物便利。对"实体"（Bricks）零售商而言，便利性决策主要指货架空间的规划和布局；而对"虚拟"（Clicks）零售商而言则是网站设计和网页规划设计。规划设计是选择开放式布局（Free-flow）还是网格布局（Grid），或是结合体——自由格布局（Free-grid），这都属于便利性讨论的范畴。第6章将会深入讨论虚拟商店的布局与设计问题。

1.4.2 C2：顾客价值与利益（Customer Value and Benefits）

"商品"不是简单的待售商品，而应被看作是"顾客价值与利益"，即顾客所需服务与满意度的结合体。顾客购买的不仅仅是"商品"本身，他们还需要商家提供舒心的解决商品问题的途径，并希望从中获得愉悦感。现在零售商提供的商品说明更加翔实（商品设计也更加人性化），这表明商家正在拉近与顾客的距离，而且越来越注重顾客价值与利益。

零售与网上零售的一项重要任务是确定商品的范围，从多渠道来源中挑选适合目标市场的商品。网上零售商可以在商品范围的深度与广度上与实体零售商相抗衡。

学习笔记：

进行网上购物时，顾客很少像在实体商店购物那样热衷于寻求帮助。当网上购物者希望了解商品情况并需寻求帮助时，他们很有可能会放弃交易，然后寻找另一个网上零售商，甚至是改换购买渠道。因此，网上零售需要特别关注顾客价值与利益，商品介绍要尽量清楚、翔实。

1.4.3 C3：顾客成本（Cost to the Customer）

“价格”是指公司定价，而“顾客成本”则是指顾客为商品所支付的真实花费。零售中存在的运输费用以及网上零售报价中可能包含的税金都属于顾客成本。运费高也是顾客最终放弃购买的重要原因。同样，互联网与电话的费用也属于顾客成本，它们同样是在顾客考虑范围之内的。

顾客对网上零售商店有更低的价格预期，而当顾客通过其他方式购物却花费更高时又往往会出现问题。例如，Screwfix（www.screwfix.com）是知名供货商，它为进行目录和电话营销的零售商提供商品，其中包括一些只能通过互联网获得的商品。当顾客在网络查询之后进行电话订购时，他们会发现电话订购并不能获得网络折扣，而这同样又会引起消费者的不满。

1.4.4 C4：沟通（Communication）与顾客关系（Customer Relationship）

“沟通”与4P理论中的最后一个P——“促销”相对应。促销是指将商品销售给顾客的所有方法，是单向过程，而沟通则是一个双向过程，它同时还包含顾客信息反馈的逆向过程。零售商与顾客的关系比制造商要更加亲密，并且有更多渠道可以掌握顾客的反馈信息。

沟通不仅仅是做广告，它是零售商为与顾客交流而采取的所有方式，包括市场研究调查、公共关系、信件、电子邮件、互联网、营销数据库以及忠诚度计划。成功的网上零售商经常做线下广告，比如杂志以及与含有网上零售信息的报纸。在线广告方式包括横幅广告、弹出式广告（一般是各种奖励活动）、搜索引擎、目录中的付费清单还有合作联盟，等等。

除了解决问题（参见“顾客价值与利益”部分），顾客购买商品的另一个原因就是获得愉悦感。网上零售商无法使用面对面营销方式，所以很难做到这点，而实体零售商使用面对面营销方式，能够更好地识别顾客的情感需求并提高其满意度。实体零售商运用“氛围”来提高顾客的愉悦程

学习笔记：

度，让顾客在购物时心情愉快。这种情绪上的暗示包括视觉（装饰格调）、嗅觉（香味）、触觉（光滑的、冰冷的或者柔软的、令人喜爱的）和听觉（音乐）等方面。

网上零售商可以制造“网页氛围”，通过音乐和视觉效果，使用3D展示和视频剪辑等来吸引顾客。为避免下载时间过长，不能过度使用音频和视频效果，应该采取一种折中的态度。提供“宽带用户请点击这里”（下载一种更清晰、内存要求更高的版本）的服务就可以解决下载时间过长的问题。网页氛围会在第6章中详细阐述。

Tesco（www. tesco. co. uk）非常重视“顾客关系”并最终取得成功。营销中，情感因素至关重要，这已经在前文有所提及。为提高商品的情感价值，实体零售业中典型的面对面营销，使用口头的和非口头（身体语言）的沟通方式与顾客建立个人关系。在尝试重现实体购物经验方面，网上零售商处于劣势。但另一方面，当交易数据完全电子化之后，网上零售商可以运用顾客关系管理（CRM）来更好地提升商品价值，同时可以利用数据挖掘（Data-mining）发现顾客对商品图片的需求。网上零售商还可以主动提供专门商品信息，亚马逊（www. amazon. com）就是利用这样的系统将新书推荐给可能对它们感兴趣的现有顾客群。

与营销组合中的4P理论或4C理论的构建过程相似，加入零售商成功的其他关键因素，有很多方法可以建立零售组合模型。McGoldrick（2002）对9个要素进行了组合，除了以上可以结合到4C理论结构框架中的要素之外，McGoldrick还将“品牌形象”、“物流”和“信息”因素进行了整合。零售组合绝大部分版本并不像营销组合中的4P理论和4C理论那么易于记忆，因此我们为网上零售组合提出了简化的“7C理论”，在4C理论的基础上加入了计算和品类管理问题（Computing and Category Management Issues）、顾客特许（Cutomer Franchise）和顾客关心与服务（Customer Care and Service）。

Kearney（2000）就顾客进行网上购物提出了7C观点，这与上述研究类似。除了便利、沟通与顾客关心，Kearney还提出了包括在“顾客价值与利益”中的“内容”和“顾客定制化（Customization）”；“连接（Connectivity）”（在“顾客便利”里）和“社区（Community）”（在“顾客关心与服务”里）。Jones等学者（2001）又增加了一个“C”，即“关心（Concern）”，这也可以归结到“顾客关心与服务”中。

学习笔记：

1.4.5 C5：计算与品类管理问题（Computing and Category Management Issues）

零售商的成功在于他们能在正确的时间、正确的地点向正确的顾客提供大小和数量正确的商品。随着顾客选择范围的扩大，商品也在向多样化发展。大型超级市场销售的商品有 20000 多个品类，而百货商店的商品品类也有 100000 种至 1000000 种不等，甚至更多，这就需要有效的计算机和物流系统对其复杂性进行有效控制。

最近几十年，零售物流飞速发展。首先，零售商实力增强，对供应链的控制力有所提高。批发商的参与程度有所降低，并且趋向于对合约物流（Contract Logistics）（在零售商的控制下）做出让步。很多商家仍然使用电子数据交换技术（Electronic Data Interchange，EDI），供货商和零售商之间的计算机联网大大提高了供应链效率。

在网络技术发明之前，EDI 以第三方计算机网络为基础，运用诸如“高效消费者回应（Efficient Customer Response，ECR）”［ECR 相当于零售商的准时制（Just in Time，JIT）］等技术来降低存货水平。安装 EDI 网络的花费很大，至少要几十万英镑。因此，企业越来越趋向于使用互联网，特别是当交易规模（供应商和顾客）和订单数量都较小时。像 Tesco 一样，越来越多的零售商向供货商开放实时电子销售点（Electronic Point of Sale），可信度高的供货商可以更加迅速地根据顾客的需求变化做出反应。

供货商与零售商的合作是更好地满足顾客和减少库存成本的关键。从广义上讲，这种合作过程就是品类管理（CM），指零售商、供货商管理战略经营单位类别的过程。

像 Tesco 等“鼠标加水泥”零售商的成功，很大程度上归功于计算机物流系统的高效率。某些零售商过于注重广告和促销宣传而忽略网上零售组合的其他要素，这是导致其失败的主要原因。亚马逊同时拥有高效的物流系统以及顾客关心和服务，同时借助其物流经验为 WHSmith（www. whsmith. co. uk）和 Toys R Us（www. toysrus. co. uk）等实体零售商提供分销服务。

亚马逊和主要的“鼠标加水泥”零售商，以及许多网上零售商都使用高效的计算机和物流系统来完成直销业务。Quill（www. quillcorp. com）和

学习笔记：

Screwfix 分别是办公供货商和零售供货商，他们通过纸目录来完成邮件业务。20 世纪 80 年代后期，戴尔（Dell）（www. Dell. co. uk）公司在远程营销（Telemarketing）和直销中一直扮演着先驱者的角色，这说明像计算机这种复杂商品同样可以不用进行面对面营销。计算机的大规模定制系统以及卓越的顾客关心与服务使戴尔走向成功，跨入首批网上零售商行列，并成为计算机硬件的全球市场领导者。

微型案例分析 1－1

Screwfix

Screwfix 最初是英国的一家批发商，现在也广泛地销售 DIY 商品。Screwfix. com 曾获得 2002 年零售周刊的“年度零售商”表彰。Screwfix 是成功的网上零售商代表，也是为数不多的获得《星期日泰晤士报》（英国）最受喜爱关注奖的企业中的一员（《星期日泰晤士门①》，2003 年 2 月 9 日）。Screwfix 属于 Kingfisher，与英国百安居有同样的系列。尽管品牌管理、订单和具体操作完全分开，但供应链却是一体的，这就形成了规模经济与购买力经济。Screwfix 虽然只拥有英国修理、维护和家具装饰市场份额的 0.5%，但这些商品占直销市场的 20% 以上。它的网络年销售额超过 2000 万英镑。Screwfix 网上零售的要素组合归纳如下：

1. 顾客便利

快速购物：如果你有目录，只需要简单输入数量和目录序号，或“搜索”你需要的商品即可。

免费电话、传真和电子邮件全天候服务，更好地推进个人互动。

2. 顾客价值与利益

其商品不仅包括螺丝钉、螺栓和图钉，还包括调料、黏合剂、工具、五金、照明、水管和清洁商品——口号是“一切为了交易和 DIY”；库存拥有 6000 种商品，有 100% 的可用率。

3. 顾客成本

长年供应大量的特价商品。绝大部分的价格低于 DIY 零售店。

① 原文：Sunday Times（UK）Doors.

学习笔记：

4. 沟通与顾客关系

主页有许多值得借鉴的创意：如果你推荐给你的朋友，当他们第一次下订单时，你可以得到一份奖品；新开商务账户；表扬："我已经收到了预订的商品，祝贺你们拥有如此完善周到的服务。你们的网站设计、商品陈设和订单处理的都很出色"……"你们的网页很精彩，设计者应该得到奖励。布局也很不错，在线订购十分简便"；还有注册和登录——选择式的注册使得订购更加快捷、简单。目录定期通过邮件发送，向已注册的客户推荐"最新商品"并提供特价活动信息。

5. 计算与品类管理问题

获得 2001 年互联网业"最佳供应链管理"奖。

6. 顾客特许

不需要大量的广告宣传，Screwfix 已经建立起低价和可靠送货的口碑。

7. 顾客关心与服务

为测试 Screwfix 的服务，我们在星期天下午 4 点下了一份长而复杂的设备装置订单。星期一早上 8 点，订购商品准确无误送达。

资料来源：摘编自作者的网络测试及 Reynolds（2002）。

1.4.6 C6：顾客特许（Customer Franchise）

成功的实体零售商看重商品质量，注重顾客关心与服务，投入巨额资金来提高声誉，改善顾客评价，这是零售商在努力提高"顾客特许"形象、信用以及进行品牌价值积累。顾客对网上购物缺乏信任，这在很大程度上阻碍了网上零售的发展，McGoldrick（2002）指出，在面对众多选择时，消费者往往选择他们信任的商品。我们在第 4 章和第 7 章中将对此问题进行详细阐述。许多实体零售商已经创建了特色鲜明的高质量品牌，借助这些强势品牌，多渠道零售商比纯粹网上零售商拥有更高的起点。品牌必须注重诚信，eBay 是这方面的典范，其拍卖网（www. ebay. co. uk）含有五个层次的安全措施，包括预防欺诈和解决争议。

1.4.7 C7：顾客关心与服务（Customer Care and Service）

McGoldrick（2002）指出，零售业归属于"服务业"，绝大多数零售商应该更加关注服务质量和服务种类。多数零售商的活动为顾客传达一种服务理念，在合适的地点提供竞争性的价格，这些活动有助于提高顾客的

学习笔记：

满意度。

网上零售商尤其应该重视服务质量，在购物者方便时进行快捷可靠的投递；提供电话咨询以及退货和退款服务，而早期网上零售商恰恰就在这些方面存在劣势，很多早期网上购物者都曾经有过不好的体验。对实体零售商而言，销售人员能够建立良好的零售商形象并吸引消费者，其作用十分关键。而网上零售商在这方面则处于劣势，应该通过电话咨询、公告栏和聊天室等模块来提高网上购物的互动性。成功的网上零售商都在提高顾客购物乐趣、提高购物便利性以及减少购物后顾之忧方面做出了诸多努力。消费者在购买昂贵商品或汽车等私人物品时往往特别重视服务，英国维珍（Virgin）（www. virgin. co. uk）等零售商就尝试用标有销售顾问电话号码和工作时间的弹出式窗口来及时解决问题，以此提高服务质量。

知识链接 1-3

销售的7C理论——（网络）零售组合

1. C1：顾客便利（4P理论中的“渠道”）

- 实体选址；
- 多渠道选择：浏览网页、在实体商店购买或反之亦然——在网上购物而回商店退款；
- 虚拟选址和搜索网页的便利程度：搜索引擎注册、网上购物中心选址以及相关链接；
- 网页设计：链接、导航性、“货架”空间的布局和购买的便利；
- 布局规划：“开放式”、“单元格”和“自由格”。

2. C2：顾客价值与利益（“商品”）

- 顾客的满意度；
- 解决问题的途径和愉悦感；
- 详细的商品说明（商品设计也更人性化）反映出商家拉近与顾客的距离，而且越来越注重顾客价值与利益；
- 确定商品的范围，从多渠道来源中挑选适合目标市场的

学习笔记：

商品；

● 网上零售商可以在商品范围的深度与广度上与实体零售商相抗衡；

● 内容：特别关注顾客价值与利益，商品介绍要尽量清楚翔实；

● 尽可能使商品的顾客定制化与细分顾客的需求相匹配。

3. C3：顾客成本（“价格”）

● 顾客为商品所支付的真实花费，包括运费和税费；

● 互联网与电话的费用；

● 顾客对于网上零售商店有更低的价格预期。

4. C4：沟通与顾客关系（“促销”）

沟通是一个双向过程，它同时还包含顾客信息反馈，这其中还包括：

● 市场研究调查；

● 公共关系；

● 信件；

● 电子邮件；

● 互联网；

● 非网络广告，比如杂志以及含有网上零售信息的报纸中“点击这里”的部分；

● 横幅广告、弹出式广告（一般是各种奖励活动）、搜索引擎、目录中的付费清单还有合作联盟；

● 氛围和网页氛围：视觉（装饰格调）、嗅觉（香味）、触觉（光滑的、冰冷的或者柔软的、令人喜爱的）和听觉（音乐）等，为避免下载时间过长，提供“宽带用户请点击这里”服务。

5. 顾客关系

● 实体零售商面对面营销的口头和非口头（身体语言）沟通；

● 营销数据库和忠诚度计划；

● 网上零售商可以运用顾客关系管理（CRM）来更好地提升商品价值，同时可以利用数据挖掘发现顾客对商品图片的需求。

学习笔记：

6. C5：计算与品类管理问题

- 在正确的时间、正确的地点向正确的顾客提供大小和数量正确的商品；
- 供货商和零售商之间的计算机联网大大提高了供应链效率；
- 最小化库存和快速反应：高效的消费者反应（ECR——零售商的“准时制”或JIT）；
- 供货商与零售商的合作是更好地满足顾客和减少库存成本的关键。在更广的层面上讲，这种合作过程就是品类管理（CM），它是指零售商、供货商管理战略经营单位类别的过程；
- 高效的物流系统——顾客关心和服务。

7. C6：顾客特许

- 形象、信用和品牌——质量、合作交流以及顾客关心与服务的长期投资；
- 安全措施，包括预防欺诈和解决争议；
- 安全购物图标。

8. C7：顾客关心与服务

- 以具有竞争力的价格创建商品分类；
- 在购物者方便的时间内进行快速而可靠的投递；
- 提供有效帮助以及退货和退款措施；
- 对实体零售商来说，销售人员至关重要；
- 对网上零售商来说，应该通过电话咨询、公告栏和聊天室等模块来提高网上购物的互动性；
- 强调顾客所关心的问题，尤其是信用安全问题，比如，标注“Padlock”保护网站的标志。

来源：在McCarthy（1960）的4P理论和Lauterborn（1990）的4C理论的基础上进行拓展。

网络销售组合的另外“3C”（除了营销组合的“4P”或“4C”）对网上零售商尤其重要。计算、品类管理、供应链和配送系统是早期网上零售商的不足之处，纯粹的网上零售商做的尤其不够，并最终影响到其可信度、形象和顾客关心与服务。拥有更好顾客特许的品牌将会带来更高的销售量和潜在收益——Tesco（www.tesco.com）和Next（www.next.co.uk）就是这方面的典范。

学习笔记：

拥有强势品牌、建立计算机和供应链系统的实体零售商正在领导网上零售业的发展。亚马逊和戴尔是个例外，关键在于两者都拥有高效的系统、优质的质量和服务以及较高参与度的交流和互动（参见案例分析2-1）。

想一想

如果网上购物非常便利，那么为什么每个人都要到商业街店面去购物呢？

1.5 网上零售的发展和前景

英国的网上零售业发展迅速，截至2003年，交易量已高达33亿英镑（Verdict，2003）。这仅占零售业销售总额的2%，但预计在未来一两年内这个数字会增至5%（BCSC，2001），到2009年增至10%（Gibson，1999；Verdict，2003）。其他的研究者则估计这个市场会更大并且增长速度更快。IMRG（2003）估计网上零售销售额已经达到了零售业销售额的7%。"绝大多数人"都将通过互联网购买杂货、图书、CD甚至是服装（RICS，2000）。开展图书、电影和软件（Shim等人，2001）的网上零售是很自然的，与此同时，电子商品、杂货和服装的网上零售也在增长（Doidge和Higgins，2000；IMRG，2003；Verdict，2002）。94%的网上零售将会利用现存的渠道（一半来自目录营销，另一半则来自商业街——BCSC，2001），而剩下的6%则来自额外的增长（Prefontaine，1999）。图1-1和图1-2描绘了这种增长。据统计，英国大约有400万人进行网上购物，每年消费额为3000~5000英镑（IMRG，2003）。

长期以来消费者都习惯采取"网上浏览，网下交易"的模式，而美国的网上购物者正在颠覆这个趋势。根据一项针对1252名网上购物者和超过80多个网上零售商的调查，有45%的网上购物者是在实体店挑选商品，然后再在线完成交易（NAMNEWS，2003）。这对于实体零售商来说无疑是个威胁，但这同时也提高了"鼠标加水泥"的多渠道零售商的竞争地位。

据Verdict统计，2001年杂货业占了英国网上零售总额的一半——13亿英镑。这个数字听起来很庞大，但仅仅占整个杂货业销售额的5.6%。

学习笔记：

各品类的网上零售市场领导者分别是亚马逊（图书、CD 以及 DVD 影碟）、Tesco（杂货）、戴尔（电脑）、Next（服装）和 Comet（电子商品）。尽管 eBay 并不算是一个真正的网上零售商，但它确实是拍卖方面的领导者，而且还是英国访问量最大的网站。在平均花费量上，男性的消费增长（15%）比女性的（增加 5%）更快，对此，Verdict 评论说："以女性消费为主导的网站已经没有好的途径让女性购买更多的商品了。"

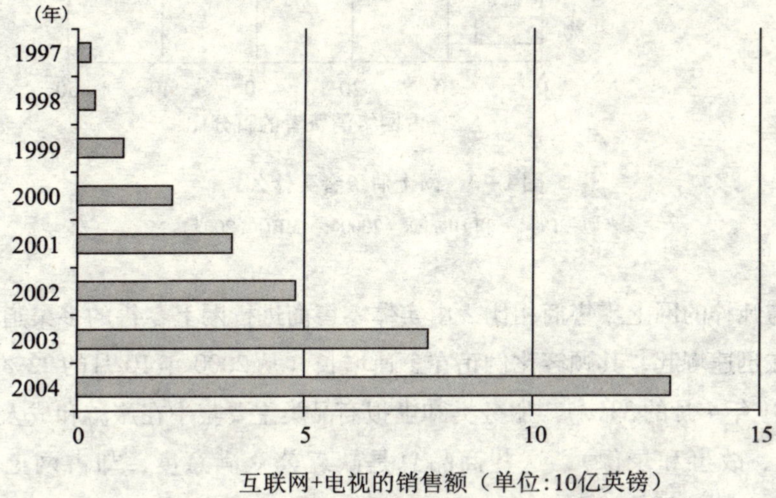

图 1－1　在线消费的增长：以 1997—2003 年的数据预测 2004 年

来源：IMRG（2003）；Verdict（2003）。

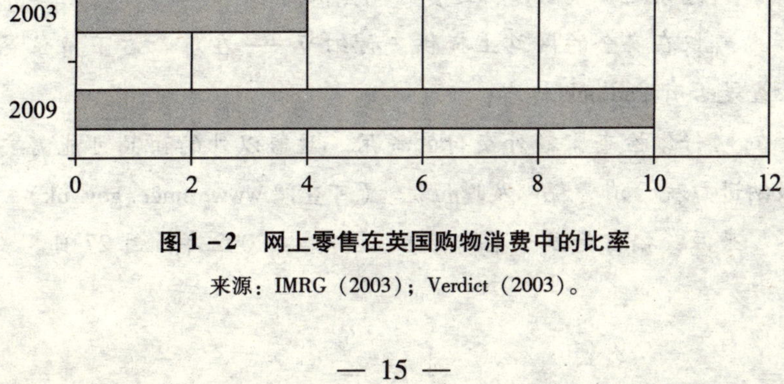

图 1－2　网上零售在英国购物消费中的比率

来源：IMRG（2003）；Verdict（2003）。

学习笔记：

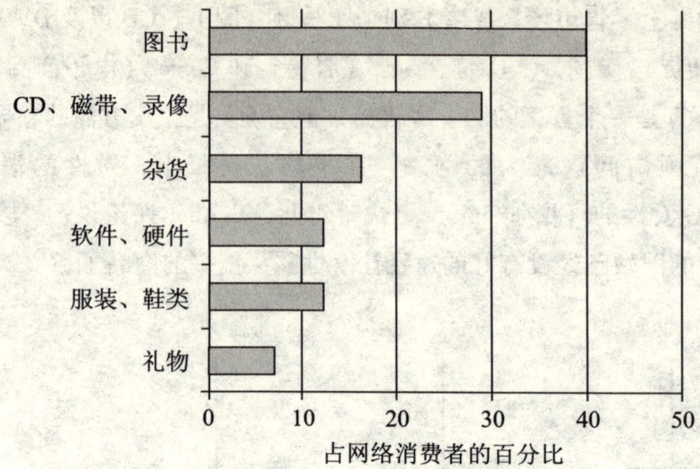

图1-3　网上消费者买什么

来源：Doidge 和 Higgins（2000）；IMRG（2003）。

与纯粹的网上零售商相比，由实体零售商进行网上零售的多渠道零售商正在迅速崛起，其顾客比例正在急速增长（从2000年10月的22%上涨到2001年4月的33%）。服务类和虚拟商品类主要集中在旅游和成人商品（图片、故事和录像），这些商品总是缺乏公众满意度，却占网上零售10%左右的份额。用维珍网上购物指南的话说："无论你多么轻视性产业，它对驱动网上购物的发展都起着独一无二的作用。"

知识链接 1-4

如何安全地网上购物：

- 用信用卡支付，有购物安全保护功能（不使用 Switch 或 Delta 等借记卡）；
- 阅读退货条款，但运费可能会很高；
- 仅在安全的网站上提供支付细节——在屏幕右下角位置检查是否有 Padlock 标志；
- 仔细检查需额外交付的费用。欧盟以外的商品可能需要缴纳进口税、消费税以及增值税。（可查阅 www. hmce. gov. uk）

来源：摘自英国《星期日泰晤士门》，2002年6月27日。

学习笔记：

想一想

既然每条商业街都有 Boots 商店，为什么还要有 Boots 的购物网站呢？

1.6 结论

当许多人对旧式商业街零售时代的逝去感到遗憾时，变革已经变得不可避免。技术安全问题正逐步得到解决，顾客们也正在改变对网上购物的保守态度。经历了互联网泡沫破灭之前的狂热追捧以及破灭之后的悲观消沉之后，网上零售从低谷中走出并恢复了增长态势。幸存的网上零售商拥有强势的品牌，成功地实现顾客关心和服务。

网上零售的发展无法遏止，但并不能完全取代传统的实体零售，多渠道零售的发展也正说明这点，持有传统观念的消费者也可以从中得到一些安慰，实体零售商店至少可以与虚拟零售的增长保持一定的比例。为研究和推进网上零售的理论和实践，在接下来的章节中我们将对传统实体零售的成功案例进行比较和研究，并探索未来的购物之路。

想一想

你觉得 Botham's、Next、Amazon、Marks & Spencer 和 Boots 等网上零售商成功的原因何在？

章节概要

网上零售是指通过互联网或其他电子渠道，针对个人或家庭的需求销售商品或提供服务。

著名的营销组合：4P 理伦（或 4C 理论）可以以另外“3C”作补充，从而构成一个容易记忆的零售组合——销售的 7C 理论。这“3C”与网上

学习笔记：

零售的成功紧密相关：

- 计算与品类管理问题；
- 顾客特许、信用、形象和品牌；
- 顾客关心与服务。

尽管互联网泡沫已经破灭，网上零售仍在高速发展。网上零售的领导者在另外“3C”上表现优异。

下一章将会对网上零售的主要商品品类进行研究。

案例分析1-1

Next

Next是网上零售潮流中的佼佼者。第一家Next商店建于1982年2月，专门经营女性时装、鞋类以及配饰。Next后来引进了男装、童装以及室内装饰品，迄今为止，在英国和爱尔兰地区共有大约330家店面。另外，它还在欧洲、亚洲和中东等地区拥有50家特许加盟店。

Next的邮件订单业务非常成功，此业务始于1988年年初，目录共350页。最新的目录已经达到749页。Next的网上零售业务始于1999年，现在整个目录内容包括实体商店和网上商品两个部分。Next在订单处理、订单履行以及顾客关心方面的成功已经证实邮件订单技术的重要性，并使其在英国的网上服装零售业中高居榜首。目前，Next目录也有网络版本，包括正装、休闲服装、配饰、鞋类、泳装、女士内衣、男装和童装等。

为进行网上购物，顾客需要设立一个网上账户，这要花费一两天的时间。第二天发货服务会收取一小部分的费用。如果需要退货，Next会免费上门收取（顾客也可以将商品退还到一个商业街商店）。Next的收入主要来源于零售商店、Next目录、网上零售和Ventura（这里的工作人员根据合同为其他公司提供呼叫中心和顾客支持服务）。

1. Next的网上零售组合

（1）C1：顾客便利

大多数搜索引擎都能很容易的找到Next网站。网站结构清楚，导航明晰，购买方便，网页载入速度快，进入也很方便，消费者在此购物十分便利。

（2）C2：顾客价值与利益

Next网站拥有比商业街店面更广泛的商品种类，并能提供Next目录列出的全部商品。

（3）C3：顾客成本

Next不给在线顾客提供任何折扣。不管订单包裹多大，顾客也要支付2.95英镑的运送费，但顾客的确节省了去实体零售商店的时间和交通费用。

（4）C4：交流与顾客关系

Next的网站与顾客通过电子邮件进行沟通。顾客可以注册接收电子邮件，获取最新的特价和促销信息，包括季末销售的信息。Next网站的其他沟通方式请参见网页氛围部分。

（5）C5：顾客特许

Next的商业街零售店和Next目录购物都享有很高的声誉，这也有利于其网上零售业务的开展和网站的建设。Next宣称，即使没有庞大资金的支持，其网站同样可以在一周之内吸引700名新的邮件订购顾客，这主要得益于Next的品牌商誉影响。据首席执行官David Jones称，Next"已在网站建设上投入12.5万英镑，预计销售收入增加1200万英镑"。

Next的目标顾客定位在20~30岁年龄段、追求时尚、购买中等价位服装、可以迎合流行趋势的顾客。质量、款式和价值是其核心的品牌价值。

（6）C6：顾客关心与服务

Next网站提供良好的顾客关心与服务。如果顾客要求退货，他们不用支付任何额外费用。他们可以把商品退还到实体商店，也可以通过送货员退还或用邮寄的方式（Next提供预付标签）退还。下午5点之前的订单会在第二天发货，星期日除外。

在撰写本书的时候，Next的在线购物时限为上午7点至晚上11点，但对在线消费者他们24小时内都有可能进行购物，因此这可能导致顾客的流失，不能不说是一大漏洞。

（7）C7：计算与品类管理问题

供应链系统灵活而有效，利用高效消费者回应技术使库存最小化并提供快速的送货服务。通过自动电子邮件系统随时通知顾客服务进程。

2. 网页氛围（Web Atmospherics）

Next网站没有音频。其实给网站加上音频不仅容易，而且非常重要，

学习笔记：

音乐带来的愉悦感可以增强人与人之间的沟通接触（见第6章）。

Next 网站互动性不强，没有聊天室或论坛，也不销售任何定制化商品，而“额外商品”恰恰可以提高互动性，弥补其互动性不强的劣势。网站的老顾客可以直接登录网站，除此之外网站并没有顾客化，也没有大量定制化的商品。

Next 网站简明、操作方便、可用性强。相反，许多网上零售商在这些方面做得并不好。网站设计应该合理，这样才便于浏览，而且网上购物应当便利，不需要点击太多的页面。

从视觉效果来说，Next 网站精致而且具有吸引力。商品图片下载速度快，画质和色彩也很不错。虽然 Next 网站中内容不多，却涵盖所有需要的信息。

总而言之，全方位的零售组合使 Next 成为出色的网上零售商之一。借助这一优势，Next 正致力于为其他网上零售商提供外包合约服务。其实，Next 可以考虑在网页中加入音频。因为，加入音频非常简便，而且可以使顾客的购买经历变得更加愉快（尽管一些顾客喜欢有个“关闭”的按钮），此外，音频本身不会太多的减慢网站速度，因为压缩文件本身不用占据太多的内存。Next 需要研究调查顾客在音乐方面的喜好，并使其加入的音频迎合顾客需求。Next 同样可以考虑在网站上使用提前录制好的音频广告，许多商业街店面在特价推销时经常使用这种方式吸引顾客。

引进虚拟更衣室是另一项改进建议。在更衣室中可以进行商品搭配，这就是 Eddie Bauer（www. eddiebauer. com）所采用的“款式创造者”构想。Next 可以更进一步地改进网页，给顾客提供一个可以看到自己穿着不同服饰照片的系统，数据可以保存到数据库中以便顾客日后参考。这些创意都可以让顾客的购物经历更加个性化和富有互动性，从而刺激他们消费。

在每个顾客的显示器上，网站的色彩质量都会有所不同。Next 可以在色彩管理系统上进行投入——比如说 eColour，它可以发送 cookie 来监控显示器的输出信号，并以此提出对显示器的调整建议。在第 2 章中的服装和鞋类部分以及第 6 章中的网页氛围部分会详细叙述这些问题。

最后，Next 网站需要延长工作时间，满足顾客随时上网购物的需求，通过提供更完善的服务来提高顾客满意度。

来源：Mnisha Talwar 友情提供。

学习笔记：

思考题

问题 1－1　像 Botham 这样的独立面包店，进行网上零售存在哪些劣势？

问题 1－2　像 Botham 这样的独立面包店，进行网上零售存在哪些优势？

问题 1－3　为什么 Abbey National 的网络银行会单独使用另一个品牌“Cahoot”来经营？

问题 1－4　和其他的零售组合版本相比，为什么网上零售组合中的 7C 和传统的 4P 模型更加高级呢？

扩展阅读

COLLIN，SIMON. 1999. The Virgin Internet Shopping Guide，London：Virgin.

DE KARE-SILVER，MICHAEL. 2001. e-Shock：the New Rules，Basingstoke：Palgrave.

HARRIS，LISA AND DENNIS，CHARLES. 2002. Marketing the e-Bussiness，London：Routledge.

KENT，TONY AND OMAR，OGENYI. 2002. Retailing，Lodon：Palgrave.

LUNDQUIST，LESLIE HEETER. 1998. Selling Online For Dummies，Foster City，CA：IDG.

MCGOLDRICK，PETER. 2002. Retail Marketing，Maidenhead：McGraw Hill.

TIERNAN，BERNADETTE. 2000. e-Tailing，Chicago，IL：Dearborn.

参考文献

BCSC. 2001. Future Shock or eHype：The impact of Online Shopping on UK Retail Property，London：British Council of Shopping Centres/The College of Estate Mangement.

BORDEN，N. H.. 1964. ‘The concept of the marketing mix’，Journal of Advertising Research，4（June）：2－7.

CHARTERED INSTITUTE OF MARKETING. 2002. Marketing Trends Survey，24（Summer）.

CULLITON，J. W.. 1948. The Management of Marketing Costs，Boston，MA：Harvard University.

DOIDGE，R.，HIGGINS，C.. 2000. The Big Dot. com Con，London：Colliers Conrad Ritblat Erdman.

FORRESTER RESEARCH. 2001. The Technographics Brief，www. forrester. com［ac-

学习笔记：

cessed 31 July].

GIBSON, B.. 1999. 'Beyond shopping centres: e-commerce', British Council of Shopping Centres Conference.

HARRIS, L. AND DENNIS, C. E.. 2002. Marketing the e-Business, London: Routledge. IMRG (2003) Internet Shopping 7% of All Retail in November, London: Interactive Media in Retail Group/Forrester Research.

JONES, P., CLARKE-HILL, C., SHEARS, P. AND HILLIER, D.. 2001. 'The eighth "C" of (r) etailing: customer concern', Management Research News, 24 (5): 11-16.

KEARNEY, A. T.. 2000. 'E-Business performance', Chicago, IL: A. T. Kearney.

LAUTERBORN, R.. 1990. 'New marketing litany: 4Ps passé; 4Cs take over', Advertising Age, 1 October.

MCCARTHY, E. J.. 1960. Basic Marketing, Homewood, IL: Irwin.

MCGOLDRICK, P.. 2002. Retail Marketing (2nd edn) Maidenhead: McGraw Hill.

NAMNEWS. 2003. 'Shoppers browse the high street to buy online', NAMNEWS, www.kamcity.com/namnews [accessed 10 December].

PREFONTAINE, M.. 1999. 'Beyond shopping centres: e-commerce', British Council of Shopping Centres Conference.

REYNOLDS, J.. 2002. 'Charting the multi-channel future: retail choices and constraints', International Joural of Retail and Distribution Management. 30 (11): 530-535.

RICS FOUNDATION. 2000. 20: 20 Visions of the Future, London: Royal Institute of Chartered Surveyors.

SHIM, S., EASTLICK, M. A., LOTZ, S. L. AND WARRINGTON, P.. 2001. 'An online prepurchase intentions model: the role of intention to search', Journal of Retailing, 77 (3): 397-416.

VERDICT. 2000, 2001, 2002, 2003. Verdict on Electronic Shopping, London: Verdict.

VRECHOPOULOS, A.. 2001. 'Virtual store atmosphere in Internet retailing: measuring virtual retail store layout effects on consumer buying behaviour, unpublished Ph. D. thesis, Brunel University, London.

网站链接

摘自虚拟互联网购物指南（2001）伦敦：Globe Pequot。

试试以下这些网站，尝尝网上购物的滋味：

www.amazon.co.uk　点击率高、界面亲和力强、内容丰富，是销售图书、音乐唱片以及更多商品的市场领导者。

www.animail.co.uk　提供大量宠物糖果。

学习笔记:

www. blackstar. co. uk 影碟与 CD 的首选网站。

www. dell. co. uk 电脑销售市场的领导者。

www. fao. com 数千玩具的奇妙世界。

www. landsend. com 干净轻快的网站界面、简约的棉制服装。

www. softwareparadise. com 软件的广阔天地。

www. tesco. com 顶尖的在线和实体杂货超市。

www. unbeatable. co. uk 电子商品的价格优势。

www. wallpaperstore. com 提供大量的墙纸款式。

www. winecellar. co. uk 种类繁多的酒类。

比较价格的网站，即比较不同零售商相同商品售价的网站：

www. bookbrain. co. uk 在考虑运费之后寻找最便宜的同类图书（见第 2 章）。

www. buy. co. uk 寻找最便宜的电子商品、汽油或其他用途；这包括网上商店字典。

www. computerprices. co. uk 寻找英国最便宜的电脑工具箱。

www. priceline. com 创造一个市场或反向拍卖。对一系列服务，诸如空运和租车等你愿意支付的项目，进入其价格。系统会为供应商按照他们希望卖出的价格进行搜索。

www. shopsmart. co. uk 领先的价格比对网站。

英国商店名录：

www. british-shopping. com

www. buy. co. uk

www. enterprisecity. co. uk

www. ishop. co. uk

www. lycos. co. uk

www. shopguide. co. uk

www. shoppingcity. co. uk

www. shops. imrg. org

有关拍卖的网站：

www. ebay. co. uk 在美国，网上拍卖是最活跃也是最流行的网上购物方式，以 eBay 作为寻求乐趣（和冒险）的领先者。

www. qxl. co. uk 不像绝大部分的拍卖网站，美国 QXL 自己就销售商品并且允许公众拍卖个人物品。

更多的网上零售与网上购物中心链接：

pages. britishlibrary. net/~cdennis 与案例分析相链接，通过“搜索”与网上购物和网上商店链接。

www. verdict. co. uk 与网上零售商的链接加上有关网上购物报告结论的统计和发布的新闻。

2　实践中的网上零售

> 本章学习要点
>
> ■ 网上零售主要商品品类的实践与趋势

2.1　主要的网上零售商品品类有哪些

如第 1 章所述，占欧洲销量 3/4 的前几种品类有：图书、音乐和 DVD 影碟、杂货、成人用品、游戏和软件、电子和计算机设备、旅游以及服装。虽然拍卖不算一个品类，但在英国却是最受欢迎的网上零售网站之一。

想一想

> 图书、音乐和 DVD 影碟为什么能成为最受欢迎的网上购物商品？

我们选择 150 名大学本科生作为调查对象（将在第 5 章详细论述）(Dennis 和 Papamatthaiou，2003)，对娱乐休闲品类和网上购物动机进行调查研究。调查显示，亚马逊是最受欢迎的网站，同样受到追捧的还有 CD WOW、eBay（拍卖网）、Ticketmaster（演出门票）以及 Ryanair、EasyJet 和 Opodo（飞机票），Tesco 和 Sainsbury（杂货超市）也同样榜上有名。虽然这些调查样本以学生为基础，并不能代表所有的英国网上购物者，但大学毕业生有更多的可支配收入，能从一定程度上反映网上零售的现状，因此调查结果具有一定的指导性意义。

本章将会深入讨论商业街零售商销售的主要商品品类：图书、音乐和 DVD 影碟、杂货和服装。诸如计算机、旅游和门票等网上零售品类，虽

学习笔记：

然十分重要，但是太过宽泛，不便在本章中展开深入讨论。严格讲，拍卖不算网上零售的品类，但是在第4章中将作为案例进行分析。

2.2 图书

图书是迄今为止英国最大的网上零售品类。根据 Ernst & Young 的调查，在英国网上购物者购买的商品中，图书占65%。这就是为什么图书在 de Kare-Silver（2001）的 ES（网上购物）测试中获得最高分的原因（见第11章）。在 de Kare-Silver 的样本表格中，图书在满分50的分数中获得38分，这比排名第二位的品类（酒店）高出整整10分。作为低感度、便于邮递运送的商品，图书在商品特性上获得高分不足为奇。另外，在熟悉度和可信度方面图书的得分也很高，因为订购图书时顾客通常能清楚地了解自己所订购的商品。此外，图书具有更高权重的顾客特性参数：典型的图书购买者和绝大多数的早期网上购物者都比较年轻，有良好的教育背景，属于比较富裕的社会经济群体。

亚马逊是网上图书零售领域杰出的领导者，其市场占有率超过50%（它同样也是 CD、DVD 零售市场的领导者）。对英国《星期日泰晤士报》（2003年2月9日）的读者进行网上购物调查，结果显示，亚马逊是最受欢迎的网上零售商，在便利性、可靠性和顾客服务等方面拥有很高的顾客满意度。同时亚马逊还做了大量的线下广告，这使其取得了世界范围内的成功，品牌认知度得到提升，并跻身于世界网上品牌排名表（Kotler 等人，2001）。亚马逊成为世界顶尖的网上零售商，并与 Barnes & Noble 进行全球范围的竞争，这也足以说明其品牌力量的强大。Easy Value（www. easyvalue. com）开始利用网站进行快捷简便的价格比对，它认为“消费者对商品已有足够了解，现在是价格在驱动他们”。在 Book Brain（www. bookbrain. co. uk）这样的价格比对网站上常常可以找到比亚马逊标价更低的图书。这些折扣商品通常由 Swotbooks（www. swotbooks. com）这样的供应商提供，因为他们不需要亚马逊那样高昂的营销成本。Tesco 是世界著名的杂货销售商，即使这样强大的竞争对手提出“提供100种比亚马逊便宜10%的图书”的策略，也并不会对市场产生实质性的影响。正如 Brynjolfsson 和 Smith（2000）说，“最贵的并不总是销售量最少的”，Amazon. com 比最低价格要高10%，但却能维持美国市场80%的市场占有

学习笔记：

率。有关亚马逊的更多研究，请参见案例分析 2－1。

微型案例分析 2－1

Bookbrain 和 Swotbooks

Bookbrain（www. bookbrain. co. uk）并不销售图书，它是一个比价代理系统，宣称自己提供“最精确的和最广泛的英国在线书店价格搜索比对服务”，当我们对网站进行测试时，Bookbrain 正在对 14 家网站进行价格比对。

“一旦你找到合适的书目，快速搜索比对系统将让你发现，不同网站的邮资和包装费用常常存在很大差异……系统还让你知道每本书是否有存货，将会花多长时间送达以及提供精彩的编者评论等。”（《泰晤士报》，2002 年 11 月 18 日）

在网站测试中，我们选择一本通用的基础性图书：《Windows 环境下的 SPSS 使用：面向初学者的高级技能》，此书由 Andy Field 编写，Sage 出版发行。搜索时间为 13 秒，系统列示出最便宜的 8 个供应商列表，并附带供应商网站上的图书链接，还有运费的计算细节（在考虑购买多本书时很有用）、可用库存、基价、运费和总价。当我们直接浏览许多供应商的网站时，直到付款的最后一步都很难预知运送成本，因此价格比对系统提供的价格信息显得尤其有用。

本次网站测试中，供应商 Swotbooks 提供的商品价格最低：

“Swotbooks（www. swotbooks. com）是一家英国在线公司……从 2000 年开始运行，首先销售图书和……现在又加入 CD、DVD、录像和电脑游戏等品类。Swotbooks 并没有实体店面，但是利用英国一些最大的批发商……由他们直接运送……没有混乱也没有延误——只有最好的折扣。”（www. swotbooks. com）

在本次网站测试中，Amazon（www. amazon. co. uk）提供的信息最为详细，包括目录大纲、评价、顾客评价星级，并就 SPSS 的使用和研究方法进行了书目推荐。

网站测试说明事实上并不存在唯一的最便宜的供应商，这也突出 Bookbrain 系统的重要性。在其他两个测试中，由于考虑到运费因素，另外两家供应商收费相对降低，即《Garnet 小姐的天使》——Blackwell’s

学习笔记：

(bookshop. blackwell. co. uk) 和《哈利波特与凤凰社》——亚马逊 (www. amazon. co. uk)。

来源：网站测试和提及的网站。

想一想

> 亚马逊是图书市场的先行者和领导者，同样也是 CD 和 DVD 影碟零售市场的先驱，你是如何看待这个问题的？

互联网不仅是销售新书的理想选择，同样也是销售二手图书的理想市场。亚马逊的搜索结果里不仅包含新书报价，也包含其合作网站的二手图书报价，亚马逊为其合作网站的二手图书提供安全第一的保证。亚马逊在可靠性与服务方面做得非常出色，将我们远远抛在身后，而且索赔问题也处理得快速到位。对于图书爱好者来说，互联网的真正优势在于可以搜索到并不常见的图书。Abebooks（www. abebooks. co. uk）就是一个可以将购书者与卖书者联系起来的平台，也是专业人士使用的主要资源之一。Abebooks 是世界最大的二手珍藏版或绝版图书的在线市场，据说可提供的商品数量超过 4000 万种。

图书网上零售商的战略可以使用一般性战略模型来描述（如图 2－1 所示），该图展示了主要零售商可选择的三种可行性战略——成本领先战略、差异化战略和集中化战略。

	低成本（Low cost）	差异化（Differentiation）
目标市场宽泛	成本领先战略（Swotbooks网站）	差异化战略（Amazon网站）
目标市场狭窄		集中化战略（Abebooks网站）

图 2－1　图书网上零售商战略定位模式

来源：Porter（1985）。

学习笔记：

2.3 音乐

从供应商的观点来看，音乐市场的前景并不乐观。根据 Lehman Brothers 的数据显示，音乐占顾客消费额的百分比正在下滑，2002 年英国的音乐销售下降 8.1%，其中单碟唱片（CD）跌幅最大，根据英国 Phonographic Industry（BPI）的数据显示，下跌幅度高达 25%。

顾客经常抱怨 CD 价格过高，而相关公司则把下跌归咎于盗版和非法互联网下载（单曲明显要比专辑下载更快、更容易），据称 2002 年的全球收入已因此损失 10 亿美元。美国录音行业协会（RIAA）试图通过法律途径来抵制成百上千的“侵权者”，他们已收集到非法流通的盗版影印资料 1000 多份。而媒体反复报道（Guardian，2003 年 9 月 10 日）12 岁小女孩、大学教授和不使用电脑的老人卷入第一轮行动中的事件，给 RIAA 带来很大的负面宣传效应。

网上零售的音乐可分为两个类别：CD 和在线收听。

2.3.1 CD

音乐的载体多种多样，有磁带、CD、唱片和迷你唱片等。自 20 世纪 80 年代以来，CD 独占鳌头，最为流行。BPI 的调查显示，音乐购买者每年在专辑上的平均消费超过 80 英镑，其中 92% 来自 CD。BPI 还估计，CD 专辑市场覆盖度可以达到英国家庭的 50%。音乐市场的主要零售商 HMV（www.hmv.co.uk）和 Tower Records（www.towerrecords.co.uk）现已开始在互联网上销售 CD，但他们也面临着来自纯粹网上零售对手的强大压力，如 CD WOW（www.cdwow.co.uk）和目前在亚马逊旗下的 CD NOW（www.cdnow.com）。CD WOW 的销售额在竞争激烈的 CD 市场上增长迅速，最近在 Net 杂志的读者评选中跻身网上零售商全球前 20 强，位居第二位，仅次于亚马逊。在英国，根据《星期日泰晤士报》读者的投票，CD WOW 被评为本国第二受欢迎的网上零售商，仅次于亚马逊。

学习笔记：

知识链接 2-1

CD 的价格

互联网可以帮助顾客找到更加便宜的商品。CD 购买者很注重价格因素，他们认为商业街销售的 CD 价格过高。第 4 章中的一项调查结果显示，网上购物较之实体购物的一个主要优势就是"价格公道"。表 2-1 是一个比较测试，对价格进行了横向比较，结果显示价格的波动幅度很大。CD NOW 的价格相对较低，U2《1980—1990 年精选辑》的价格仅为 8 英镑，而排第二位的 CD WOW 的价格则是 13.99 英镑。

表 2-1　　CD 的价格测试结果　　单位：英镑

	HMV	Tower Records	CD WOW	CDNOW
U2《1980—1990 年精选辑》	18.99	23.65	13.99	8.00
Justin Timberlake	13.99	12.78	8.99	8.50
Big Brovaz	10.99	13.42	N/A	18.70
David Bowie	15.99	15.66	12.99	8.00

在第 1 章中，图 1-3 表明 CD（包括磁带和碟片）在在线消费中广受欢迎（只有图书比它们略胜一筹）。因为 CD 属于低感度商品，所以在网上购物中流行也就不足为奇。参见知识链接 2-2 中对网上零售 CD 潜力的分析。

知识链接 2-2

CD 的网上零售——ES 测试

电子购物（Electronic Shopping）测试由 de Kare-Silver

学习笔记：

(2001) 发明，用来评估某种商品在线消费的潜力（见第10章）。de Kare-Silver 认为，商品网上零售的潜力可以用三个因素来评估："商品特征"、"熟悉度与可信度"和"顾客特性"。其中，顾客特性比其他两个因素更重要，其分值在模型中是其他两项的近三倍。以下是对 CD 的分析：

1. 商品特征

CD 是一种可有可无的商品，完全取决于顾客的个人需求。无论从 HMV 还是 Tower Records 上购买，购得的商品是同质的。一张 CD 在购买前不必试、嗅或接触，顾客唯一需要的就是听，而且他们很可能已经在录音机或电视上听过这些音乐。得分：满分10分，得分8分。

2. 熟悉度与可信度

不论是摇滚、爵士或嘻哈音乐，顾客会购买符合自己品味的 CD。HMV 和以亚马逊为渠道的 CD NOW 都是知名品牌，即使进行低价销售，其商品品质也有所保证，顾客在这些网站购买商品时有较强信心。得分：满分10分，得分8分。

3. 顾客特性

典型的音乐购买者比较年轻、有更高的教育背景，并且属于更高的社会经济群体，更加符合典型互联网用户的特征。得分：满分30分，得分22分。

表2-2　ES 测试对 CD 网上购物潜力的评估　单位：分

商品	商品特征（10）	熟悉度与可信度（10）	顾客特性（30）	总分
CD	8	8	22	38

CD 的网上零售在满分50分的测试中获得38分。de Kare-Silver 认为，得分超过20分，此商品的网上零售就具有较大的潜力。这个分数说明 CD 通过互联网销售的潜力巨大，这就是 CD 的网上零售发展迅速的原因。服装在 de Kare-Silver 的 ES 测试中只获得19分，这说明与 CD 相比，服装的网上零售潜力较小。

来源：由 Mehtap Durmus 友情提供。

学习笔记：

2.3.2　在线音乐

据行业内部人士估计，从互联网上下载的音乐（大部分都是免费的）数量大概是卖出 CD 的三倍。Forrester（www. forrester. com）的一项调查研究表明，45%的欧洲用户通过宽带下载音乐，但其中一半人认为不需要付费。然而，接下来却出现时代华纳和微软之间的结算问题，合法的在线付费音乐现在似乎正逐步消失。

知识链接 2-3

在线支付服务

2003 年美国在线支付的涨幅高达 22%。e-Marketer（2003）指出，音乐成为在线支付的最大品类。尽管面对着来自诸如 Kazaa等免费文件共享服务的竞争，苹果 iTunes 上的点击下载已超过 1700 万首。

支付服务不是个新名词。财经新闻和色情资料（主要是下载录像和“实况”网络录像）自网络发展初期便已存在。所谓的“新”是指许多其他商品品类的快速增长率，如图 2－2 所示。

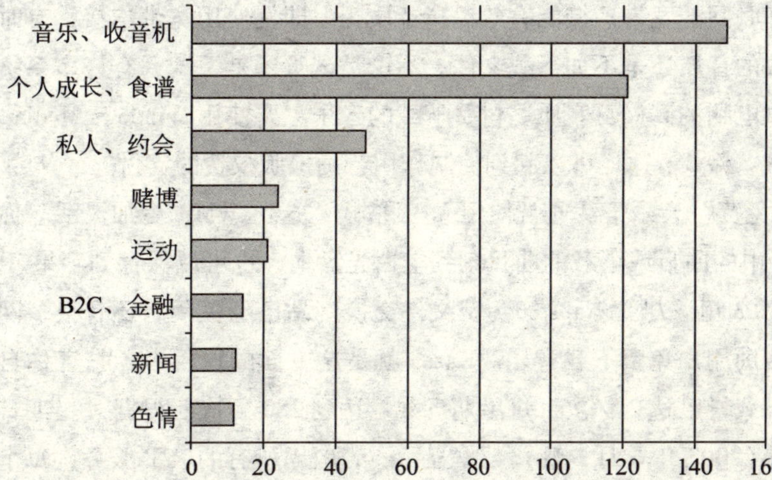

图 2－2　2003 年美国在线付费增长率——较 2002 年的增长百分比（%）

来源：e-Marketer（2002）。

学习笔记：

两种收听在线音乐的途径：下载和试听。在美国，由市场领先者之一的苹果电脑公司开发的 iTunes 已经成功地引导顾客为每次下载支付 99 美分——前 3 个月下载量已达到 650 万次。比起典型的流行音乐来，老鹰乐队和 U2 的音乐最为畅销，他们对成熟和富裕市场的购买者更具有吸引力。尽管只有苹果 Mac 的用户才能使用，iTunes 在欧洲同样很受欢迎，每首曲目的价格大约是 0.6 英镑。

试听是指通过电脑进行在线播放，有点类似于无线电广播。数字电台是使用最为频繁的试听媒体。自选音乐的互动性服务正在不断发展。在英国，On Demand Distribution（也就是 OD2——www.ondemanddistribution.com）为 HMV 和互联网服务供应商 Freeserve、BT 提供"音乐俱乐部"服务，对试听和有线下载收取固定的月租。一旦停止交费，下载就会中止。OD2 与五大音乐公司都有合作关系，管理转账，以确保艺术家和唱片公司得到版权费用的支付。这个公司已经拥有了 8500 个歌手的超过 20 万首的曲目。OD2 的成功，有一部分应归功于创始者 Peter Gabriel 的个人影响力（20 世纪 70 年代 Genesis 乐队的主唱）。"我起的是抛砖引玉的作用"，Gabriel 说，"我们是留在城镇中的唯一的歌手"（《星期日泰晤士报》商业版，2003 年 8 月 17 日）。

OD2 的音乐同样也可以从 MSN 和 Virgin 上下载，每首曲目的价格大约为 0.60 ~ 0.99 英镑。公司引导顾客付费的一个激励手段就是在发行 CD 的 6 个星期前提供音乐下载。OD2 还提供独家特别版以及 CD 中没有的歌曲。

互联网的宽带连接能有效提高音质，但即使使用宽带连接，有时候在线播放的音质还是不如下载文件。不论是试听还是下载，有许多系统都可以提供电脑的高保真音质。付费下载的音乐主要使用 Windows Media Audio（WMA）格式，这样可以起到控制作用，确保版权费的支付。

"免费"音乐下载通常使用 MP3 格式，这比 WMA 更加灵活。你可以把 CD 中的曲目或下载的曲目刻到空白光盘上，也可以保存到苹果 iPod 便携式 MP3 里。尽管 Napster 免费文件交换网站已经关闭，还有很多网站致力于帮助用户免费下载音乐。Kazaa 就是这方面的佼佼者，它宣称自己的软件下载量已达 2 亿次，每星期下载量达到 280 万次。根据《星期日泰晤士报》（2003 年 6 月 1 日）数据显示，若考虑所有的 P2P 服务，每个月大约有 26 亿份文件被拷贝下载。

学习笔记：

微型案例分析 2－2

iPod——21 世纪的符号

iPod MP3 播放器不到两张 CD 光盘的重量，却能让你随身携带一万首歌曲。顶尖的时尚店已经为它设计好配饰，电视导演已经将它编入主要情节，演员金口一开，iPod 就成为最酷的小玩意儿。iPod 也许只比存储器多一点功能，但它却改变了我们听音乐的方式，并成为了一种文化的标志。体积小、轻便并且操作简单，这使得不懂技术的人也可以操作并在移动的同时欣赏个性化的音乐。

iPod 的年销售量达 150 万只，成为苹果最受欢迎的商品之一。它的成功不仅来自时尚的设计，还来自从电脑中下载音乐的超高速度。它同样也拥有闹钟、游戏控制台功能，安装可选附件后，还能成为录音机和无线电广播收音机。

来源：节选自《泰晤士报》（英国），2003 年 12 月 10 日。

微型案例分析 2－3

Kazaa

根据 www.download.com 显示，截至 2003 年 2 月，Kazaa 已下载 192921732 次。很明显，顾客喜欢免费的商品。Kazaa 提供音乐、录像（比如肥皂剧）以及图像文件的搜索服务。这个过程比较简单：下载免费文件，选择同意条款，然后开启 Kazaa 媒体桌面，点击“搜索”，输入歌手名字或曲目名称，结果就显示出来了。在列出的所有文件中点击任何你想要下载的文件就可以。截至测试之时，共有 4130879 个在线用户共享 810495758 份文件。文件下载成功，用户就可以欣赏音乐。尽管用户有支付版权费的义务，但是下载初期还是免费的。网站经营者很明确地宣布他们不会饶恕破坏版权所有者权益的行为：“作为一个 Kazaa 媒体桌面的使用者，你已经同意遵守最终用户协议，并且有义务遵守任何国家的版权相关法规。”

Kazaa 软件是免费的，成本则通过广告收入来抵消。据报道，Kazaa

学习笔记：

和 Morpheus（一个类似 Kazaa 的服务）每月的广告收入为 40 万美元。在下载所需的 20 多分钟内，用户被动地接收到许多弹出式广告。除此之外，用户的个人资料也可能用于市场营销和调研（没有读过条款的用户也许并不知道这一点）。

除了广告和应给版权所有者付费之外，还有潜在的其他问题。下载的任何文件都有可能包含病毒或蠕虫。限于 P2P 系统的操作方式，只有系统感染者才可以删除病毒并阻止其传播，而 Kazaa 却不能。

为和其他用户共享音乐，该软件创建一个文件夹，里面所有的文件都可以上传或下载。你还可以更改设置，让别人无法从你的电脑中获取文件，但如果大意疏忽，别的用户也可以用同样的方式更改设置，使得你电脑中的所有文件和任何人共享。在惠普实验室的测试中，一份名为“creditcard. xls”的假 Excel 文件添加到电脑上并挂了 24 小时。在这段时间中，该份文件被下载 4 次（Thomas，2002）。这篇报道还引出另一个困扰家长的问题：色情资料。在 Kazaa 上搜索布兰妮·斯皮尔斯（Britney Spears）的录像时，有超过 70% 的搜索结果包含色情内容。

在 2003 年对 765 名年轻人进行的调查中，65% 的人说他们使用互联网下载音乐。这些人中的 88% 使用 Kazaa 或类似软件，只有 12% 的人使用“合法的”网站（音乐家的网站或合法的发行商）。这些“合法的”使用者却很少下载音乐。被调查者（一个英国伦敦西部的学校）下载了大约 92000 份“免费”文件，也就是 6600 张专辑。与此相比，“合法的”下载只有 1000 份，相当于 75 张专辑。令人担心的是，32% 的被调查者并不清楚文件共享的安全风险。

来源：由 Wayne Godfrey 友情提供。

2.3.3 DVD 电影和录像

DVD 电影和录像大多和 CD 有同样的供应商（亚马逊也是该市场的领导者），同时具有和 CD 一样的网上零售优势（参见知识链接 2－2）。商业街零售商经营录像业务已有很长时间。令网上零售商高兴的是，随着 DVD 的广泛流行，顾客进行网上购物的意愿也越来越强。主要的网上零售商有亚马逊、Bol（www. bol. com）、DVD Street（www. streetsonline. co. uk）和 Blackstar（www. blackstar. co. uk）。它们现在面临着来自 HMV（www. hmv. co. uk）、VirginMega（www. virginmega. co. uk）和 WHSmith（www. whsmith. co. uk）

学习笔记：

等商业街零售商的竞争。

DVD 影碟的价格浮动很大。在使用比价代理系统——WebDVDGuide（www. webdvdguide. com）的测试中，《指环王——双塔奇兵》（www. popcorn. co. uk）的双碟 DVD 套装（含运费）的价格从 15. 94 英镑到 20. 49 英镑不等（建议零售价为 24. 99 英镑）。

微型案例分析 2 -4

Blackstar

Blackstar（www. blackstar. co. uk）于 1998 年 2 月在北爱尔兰的贝尔法斯特正式投入运营，最初经营拥有 50000 种录像的影视库。过去两年，DVD 广受消费者欢迎，Blackstar 顺理成章的进入 DVD 电影市场，现在兼营游戏手柄等业务。

Blackstar 在短短时间内获得了引人注目的成就。高质量的客户服务使其拥有很高的顾客满意度，成功地吸引并留住了顾客。典型的商业街录像、DVD 商店最多有 3000 种商品存货，而 Blackstar 提供更多、更广的商品范围，其中还包括一些在其他地方很难找到的品类。公司还提供稀有或绝版的录像、DVD 搜索设备，这种服务非常受欢迎，并成为公司成功的关键因素。然而，像绝大多数的英国网上零售商一样，Blackstar 还没有开始赢利。2000 年，它获得了 BVA 在线零售成功奖。

来源：由 Daniel Wells 提供。

2. 4 杂货

英国杂货业的网上零售额仅占杂货业总销售额的 1%，但是这小小的 1% 每年就高达 10 亿英镑。作为非耐用必需品，杂货投递速度很快，在投递过程中通常没有质量损失。但如果收货人无法及时取货，易腐商品的投递就很困难，因为它们不能像其他商品一样可以投进邮箱或者放进带锁的储藏柜中。除此之外，许多商品品类在特点和质量上趋向多样化，顾客常常需要通过看、摸、闻来挑选商品。与典型消费者（如 CD 消费者）相比，杂货消费者一般年龄较大，受教育程度较低，对网上零售这样的新兴事物不

学习笔记：

够敏感。de Kare-Silver 的 ES 测试给杂货的评分为 27 分（满分为 50 分），远落后于图书（38 分）和 DVD 影碟（39 分），具体内容请见第 10 章。

想一想

如果杂货在运送和经营上存在问题，为什么网上杂货服务商 Tesco 能够成为英国最大的网上零售商？

当美国图书大亨 Louis Borders 于 1997 年创立网上杂货店 Webvan 时，他相信他可以在杂货行业掀起一场革命。公司通过互联网接下杂货订单，建立自动化和集中化的商店，并以计算机化的物流系统管理当地车队，以不超过顾客亲自去超级购物的成本有效地将货物运送到顾客手中。这个计划在旧金山发起，紧接着在美国 26 个城市开展，每个城市的投资成本高达 3500 万美元。包括营销成本在内，总投资高达 12 亿美元（相当于 8.4 亿英镑），这个数字在网上零售历史上仅排在亚马逊之后。Webvan 的营销成本占销售额的 30%，而配送中心的利用率仅有 50%，所以在这种情况下很难产生赢利。Webvan 于 2001 年倒闭，2000 名员工下岗，宣布倒闭的损失近 5 亿美元——这是有史以来数额最大的电子商务损失。

Tesco 作为英国杂货超市的领导者，境遇却大不相同（www.tesco.com——参见案例分析 3－2）。Tesco 的在线购物服务已成为全球为数不多的网上零售成功案例之一，它拥有 100 万用户，每星期获得 85000 份订单，早在 2001 年就开始赢利。Tesco 是世界最大的网上杂货零售商，占有全球 53% 的市场份额。其成功秘诀有二：其一，Tesco 拥有先发制人的优势，业务范围迅速扩大，目前人口覆盖率已达 95%，其主要竞争对手 Sainsbury 也已经占据英国 71% 的家庭份额；其二，Tesco 雇用拣选员，保证让不符合规定的商品迅速下架。这个简单的方法使得 Tesco 的业务快速开展起来，商店里未能售出的新鲜食品必须尽快清理出去。没有网络订单时，Tesco 的员工可以从事其他工作，而其他竞争者则因无事可做不断挣扎。Somerfield 试图建立目标驱动的运送中心渠道，却最终放弃，元气大伤。Safeway（曾是英国的三大超市之一）没有送货上门服务，其网上零售业务现已全面停顿。Sainsbury 使用仓库与店内采购相结合的方式，但至本书编写时仍

学习笔记：

旧没有赢利。沃尔玛ASDA的两个专营店已经关闭。迄今为止，Sainsbury和沃尔玛ASDA配送服务的覆盖率不到全国家庭的一半。Iceland宣称自己的业务有97%的覆盖率，但对于其交易结果和销售额却闭口不谈。

通过与Safeway公司的结盟（与英国的Safeway无关），Tesco的网上零售模式全面引入美国。这种新兴服务首先在波特兰、俄勒冈州试点经营，旧金山紧随其后（Webvan曾经在这里尝试经营却以失败告终）。Tesco在爱尔兰共和国的增长也很迅速，业务范围覆盖70%的人口，在韩国则与Homeplus创办合资企业经营。

Tesco在英国的最大竞争对手是Ocado（www.ocado.co.uk）。Ocado与英国六大超级市场之一的Waitrose联营，其商店主要分布在英国南部，40%的股份属于John Lewis Partnership百货公司（Waitrose的母公司）。Ocado正致力于建立商场模式，并将商场扩展到伦敦北部和伯明翰地区，每个商店经营的杂货数量都和20家超级市场相等。据赫特福德郡负责人称，网上零售服务已经拓展到整个伦敦地区。Ocado的管理者指出，公司的营销以低替代水平为基础（仅为2%——“行业标准”为15%），并且配送时间是1小时而非2小时（Guardian，2002年8月1日）。不过Waitrose要想赶上Tesco还需要很长时间，公司主管估计还需要3~5年的时间才会出现赢利（《星期日泰晤士报》（英国），2002年11月10日）。

知识链接2-4

网络杂货零售获取顾客价值的八种优势：

（1）顾客密度（Customer Density）；

（2）忠诚度（Loyalty）；

（3）购买力（Buying Power）；

（4）订单效率与顾客信息；

（5）运作效率与顾客服务水平；

（6）大范围的商品品类；

（7）价格水平；

（8）购物便利程度。

来源：（1）~（4）来自Tanskanen等人（2002），（5）~（7）来自Anckar等人（2002）［其中（5）和（6）在两个来源中重

学习笔记：

复出现]。

Tanskanen 等人（2002）介绍了网上杂货零售赢利必学的“六项课程”，Anckar 等人（2002）确认了“顾客价值的四种来源”（参见知识链接2-4）。作为英国超级市场的领头羊，Tesco 在忠诚度、购买力和商品品类范围等方面具有优势，规模经济（Economies of Scale）同样给 Tesco 提供了价格优势。从理论上来讲，Tesco 的行业竞争者需要在其他因素中发挥比较优势：购物便利、运作效率、顾客服务、订购界面以及商品信息。这些可以通过多种手段实现，诸如将网站信息化、简化操作、提供精确的订单信息（或者实现替代商品的最小化）以及精确的交货时间等。参见知识链接2-5，看看其他运营商是怎样在我们进行网站测试的时候顺利发展的。

知识链接 2-5

英国杂货零售商

- Tesco（www. tesco. com）

参见案例分析 3-2。

Tesco 网站使用快捷方便，可以提供比其他竞争对手更为广泛的选择。平邮费用为 5 英镑，并承诺 2 小时之内交货。Tesco 拥有最大的区域邮递。网站注册迅速、内容清楚、页面下载速度很快。

- Ocado（www. ocado. com）

超过 75 英镑的订单免费送货，其他情况收取 5 英镑的运费，商品会在 1 小时之内送达，但服务范围仅限于伦敦及其周边地区。网站操作简便，并且 Ocado 宣称他们比其他竞争对手更少使用替代商品（与 Waitrose 联合经营）。

- Wal-Mart Asda（www. asda. co. uk）

网站操作简便，但速度相对缓慢。超过 99 英镑的订单免费送货，其他情况的运费为 3.5 英镑，且会在 2 小时内送达。

- Sainsbury's（www. sainsburys. co. uk）

学习笔记：

Sainsbury's 商品范围广泛，品种繁多，但网站操作繁杂，不易理解，尤其是在注册的时候，网站下载速度非常缓慢。送货时间为 2 小时，平邮费用为 5 英镑。

- Iceland（www. iceland. co. uk）

Iceland 为在商店周围 10 英里之内价值 40 英镑以上的订单提供免费送货服务。其网站一目了然，操作简便，加载和注册都十分迅速。

来源：Omar Chaudhry 提供网站测试结果。

2.5 服装和鞋类

表面上看，服装不是适合网上零售的商品品类。第一，服装购买之前通常要看、要摸和要试穿，而网上购物者却很难对服装做出这些评价。第二，购买服装不仅仅是为保暖和合体，而且还为表现自我形象，网上购买服装很容易导致款式购买的失败，因此服装品类的网上购物具有很高的认知风险。de Kare-Silver 的 ES 测试给日常服饰的打分为 19 分（满分 50 分），远远排在图书（38 分）、DVD 影碟（39 分）和杂货（27 分）之后（de Kare-Silver 认为适合网上零售的商品分数至少应为 20 分）。然而，服装也是英国网上零售主要品类之一（尽管在世界范围内它是增长较慢的品类之一）。服装曾经是英国主要的邮件订购商品品类之一，这可能是其网上零售发展顺利的原因，购物者和零售商都已经习惯于服装送货上门的服务模式。Next（www. next. co. uk）是服装网上零售市场的领头羊，自 1988 年创建开始便通过邮件订购供应时尚服装（参见案例分析 1－1）。

想一想

如果服装并不适合网上零售，那它是怎样成为英国网上零售最大品类之一的？

或许是受到 Fig Leaves（www. figleaves. com）成功经验的驱使，女性内衣和针织品成为网上零售最流行的商品品类之一。Fig Leaves 凭借其创

学习笔记：

造性，以征得顾客允许为基础的营销方式和新颖的在线文胸测量系统取胜。特别在男士选购女性内衣方面，他们在实体商店购买这些东西通常会比较尴尬，但在网上就不存在这个问题。

对于需要“观赏和感觉”的商品，顾客更希望在购买前进行比对和评估——这类商品的购买具有很高的参与度。据2001年New Straits Times的一项调查数据显示，85%的被调查者明确表示不会在网上购买服装，他们更喜欢在购买前进行试穿。顾客选择在实体服装店（以及与此相对的其他购物方式）购物的主要动机是获得乐趣。实体零售店经常使用“氛围”来增加购物乐趣，从而提高销售额。现已证实，“氛围”等因素对于提高实体零售店业绩至关重要，而在第6章，我们将论证这些因素对于网上零售商同样重要，乐趣一类的情感要素能引导购物者改变他们对网上购物的

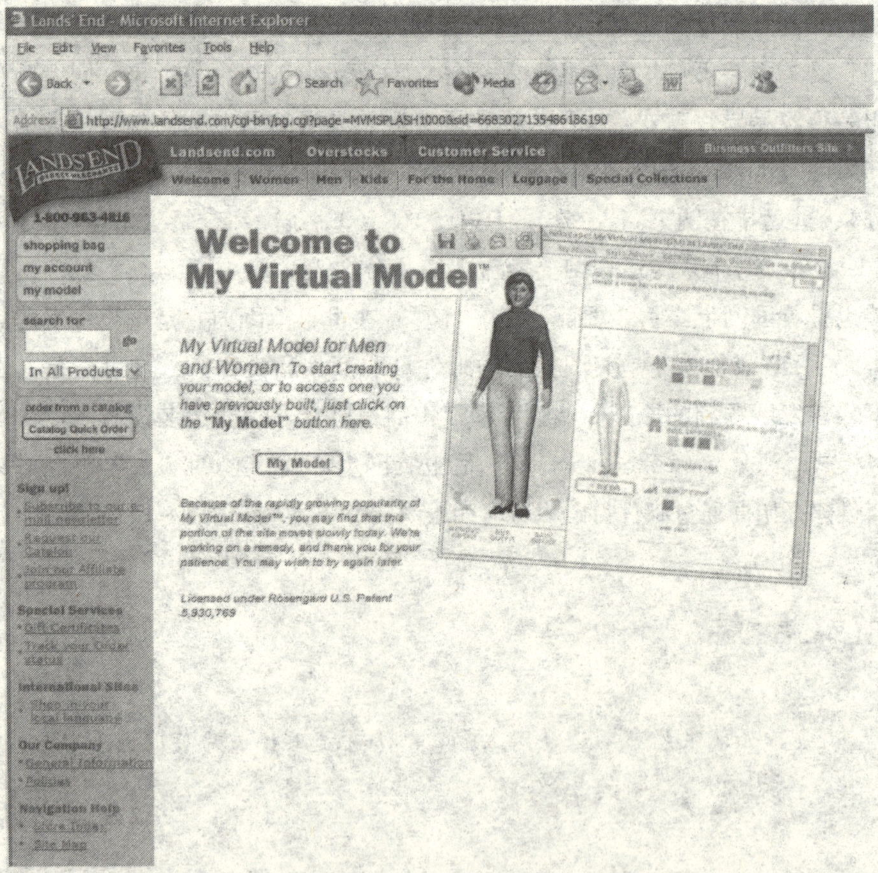

图2-3 使用计算机程序来替代实体商品试穿的在线系统

来源：www. landsend. com。

学习笔记：

态度（Childers 等，2001）。Chicksand 和 Knowles（2002）认为，网上零售商可以通过改善一些因素，在一定程度上克服在线销售体验式商品所面临的困境。网上商店的激励措施包括：声音、个性化、网站的使用、视觉效果和文本。如第 6 章所述，网页氛围可以弥补网上购物时感观不足的缺憾。而目前网上零售商还不能满足购物者对于乐趣的需求（Henderson 和 Kunz，2002），甚至是服装市场的领导者 Next 也极少对网页氛围进行尝试。

个性化是营造网页氛围的关键因素，但绝大多数的服装网上零售商在这方面做得并不够。Eddie Bauer（美国服装零售商）的“虚拟壁橱”有助于提高个性化，通过“样式生成”为购物者提供试穿服务。在 Virtual Model（www. virtualmodel. com ——《网络杂志》评选的 100 个最佳网站之一）上，顾客可以在线创建自己的三维虚拟模型，还能在最好的零售商 Lands' End 等处试穿服装——据说这项技术可能使销售额提高 19%

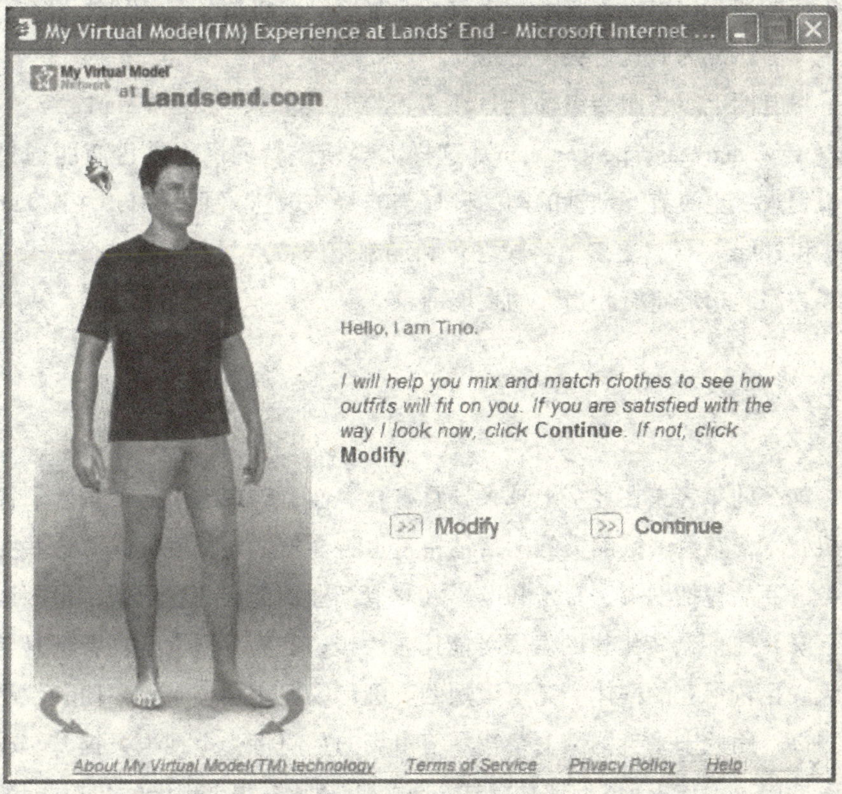

图 2－4 虚拟模型可以逼真地展现网上消费者的形象

来源：www. landsend. com。

学习笔记：

(Lorek，2001)。网上零售商将服装尺码和已购买商品保留在数据库内，顾客下次登录时可以再次查看，将购物经历个性化，以便节省选购时间。

服装零售还可以采用身体扫描。购物者可以访问 Levi 商店并进行扫描，结果将集中存入数据库中。这些资料可以用于网上购物，扫描数据将输入到类似虚拟模特的 3D 虚拟壁橱中。购物者会有十足的把握确认服装是否适合。遗憾的是，Levi 并没有为虚拟模型 Kohls（www. kohls. com）网站的网上零售业务提供身体扫描的数据。

定制化是营造网页氛围的另一关键要素。大规模定制提倡个性化商品设计，购物者参与商品设计，很好地将个人的购物体验融入到商品中。商品更加符合个性化需求，购物者的满意度因此得到极大地提高。在耐克的网站（www. nike. com）上，购物者可以定制鞋的颜色、款式，甚至名字和广告词。但这个系统有一个潜在的缺陷：如果顾客由于某种原因要求退货怎么办？Fanbuzz 在网上零售服装，并允许购物者决定自己购买的款式、颜色、图案和尺码。这些定制化商品通常比一般商品要贵 10% ~20%，但许多顾客愿意为此支付更多费用（Evans，2001）。

尽管网上零售服装市场只是在缓慢增长，如果 Next 和 Marks & Spencer（www. marksandspencer. com）这样大规模经营的网上零售商能通过更加吸引人、更具有互动性的网站设计与布局来改进网页氛围，并像 Lands' End 和 Nike 一样，更多地将顾客化和定制化的特点与营销相结合，未来网上零售服装市场将有相当大的发展前景。

2.6 结论

如今的年轻人在经济上越来越具有自主性，越来越多的大学生掌握计算机技术，某些关键品类的网络销售量也将会随之大幅度提高。这些关键品类的商品包括图书、音乐和电影（尽管商业街商店的音乐销售量因盗版而下降）等。杂货销售的发展可能比较缓慢，因为其网上购物者都是年龄偏大、比较保守的群体。竞争激烈的英国市场促使顾客服务和便利水平不断提高，因此未来英国网上杂货零售市场的空间将会得到很大提升。越来越多的国家模仿 Tesco 的成功模式，使网上杂货零售出现国际化扩张趋势。同其他体验式商品相比，服装是一个具有争议的品类。然而，随着宽带下载速度提高、大规模零售模式得到改进、网页氛围也会不断得到改善、服

学习笔记：

装的网上零售将会拥有更加光明的发展前景。总之，在接下来的几年中，网上零售领域将会出现越来越多的在商业街商店销售的传统商品。

章节概要

亚马逊是英国图书、CD 和 DVD 影碟领域的"大哥大"。它具有先进入者优势，组织大量的常规广告活动，并且关注便利性、顾客服务和可靠性，塑造了良好的品牌形象，并取得了无可比拟的行业竞争力。顾客满意度也同样是 CD WOW 成功的基石，推动其 CD 销售额坐上"第二把交椅"。比价代理系统提高了商品的便利性，同时也增加了价格比对的透明度，而事实证明，市场的领先者并非是定价最低的零售商。

同亚马逊主导图书、CD 和 DVD 市场的模式相似，Tesco 主导着网上杂货零售业。它借助实体商店的品牌价值，并成功地运用了商店采购模式（不包括图书、CD 和 DVD 等非食品类商品）。Ocado 致力于提高服务水平和便利程度，使用顾客配送中心来配送商品，并以此取得竞争优势。

Next 依托原有的邮件订购系统，最终成为网上服装零售领域的佼佼者，尤其是女性内衣销售的增长幅度更是"令人惊讶"。

下一章将深入探讨组织中的网上零售整合问题。

案例分析 2－1

1. Amazon

本案例将对 Amazon. co. uk 的零售组合以及安索夫（Ansoff）矩阵的应用进行研究（另参见微型案例分析 8－1 并与 eBay 进行比较）。

"我很忙，所以我在亚马逊购买图书，这种购物方式不仅便利，而且十分可靠。"

——比尔·盖茨

亚马逊是网上零售的成功案例，已塑造出国际化的形象——世界最大的图书网上零售商，与 Barnes 和 Noble 齐名，成为世界三大网上图书商店之一。亚马逊自 1995 年创建以来，年销售额已经超过 10 亿美元，公司拥有超过 250 万名的顾客——但是直到 2002 年才首次赢利。1998 年，亚马逊从 Bookpages 手中接管网站 www. amazon. co. uk 并开拓英国市场，而如今英国成为了亚马逊在美国以外最大的市场。公司在 CD、DVD 电影和录像

学习笔记：

领域当仁不让地坐上了“第一把交椅”，同时还提供许多其他在线商品，包括电子商品、软件、游戏、玩具、旅游和拍卖。根据全球零售在线的调查，每8个英国互联网用户中就有一个曾在Amazon上购买过商品。

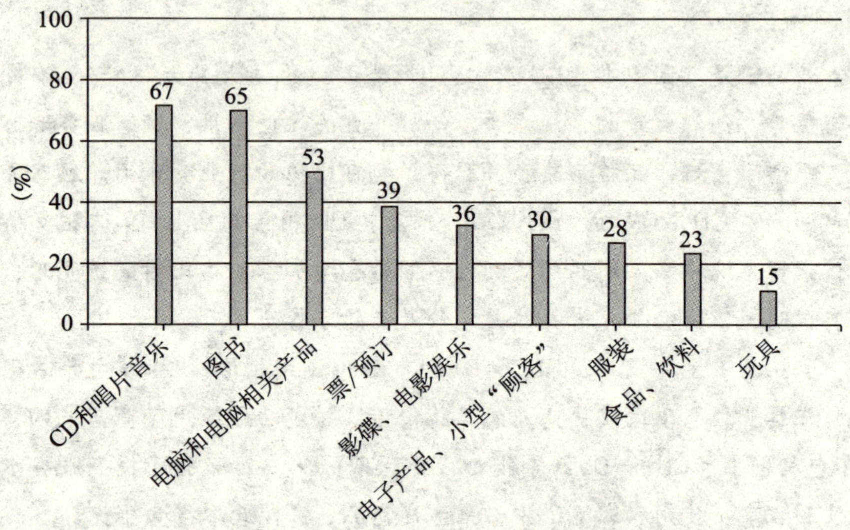

图2－5　亚马逊销售量（前十种）的有关数据

亚马逊是英国图书网上零售市场的最大商家，市场占有率超过50%，其主要优势来自店面、仓库和存货费用的节省，这为亚马逊销售低价位图书提供了坚强的后盾。亚马逊在音乐、儿童和技术等不同领域都有自己的专家团队，以不同观点撰写评论。

2. 亚马逊的网上零售组合（e-Retail Mix）

（1）便利性

便利性在吸引和留住顾客方面发挥着重要作用。Amazon. co. uk网站下载速度快，即使网站包含很多商品图片，打开只需要3～5秒的时间；顾客能快速搜索到所需商品，其搜索引擎是首屈一指的；一旦锁定搜索结果，网站会提供图书评论和评级等增值服务，同时会与其他网站进行价格比对，这种做法可以让顾客清楚地看到亚马逊低廉的价格，从而提升顾客价值和顾客满意度。亚马逊使购物变得简单，并对配送过程进行跟踪，保证其服务质量。

亚马逊提供先进的网上购物技术，“点击”系统可以储存用户信用卡号码和邮寄地址等个人信息，提高顾客的购买效率，节省时间与麻烦。

学习笔记：

Knowledge Systems & Research 调查表明，如果需要点击六次以上才能完成交易，顾客往往会失去兴趣而转向其他网站（网络营销者 e-Marketer，2002）。网站提供安全套接层协议链接，保证敏感的信用卡信息以加密的格式传输。在某些情况下，网站还会提供保证书，声明如果交易未经顾客本人授权，亚马逊将对其损失做出补偿（所有信用卡与借记卡都可以进行交易）。

是否立即发货是便利性的又一因素。即使商品缺货，亚马逊将仍旧会接受订单，并在货到之时通知顾客。Amazon. co. uk 的目标是将顾客便利最大化，使他们不再到其他地方选购图书。

亚马逊搜索软件的设计是独一无二的，它提供向上销售、交叉销售和向下销售信息。图 2 –6 展示了图书的搜索结果。

如果你选中了一本书，网站同时还会列出同样品类的其他图书，使得顾客能够更好地进行选择，这就是网络比较购物。此举措提高了销售量，因为顾客总是可以找到他们想要的东西。顾客可以在任何时候查看他们的账户，包括过去的订单信息以及投递细节。网站也借助账户信息给顾客提供图书推荐服务。

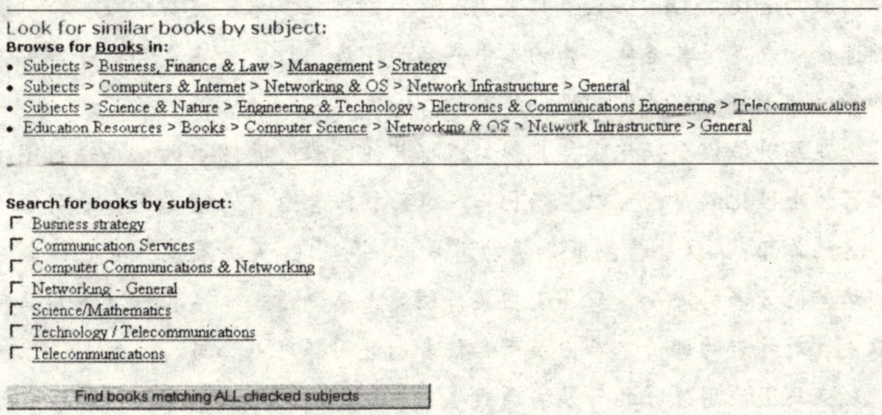

图 2 –6　通过搜索结果选项来搜索网站

（2）成本

成本是驱使顾客网上购物的因素之一。然而 Jeff Bezos——亚马逊的 CEO 相信，顾客更看重选择性与便利性。Brynjolfsson 和 Smith（2000）的研究证实了这个说法，亚马逊的定价比最低价格高出 10%，却已占有 80% 的市场（参见微型案例分析 2 –1）。因此，亚马逊并不单单以价格取

学习笔记：

胜。顾客总是想获得卓越的顾客服务和最好的价格。亚马逊的绝大部分图书都是打折的，实际售价比建议零售价格低1%～50%。顾客可以看到三种价格："定价"、"网站价格"和"节省的费用"。亚马逊的运费合理，还经常有季节性促销活动，如果订单超过一定金额，送货将是免费的。另外还提供很多不同的选择（作为选择性的额外服务），包括特快配送。

Amazon. co. uk 模仿美国模式，与 Toys R Us 签订了商店取货合约，顾客可以在他们方便的时候收取图书，使用这种方式不需要缴纳运费。

(3) 沟通

亚马逊已在顾客隐私和顾客关系管理等方面赢得了良好的口碑。从公司成立之日起，亚马逊就立志成为一个以顾客为中心的公司。借助用户电脑里的 cookie 文件，网站能识记既有的顾客信息并欢迎他们再次光临："欢迎你回来，查尔斯·丹尼斯（Charles Dennis）"。这和网站提供定制店面以符合路过者不同品味的做法有异曲同工之处。

如果顾客想要了解更多信息，比如当他们喜欢的作者推出一部新的小说时，就可以选择进入。顾客如果对接受更多的信息不感兴趣，同样可以选择退出。

亚马逊使用 Oracle 数据库监测顾客订购过程，跟踪交易中每一个步骤的速度和表现，甚至包括购物车中商品的摆放、订单的完成和电子邮件通知等，然后将全部的信息提供给网站。

亚马逊提供个性化服务，网站根据其他顾客已购图书的信息进行图书推荐。个性化的页面可以显示出："购买本作者图书的顾客还会购买哪些作者的作品?"这些特色服务帮助用户很快做出购买决策，并且可以集中阅读其他读者的评论。亚马逊在某种程度上来说是一个虚拟社区，用户可以发表对作者的评价，而出版商和作者们也同样可以参与。

亚马逊使用综合的营销沟通战略，包括广告、公共关系、推销和在线营销。线下广告包括电视商业广告以及车站广告牌，在线活动则主要是与搜索引擎及雅虎、MSN 等门户网站进行合作。

亚马逊通过链接，利用其他网站来对亚马逊进行推广，可以让顾客直接点击进入亚马逊网站。合作方可以从总交易额中提取一小部分佣金作为回报。

学习笔记：

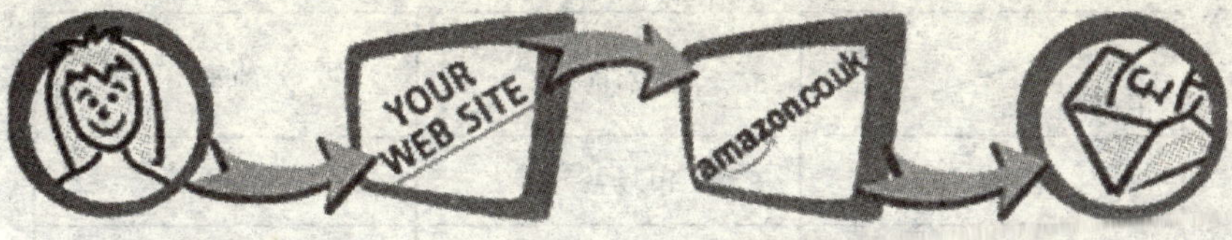

访问你的网站　在www.amazon.co.uk购物　付款

图2-7　网上购物流程

(4) 计算

亚马逊将尖端技术应用于后端（仓库）和前端（网站）。该公司研发定制信息系统和专用订单系统，与供应商相联系，可以自动订购图书。搜索引擎使用XML和Oracle数据库技术，在几秒钟之内便能完成搜索。一旦搜索完成，用户使用一次点击系统登录进入，完成交易。然后，通过电子界面或与供应商进行电子数据交换，公司使用软件处理订单。至此，供应链中的所有步骤都计算机化。

(5) 顾客关心

Amazon. co. uk的一项内部研究数据显示，70%的销售是回头客提供的，其中97%的顾客对服务感到满意或非常满意。用户指南的信息非常丰富，对订单过程、运费和退货政策等主要问题都做出详细解释。

(6) 顾客特许

亚马逊的品牌关系管理就像是你的某个熟人，了解你的喜好并向你推荐新的商品。这就与顾客建立起了紧密的联系。

3. 安索夫矩阵（Ansoff Matrix）

图2-8展示了安索夫矩阵，借以印证亚马逊的例子。

(1) 市场渗透（Market Penetration）

市场渗透追求现有商品在当前细分市场中的实现增长，目标在于提高市场占有率。亚马逊以增值服务作为市场渗透的手段，承诺订购缺货的图书，并在到货时及时通知顾客。它给用户提供销售二手图书的平台，把二手图书的价格标注在新书的售价旁边。更多的服务推动了销售的增长。亚马逊有时还允许用户在线浏览图书章节，这给读者提供了一个在真正购买图书之前的阅读机会。总之，提供的服务越多，销售成功的概率也就越大。

学习笔记：

产品 / 市场	当前	新型
当前	市场渗透	产品开发
新型	市场开发	多元化

图2-8 安索夫（Ansoff）矩阵

来源：Ansoff，1957。

（2）商品开发（Product Development）

在商品开发领域，新商品的开发主要针对现有顾客。亚马逊还在其商品范围中增加了二手图书，给顾客交易旧书的机会。亚马逊同样也销售电子图书——顾客可在PDA上阅读。

（3）市场开发（Market Development）

市场开发主要是针对新顾客，对现有商品进行营销。亚马逊已经将销售渠道扩大到了WAP和3G手机上。

亚马逊已经与Waterstones和Borders这样的实体书店签约，在线销售它们的图书。输入www.waterstone.co.uk的顾客将会被直接转入打着Waterstones名号的亚马逊网站（外观和合作品牌仍是100%的亚马逊）。与联合方案类似，顾客购买任何图书带来的利润将以一定比例划入Waterstones的账户。

（4）多元化（Diversification）

多元化指的是以新商品开拓新市场。亚马逊已经开发了旅游服务、软件、电子商品和玩具等新市场。这就是著名的非相关多元化，亚马逊之前在这些领域没有任何市场经验。亚马逊已经成功地塑造了品牌形象，同时还拥有了一大批忠诚的顾客，在特许经营扩张方面可谓是得天独厚。

（5）结论

亚马逊在互联网泡沫的破灭中得以幸存，并成为了世界最大的图书销售商之一。它对顾客至上的理念进行详尽诠释，并取得了辉煌的成就。其所有的创新动力都来自完善顾客购物体验的目标。尽管价格并不是最低的，亚马逊仍然很少有实质性的竞争者——这主要是由于它手段精明，将诸如Waterstones和Borders等潜在竞争者变成交易伙伴。

“未来的网上商店应该在顾客光顾之前就猜到他们想要什么。”

——Jeff Bezos

学习笔记：

来源：案例分析由 Numan Tahir 提供。

思考题

问题 2－1　为什么图书、CD 和 DVD 影碟特别适用于网上零售？

问题 2－2　为什么杂货在英国成为最大的网上零售品类之一的事实令人惊讶？

问题 2－3　杂货是怎样成为英国最大的网上零售品类之一的？

问题 2－4　服装网上零售商可以通过哪些手段来扩展业务？

扩展阅读

HARRIS，LISA AND DENNIS，CHARLES. 2002. Marketing the e-Business，London：Routledge.

TIERNAN，BERNADETTE. 2002. e-Tailing，Chicago，IL：Dearborn.

参考文献

ANCKAR，W.，WALDEN，P. AND JELASSIK T. 2000. ‘Creating customer value in online grocery shopping’，International Journal of Retail and Distribution Management，30（4）：211－220.

BRYNIJOLFSSON，E. AND SMITH，M.. 2000. ‘Frictionless commerce? A comparison of Internet and conventional retailers’，Management Science，46（4）：563－585.

CHICKSAND，L. AND KNOWLES，R.. 2000. ‘Selling “look and feel goods” online’，IBM E-Business Conference，Birmingham University.

CHILDERS，T. L.，CARR，C. L.，PECK，J. AND CARSON，S.. 2001. ‘Hedonic and utilitarian motivations for online retail shopping behavior’，Journal of Retailing，77：511－535. Retailing and Services Science Conference.

DE KARE-SILVER，M.. 2001. e-Shock：The New Rules，Basingstoke：Palgrave.

DENNIS，C. AND PAPMATTHAIOU，E.-K.. 2003. ‘Shoppers’ motivations for e-shopping，Tenth Recent Advances in Retailing and Services Science Conference，Portland，Oregon，7－10 August.

E-MARKETER. 2002. www. marketeer. com/news [accessed July].

E-MARKETER. 2003. Online Paid Content；Trends and Opportunities，New York：eMarketer.

学习笔记：

Evans, L. 2001. 'Fanbuzz. com launches mass customisation capability', Sporting Good Business' 34 (1).

HENDERSON, K. V. AND KUNZ, M. B. 2002. 'The convergence of brick and click retail atmospherics: delivering similar worth utility online and on-land', Ninth International Conference on Recent Advances in Retailing and Services Science, Heidelberg, EIRASS.

KOTLER, P., ARMSTRONG, G., SAUNDERS, J. AND WONG, Y. 2001. Principles of Marketing (3rd European edn) London: FT Prentice Hall.

LOREK, L. 2001. 'Net-wear sells', Interactive Week, 8 (22).

PORTER, M. E. 1985. Competitive Advantage: Creating and Sustaining Superior Performance, New York: Free Press.

TANSKANEN, K., YRJOLA, H. AND HOLMSTROM, J. 2002. 'The way to profitable Internet grocery retailing: six lessons learned', International Journal of Retail and Distribution Management, 30 (4): 169 – 178.

THOMAS, K. 2002. 'File swapping invades the home computer', USA Today, www. thehill. com/052202/ss_ towns. shtm [accessed 1 October].

网站链接

www. amazon. co. uk　点击率高、界面亲和力强并且信息丰富，是图书、音乐、DVD 电影等领域的市场领头羊。

www. cd-wow. co. uk　一个让人喜爱的 CD 网站。

www. ebay. co. uk　通过拍卖交易任何物品，英国顾客流量最大的网上零售商（参见案例分析 4 – 1）。

www. landsend. com　网站风格简洁明快，销售式样简约的棉制服装，提供三维虚拟模型试穿。

www. marksandspencer. com　提供品种丰富的畅销服装、内衣等。

www. nike. com　提供定制化的服装和鞋类商品。

www. tesco. com　在在线和实体杂货超市中均是最棒的。

www. ukauctionhelp. co. uk　为消费者与交易商提供帮助。

www. virtualmodel. com　可以看看你穿上 Lands' End 和其他顶尖供应商的服装的效果。

拍卖网站：

www. ebay. co. uk　在美国和英国，网上拍卖是最活跃也是最流行的网上购物方式，eBay 是这方面最成功的网站。(也许还是风险最大的?)（参见案例分析4 – 1）

www. qxl. co. uk　不像绝大部分的拍卖网站，英国的 QXL 不仅自己销售商品，而且还允许公众进行个人拍卖。

学习笔记：

3　组织中的网上零售整合

本章学习要点

- 为什么传统零售商会在营销中使用网上零售手段
- 网上零售整合战略
- 资源和变革管理内涵

3.1　介绍

早在网络商业化初期，互联网就已成为销售商品和提供服务的新渠道，很多人都认为传统零售业将被淘汰，逐步被互联网所取代。成批的投资者抢购互联网公司的股票，认为传统公司模式僵化，且不愿意接受改变，而新型企业趁机崛起，传统零售商根本不能和这些更加灵活的、以电子商务为基础的互联网企业进行竞争。

然而，“鼠标加水泥”的模式却是短命的。为数众多的互联网公司在这一时期从兴盛走向了衰亡，虽然也有一些互联网公司得以幸存甚至取得巨大成功，但从企业发展来看，这些最终取得成功的互联网企业往往是混血的，大部分企业成为成功采用电子商务手段的实体零售商。

本章研究 B2C 电子商务，即网上零售与传统商业模式的融合，以案例开篇，讨论传统零售商采用网上零售模式的原因，然后对线上线下活动的整合战略框架进行研究，最后为网上零售商提出合理化建议。

3.2　为什么传统零售商采用网上零售手段

20 世纪 90 年代中期，随着电子商务开始兴起，网上购物者的数量增长迅速。截至 2003 年 11 月，英国的在线消费额较 2002 年增长 44%（ZDNet，2003），仅仅这一项就足以吸引传统零售商考虑采用网上零售模式。

学习笔记：

3.2.1 落伍的商业

在2000年春天互联网低迷之前，“Internet”是公认的新世纪最具发展潜力的行业。它意味着朝气、新机遇，意味着打破传统商业模式和创造新规则的机会。媒体和每日评论争相报道原始股公开发行的新闻；《电子百万富翁》这样的综艺节目推出，然后在好评如潮时戛然而止；政府部门进行调整，设立电子外交办公室，网络资源得到完善。这些都说明网络的力量不容小觑。潮流所趋是传统商业扩展到电子商务领域的重要原因。

2000年的股市震荡给这股潮流带来了致命一击，无数互联网项目以失败告终，给电子商务上了惨痛的一课。在互联网泡沫破灭之际，自主品牌凸显出优势，并有力地提高消费者忠诚度，进而增加销售额。

3.2.2 传统的优势

传统零售商与纯粹网上零售商相比存在一些优势。2000年，eToys（www. etoys. com）的经营宣告失败，随后被传统玩具零售商 Toys R Us（www. toysrus. com）收购，之后通过和亚马逊（www. amazon. com）的合作成功开创了网上零售渠道并得以顺利发展，这显示出传统零售商在一些方面还是存在优势的。

对于传统企业，新进入者必须要吸引消费者的眼球才能得以生存和发展，而品牌创建和营销活动又使他们花费巨大，甚至由此形成前期债务。而传统企业拥有一定的顾客基础，能够借用已有的品牌提升价值，拥有相关的市场经验，能够提供新的网上业务的营销预算，而且拥有完善的价值网络（价值网络包括供应商、购买活动、实践和支持这些功能的团队），这些优势能帮助传统零售商弥补其滞后的市场反应。

3.2.3 网上零售的价值

网上零售拥有多种战略选择，并可以在在线活动中选择业务的参与程度。如第1章所述（网上零售的优势和劣势），网上零售可以被看作是传统零售商的另一种选择或附加渠道，同样能带来与开设新的实体零售店所得到的相同的价值，能够扩展业务，扩大地理涵盖区域，并且提高消费者的便利程度。当前，互联网覆盖全球，提高了国际化贸易的机会，这也使网上零售优势得到进一步发挥，但进行国际化贸易必须正确处理多种不同

学习笔记：

语言、货币甚至是文化带来的问题，并且需要解决远程退货的物流问题。在与国外的竞争中，网上零售享受到全球化在线贸易带来的好处，而且这些业务不受其规模、竞争地位的限制。

网上零售的价值还包括提供24/7服务（全天24小时提供服务）的能力，较低的员工和空间管理费用，增加消费者“接触点”的能力以及建立更个性化的消费体验，提供更个性化的商品和服务的能力。

网上零售途径拥有多种价值，但并不是说只要进行网上零售就能取得成功，互联网泡沫的破灭就是很好的例证。在选择整合途径的过程中，需要借鉴传统零售商的经验教训，理解公司的优势和劣势（例如，技术意识是电子商务成功的指示器）。总之，网上零售途径的采用必须建立在有效的整合战略的基础之上。

3.3 整合战略

英国的在线消费持续增长，并有望到2005年超过零售市场的5%。这个数字可能有些乐观，助燃了一些研究者的热情，使整合战略的环境变得更加复杂。因此，在制定战略决策时很有必要把这些发展变化考虑在内。

3.3.1 回顾当前的发展形势

普通的网上零售依然以网络为媒介，而很多公司开始选择使用其他媒介与消费者建立联系，T商务（T－commerce）就是新兴的媒介，它利用电视终端引导购物，是重要的网上零售选择。有97%的英国家庭拥有一台或是更多的电视机，互动式的电视节目也在不断发展，这为T商务的发展提供了条件。2003年圣诞节期间，“Freeview”（英国数字电视自主浏览部分的名称）是网络搜索引擎的十大常用词之一，这足以看出电视巨大的影响力。由于电视商务的发展，2004年互联网的渗透率已经下降至53%。以Dominos Pizza为例，它在电视商务中利用了卫星电视技术，这一做法取得了巨大成功，使其品牌认知率达到98%，零售商Dixons和WHSmith也相继进行模仿。电视商务尤其受到金融业的青睐，很多银行和财团加入其中。

移动电话技术可以为网上零售提供更多的发展机会（将在第11章中详述）。近来3G技术快速发展，数据转换达到2Mbps的速度，足以支持

学习笔记：

视频互动，Wi-Fi 发展迅速，将成为带动互联网变革的重要领域。当前法国政府正努力把巴黎建成巨大的 Wi-Fi 热点，在城市 372 个地铁站上下都建立接入点，并与光缆连接。此项目始于 2003 年中期，Cisco 和 RATP（Régie Autonome des Transports Parisiens——巴黎的公共交通许可）进行合作，在 38 号公交线路上选择二十几个站点进行项目试点。如果整个项目获得批准，巴黎将拥有世界上最大的 Wi-Fi 网络。

英国的发展也十分迅速，在伯明翰的新斗牛场商业街建立了高级零售交流网络。作为动态零售环境的一部分，将智能建筑系统和多元 Gigabit 电缆基础结构合并，购物中心的 130 个新店面通过 27 个接触屏互动亭、25 个等离子屏幕和 155 个小型客户终端连接成了欧洲最大的 Wi-Fi 网络。

传统零售商 Argos（www. argos. co. uk）是一家拥有最新订购和取货系统的英国目录公司，在开发在线订货方式中颇有成效。Argos 在他的实体商店中采用快速订购渠道和信用卡支付，并且率先通过短信息系统实现商品订购。使用这个系统，消费者可以查询多家商店的存货情况，并根据回复信息确定商品价格和货架位置。这个系统减少了排队现象，增加了客户便利性。

Murray Hennessy 是 John Lewis Direct 的医学博士，他相信在网上零售领域人们会"更容易变得聪明"（IMRG，2002）。网上零售的软件平台现在可适用于下架商品。然而，不管网上零售系统的技术变得多易操作，也不管率先应用的零售商有多成功，想要采用网上零售的公司需要了解所提供的产品和服务，找到一个适合他们公司的整合战略。

3.3.2 战略选择

网上零售的战略选择受众多因素影响，包括市场分类、对在线和离线零售的预期、技术知识、外包经验、公司流程再造和项目发展，还有愿景、期望和在快速变化和可能不熟悉的商业环境中经营的能力。

电子商务具有复杂性，因此必须考虑到其商品品类、过程和配送，如图 3－1 所示。

这个模型由 Choi 等人创建，在传统零售业背景下，对电子商务的商业选择和存在问题进行模拟预测。

传统零售商首先需要确定商品和服务在何种程度上支持他们从事网上零售业以及这项业务电子商务化的程度。正如 ES 测试描述的那样，解决

学习笔记：

这些问题必须考虑商品特性，从人的感官、消费者的类型和消费者对所购商品的熟悉度来考虑问题。第10章将对此进行深入讨论。

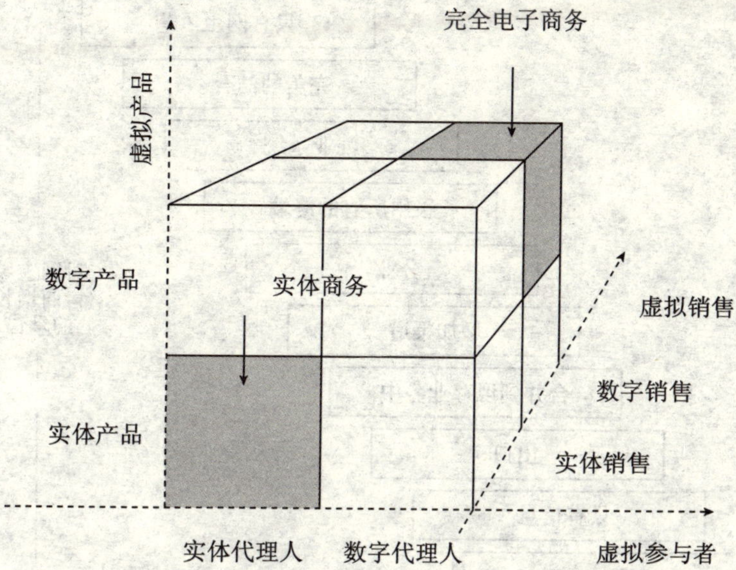

图3-1　电子商务数字化

来源：摘编自 Choi 等人（1997）。

零售商对网上零售的商品或者服务的潜力进行评价，然后对其定位进行决策，并制订出实施方案。网上零售迅速发展，为了增加网上购物响应度，de Kare-Silver（2001）列出十个可选择战略，范围从“没有网上零售”到“只有网上零售”，如图3-2所示。

1. 没有网上零售

这是被动的选择，以城镇和购物中心为基础，依靠经验和社会关系，纯粹进行实体经营。而现在的消费者希望每一家零售商都拥有网站和电子邮件地址。

2. 只有信息

Monsoon（www. monsoon. co. uk）等知名零售商回避处理网上零售的不足和劣势，纯粹将互联网看做是一个交流渠道，并不进行网络交易。

3. 出口

当网上购物者基础扩大时，这项策略可以用来保护商业街实体零售业务（使用互联网进行出口）。Blackwell（www. bookshop. blackwell. co. uk）

学习笔记：

是一个销售商，在英国大学城和校园拥有 82 个书店，有 100 万种专著和学术著作可以通过网络（进行出口）在全世界发行。

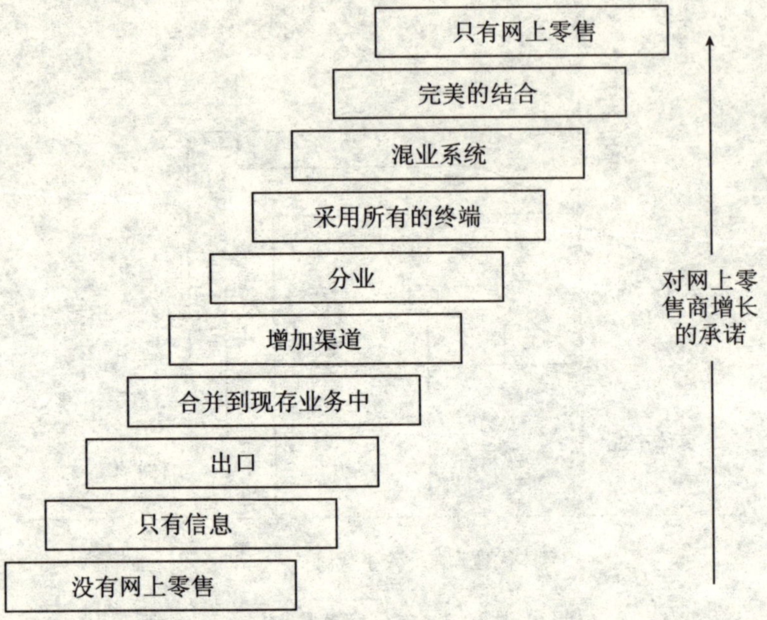

图 3－2　零售商的战略选择

来源：摘编自 de Kare-Silver（2001）。

4. 合并到现存业务中

这项策略使用一个"订购和采集"系统，目的是保护现有的实体商店。通过系统吸引消费者到实体商店购物，刺激消费者进行冲动消费。Safeway（www. safeway. com）和 Sainsburys（www. sainsburys. co. uk）尝试使用这个系统，但没有像 Tesco 那样受到欢迎（Safeway 在被 Morrison 收购之前就已彻底撤出网上零售业务；Sainsburys 采用送货上门的方法，最初以仓储中心为基础）。

5. 增加渠道

Next（网上服装零售的市场领导者）等零售商将网上零售作为争取更多目标顾客的一种途径。网上购物中心是此类零售商的代表（见第 9 章），将节省下来的准备成本用于网上零售的经营。

6. 分业

分业（Incorporate）是维持网上零售的竞争性优势，同时又不疏远实体零售中可能支付更高价格的老客户的策略。金融服务业普遍采用建立独立品牌进行直接经营的模式，如 Cahoot（www. cahoot. co. uk）。

7. 采用所有的终端

威斯敏斯特国家银行采用多渠道系统，为消费者打开各个可能的渠道：商业街分店、邮电、ATM、电话、互动电视和互联网（www. natwest. co. uk）。

8. 混业系统（Mixed System）

此策略十分看重品牌的作用，认为强大的品牌是网上零售成功的关键。Virgin Megastore（www. virginmega. com）在主要城市的旗舰商店就显示出了品牌的力量。

9. 完美的结合

是否可以在保持传统经营模式的同时进行网上零售呢？市场领域内的领导者是可以做到的。这是一个高投资的策略，可以将竞争者远远甩在身后——这就是 Tesco 的模式。

10. 只有网上零售

很少有零售商有足够勇气关闭所有的实体商店而只利用互联网经营。尽管互联网泡沫破裂了，很多进行网上零售经营的商家发展迅速，亚马逊（www. amazon. com）就是最成功的案例。然而，亚马逊也看到实体商店的价值，这点可以从它和 Toys R Us（www. toysrus. co. uk）的合资中得到证实。只有像旅游业这种在网上零售经营中具备很大潜力，而且有大量预算创建品牌的行业，如 Lastminute（www. lastminute. com）才可能成为纯粹的进行互联网经营的领导者。

想一想

> 你会在网上购买一个不知名公司的商品吗？公司网站的什么特征会鼓励你去这样做？

公司的战略不是一成不变的，要根据环境的变化不断进行修缮。从营业额、利润、消费者所得、满意度或是其他重要尺度进行衡量，公司可以制订出动态的战略，更好地发挥出公司的竞争优势。公司引入网上零售渠道，进而会发现这个新的经营方式胜过公司的传统零售模式。目录和邮件

学习笔记：

订购业务更是如此，更需要引入网上零售模式。19 世纪以来，户外设备公司 LL Bean 一直是邮件订购的先驱，现在是这个市场网上零售的领导者（参见案例分析 5－2）。

微型案例分析 3－1

Netshop

Netshop（netshop. co. uk）是一家网上零售公司，为终端客户的计算机提供网络商品。其前身是 Homestead Electronics Ltd. 邮件订购公司，于 1983 年成立。现在 Netshop 已在多元细分市场上建立了网上零售的多元业务组合。公司以技术和邮件订购起家，利用已经建立起来的顾客基础和家庭网络市场知识，公司已经掌握必要的技术来建立自己的网站，配合少量的传统模式交易，实现了从邮件订购到网上零售的平稳过渡。一旦电子商务系统投入运行，就可以为以后的在线活动搭建一个网络平台。公司进行家族式经营，对网上零售市场的关注是推动公司最终走向成功的关键因素。网上零售帮助公司正确评估顾客预期，全面满足顾客需求，赢得了很高的顾客满意度。很多消费者通过 Google（www. google. co. uk）等搜索引擎才发现了 Netshop 的网站。Netshop 认识到了这一点，并通过提供公司的真实地址、公司的历史和电话号码来和顾客建立信任，使消费者不会被迫地进行在线交易。潜在消费者可以进行电话订购，甚至是安排取货，避免在线或是通过电话进行信用卡交易而透露详细信息。就像公司网站上所说的，“你可以和 Netshop 本人进行交谈，这不是一个匿名的网站”。这个以顾客为导向的经营模式提供的增值服务包括延伸商品信息、新商品的个性介绍、网络的其他服务、FAQ 和网页支持、与供应商的联系方式以及免费下载驱动等服务，这种模式为希望转入网上零售经营的商家提供了借鉴。

3.4 以忠诚度为基础的整合战略

强调顾客导向而非商品导向，要求将其战略与经营网上零售的能力相匹配，公司提出网上零售的战略整合问题必须考虑这些因素。

研究发现，消费者忠诚度是公司竞争的重要因素。Cuthbertson 和

Bridson（2003）提出处理这一问题的框架，并对互联网如何改变传统的以店面为基础的营销模型进行了研究。成功的关系营销中，长时间吸引和留住顾客的能力以及对个体顾客实行定制化的能力都是公司竞争的重要因素。

3.4.1　模拟在线零售

Cuthbertson 和 Bridson（2003）认为，顾客忠诚度营销策略依赖于零售商—客户关系，在网上零售关系矩阵中对零售商—客户关系进行了分类，如图 3－3 所示。

矩阵包含零售商—客户关系的两个基本内容：面向消费者的零售商导向的渠道和面向零售商的消费者导向的渠道（基于侧重点的不同进行划分）。

零售商可能将服务定位成单一网上服务或是多渠道服务，而消费者可以直接选择零售商或是通过市场进行消费。市场包括像 DealTime/Shopping. com（www. dealtime. co. uk，现在是 www. shopping. com 的一部分）这些在线渠道，也包括互动电视渠道。

依据零售商的商品或服务划分了不同类别，每种类别的成功概率几乎都是相同的（对于某些零售商而言），这也体现了此分类的有用性。将其类型列入矩阵，公司能够选择其最有可能成功的顾客忠诚度战略，并对公司的未来发展做出预期。

分类包括：

- 数字化的零售商（the Digital Retailer）—客户关系；
- 无处不在的零售商（the Ubiquitous Retailer）—客户关系；
- 集中化的零售商（the Focal Retailer）—客户关系。

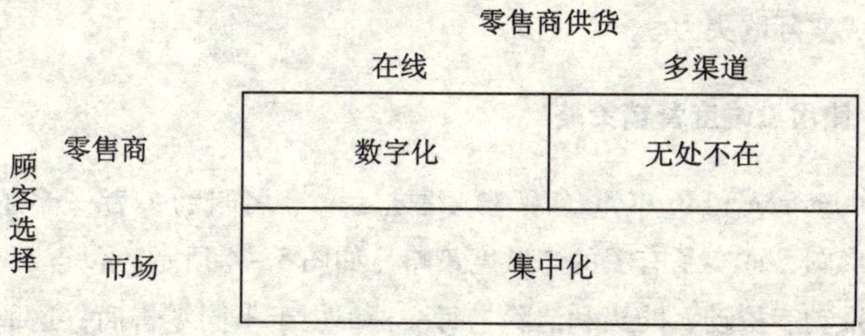

图 3－3　在线零售关系矩形图

来源：Cuthbertson 和 Bridson（2003）。

学习笔记：

Cuthbertson 和 Bridson（2003）突出了实践中的每一种零售类型的优势。

3.4.2 数字化零售商—客户关系

数字化零售商—客户关系适用的情况是：交易中的服务性成分低且商品可以通过数字化（计算机）进行分销。

此类型主要适用于计算机软件以及金融和旅游服务的零售。例如，销售机票的航空公司可能通过采用数字化零售商—客户关系而获得成功。

3.4.3 无处不在的零售商—客户关系

无处不在的零售商—客户关系适用的情况是：零售商把购买频率很高的商品卖给顾客或者是把购买频率低而价格昂贵的技术性商品卖给顾客，而顾客在做购买决策前往往需要深思熟虑。

例如，杂货零售商 Tesco、汽车零售商福特（Ford）是无处不在的零售商—顾客关系的成功案例。

3.4.4 集中的零售商—客户关系

集中的零售商—客户关系适用的情况是：零售商是商品或服务供应商的第三方，通过数字渠道为消费者提供一系列商品。

这种类型适用于 Shopping（www. shopping. com）这样的第三方便利零售商，或是 eBay（www. ebay. co. uk）或是在线团体那样给消费者提供特殊服务的零售商。

对于集中型零售商—客户关系的零售商，忠诚度策略能准确理解消费者的需求，采用能让第三方在交易中获利的机制，提供机会将消费者的需求转化成实际购买力。

3.4.5 使用忠诚度营销策略

Cuthbertson 和 Bridson（2003）建立了一个名叫购买者—承办商忠诚度的矩形图，证实了有关的忠诚度策略，如图 3－4 所示。包含 5 个选择：纯粹、推动、拉动、购买和清除，每一种都用于不同零售商，这取决于他们特定的营销组合和竞争地位。每一种忠诚度策略的定义如下：

- 纯粹的忠诚度策略（Pure Loyalty Strategy）建立在零售商和消费者

学习笔记：

之间的现存或是纯粹关系基础上，关键在于零售商提供的商品和服务。

- 推动式的忠诚度策略（Push Loyalty Strategy）的目标是将消费者推向零售商，关键在于零售商的选址和渠道。
- 拉动式的忠诚度策略（Pull Loyalty Strategy）是通过零售商的促销将消费者拉向零售商或是特殊商品。
- 购买忠诚度策略（Purchase Loyalty Strategy）关注的是增长的数字和购买活动的价值。
- 清除忠诚度策略（Purge Loyalty Strategy）在零售商想要弄清楚所有的非必要成本时使用，目的是为消费者提供可能的最低价格。

成功的数字化零售商遵循的是清除忠诚度策略，无处不在的零售商遵循的是推拉式忠诚度策略，而集中的零售商遵循的则是购买策略。这些发现给所有希望整合网上零售的商家提供合适的忠诚度策略，从电子商务数字化的角度解决问题的复杂性，希望零售商能在十种整合战略中找到合适的选择。

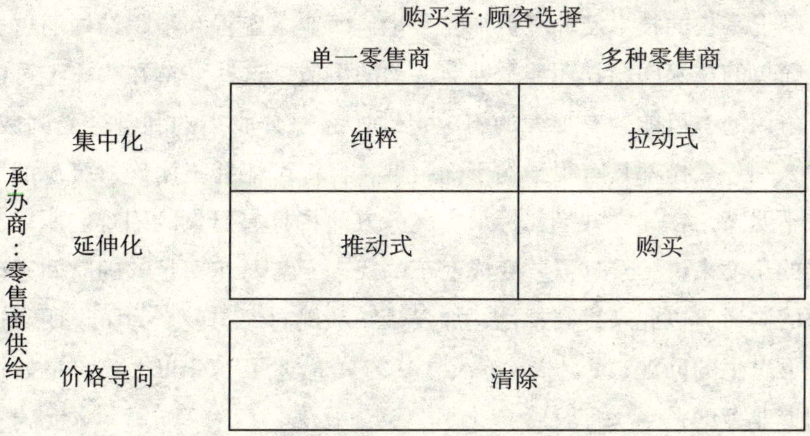

图 3-4　购买者—供应商忠诚度矩形图

来源：Cuthbertson 和 Bridson（2003）。

3.5　执行：变革管理和资源内涵

以组织技能为基础，即使为传统零售和网上零售找到了合适的整合战略，从理论到实践应用也需要一个过程，而且这个过程会对公司的资源和

学习笔记：

业务运行产生影响。公司战略的再评估可能彻底颠覆已有的商业运营模式，公司结构和公司文化将以顾客为导向。公司各个层次上的阻力都需要克服，这就需要对网上零售战略建立承诺和匹配机制。而在此过程中，公司必须要处理一些难题。“砖瓦加水泥”的实体零售商在顾客基础、品牌架构和供应链管理方面都具有优势，因此在新的业务模式中要避免舍弃“糟粕中的精华”。只有认识到这些挑战和困境，提供充足的时间、资源和经验，公司才能在网上零售探索中取得成功。换句话说，公司必须时时准备着重新认识和重新建构组织形式，因此理解如何有效进行变革管理就变得非常必要。如 Stroud（1998）所说：“除非公司使其组织架构与使用新技术的运营模式相匹配，否则不可能正确地理解互联网所带来的好处”。

然而，很多公司却回避变革。Jupiter Communication（2001）的研究显示，只有 24% 的美国 CEO 将网络看做是他们核心业务的一个组成部分。公司可以根据他们的网络主动性分成两类：一类是为了保持持久的领导地位而“不断自主创新”；一类是坚持现有的商业模式而“回避变革”。Jupiter 的研究表明不断自我创新的公司类型只占很小一部分。

网上零售的技术使环境更加复杂化，而业务流程和组织结构的再造绝不是简单的技术问题，还涉及社会活动的再造。这些变革在法律上可能是很有争议的，可能会有很大的不确定性：大部分股东的利益会受到威胁，做什么和怎么做都具有很强的不确定性，目标可能并不明确，资源的需求也并不明晰，在建立共享目标承担义务方面将具有更大的困难。所以，从实践的角度来讲，管理需要变成变革的代理，需要花费足够的时间来确保有效的沟通，以此来提高柔性、加强认知和提高参与度。为了说明在这种情况下发生的问题，Badham 等人（1997）描述了 Merrill Lynch 是如何转向网上业务的：

Merrill Lynch 在变革过程中遇到很多问题，其中最亟须解决的是多层次的冲突问题。经理人和在线投资的委托人之间存在冲突；顾客流失的经理人和缺少承诺的经理人之间存在冲突；管理人员之间也存在冲突，有些管理人员支持由经理人建立独立的网上业务单元，而另一部分管理者则坚决反对。

从一个实体的或“砖瓦加水泥”的组织转向“鼠标加水泥”的混合组织具有很大的挑战性。变革可能使组织形式变得更加虚拟，使传统的运作模式与电子运作模式有效结合。当前公司的一个关键问题是如何对终端

学习笔记：

系统进行前向和后向整合。新建公司不存在这些问题，而既存公司就必须面对这些困难和挑战。消费者在网上进行商品订购和购买等互动活动时，库存控制和金融系统应该使用统一术语。但很多这样的后向终端系统往往与公开的互联网协议有所出入，甚至可能已经完全顾客定制化，无法形成这种统一。不管怎样，系统对于公司的运作非常重要，并且还包含银行账户数据和存货周转等细节信息。如 Conway（2000）所述："IT 管理者不愿意用一些新的没有经过检测的东西来替代这些系统，即使他们自己也不完全理解原有系统是如何运作的。建立这个系统的人可能已经离开公司，而现在公司的 IT 专家又不愿意去进行修改"。

变革系统要花费大量时间，需要 IT 技术人员以及员工培训——这些加快创新的因素往往成为变革的瓶颈。

变革管理文化倾向于强调克服变革中面临的障碍，认为传统公司有官僚趋向的、独断性的、破坏性的文化。这就说明在普遍情况下公司都有"对变化的恐惧"。很多早期的学者提出：互联网零售业是革命性的，传统零售业将会落伍。传统的公司因为守旧和迂腐而受到批判。Windham（2000）批评传统零售商没有"洞察力、相应的承诺和内部机制"，认为谨慎就是"否定网络"。实际上，那些拥有完善的网上整合战略的公司正是那些有着最持久战略的公司。他们实际上没有抵制变革，而是通过创造成功的在线渠道使其成为整合多渠道战略的一部分。

想一想

你怎样看待一个不能给消费者提供多渠道服务的守旧的传统公司？

3.6 结论

电子邮件和信息网站在互联网中的参与度最低，随着节奏的变化，商家应考虑采用在线交易这样更加互动化的手段。

很多传统零售商已涉足网上零售业务，包括 Tesco 和 Argos 这些大品牌，他们为在线创新做出努力，并制订出网上零售整合战略。

学习笔记：

章节概要

网上零售已经走出互联网泡沫时代的阴影并逐步成熟起来，成为一个额外的或是可供选择的渠道，而这种渠道具有很多优势，包括提供24小时服务、更低的管理费、大量顾客定制的潜力以及零售商—客户关系个性化的潜力。

一些传统的零售商在尝试网上零售业务上做出了众多努力，尽管他们还没有与竞争对手在网上展开正面交锋，但他们网上零售的尝试和努力从长远来看是可以成功的。传统零售商尝试网上零售有很多优势，包括顾客基础、得到认知的品牌价值和与顾客进行联系的有效沟通手段。这就意味着传统零售商通常比纯粹的在线商业能得到更多的信任，而这本身也是纯粹网上零售商所面临的主要困境之一。

传统零售商如何成功应用网上零售模式，是近几年新的研究热点领域，研究者纷纷对网上零售的商业模式进行评价，并兴起了对网上零售整合战略的建议风潮。在采用网上零售模式时，顾客忠诚度和零售商—客户关系的类型可以帮助零售商选择适合自己的战略。

在下一章中，我们将讨论网上零售商是如何理解并与消费者进行交流。

案例分析3-1

Boots

本案例介绍的Boots（www. boots. com）是一个知名的实体（现在也是网络上的虚拟的）零售商，于1849年在诺丁汉创立，主业为草药零售。Boots开发了Ibuprofen（1969）和Nurofen（1983）等新商品，成为制药业的领导者。它的连锁店现在几乎遍布于所有的商业街上，是世界上最大的药物连锁店之一，主要销售药品、化妆品、香水和成像设备。1997年贵宾卡（VIP）的发行使Boots在采集数据中更深入地了解了消费者，并获得了大量与消费者沟通的经验。Boots处于其零售生命周期的成熟阶段，而其利润却低于预期。

学习笔记：

于是Boots开始尝试电子商务，于2001年3月创立了“Wellbeing”互动数字电视频道，但由于推广速度过慢，而且缺乏消费者的支持，这项服务于2001年12月被迫停止。但Boots仍然保留着这个项目，试图在市场时机成熟时再次推出。

Boots的网上零售网站建于2001年，主要发布一些有关健康和营养信息的内容以及销售相关商品，比大多数的商业街零售商拥有更高的存货效率，有10000种可供销售的商品。在第5章中，我们将进一步讨论有用信息对刺激网上消费行为的有力影响。创建后的第一年，Boots的销售额超过430万英镑。消费者按照在线订购的程序订货，配送通常是免费的（除了周六），退货也免邮费。网站因消费者的高满意度而获得了很高的声誉。根据最近的一项调查显示，95%的消费者表示愿意再次在这个网站上购物。这是唯一一家有权销售夏奈尔的英国网站，也是两家有权销售雅诗·兰黛和倩碧的英国网站之一。Boots有大概100万个网上购物者，是英国零售商最大的客户基地之一。

促销主要是通过对目标顾客的顾客关系管理（CRM）以及数据采集系统来对个体消费者提供相关的个性化服务。Boots贵宾卡数据库就是一个经典的成功案例。另外，Boots使用“链接流行引擎”，将网站变成一个关于健康信息的“一站式”虚拟零售点。这使得网站非常流行，吸引很多其他网站加入了链接——搜索引擎在其中起到了关键作用。如果浏览者在主要的搜索引擎（如Google或者Ask Jeeves）中输入“well-being”，第一个备选网站就是Boots——一个广告和非广告链接的组合。

2001年，Boots网站在Computing杂志的“年度电子商务网站”评选中荣获亚军，并在2002年获得Sante Health and Beauty颁发的“最佳网站”称号。

来源：包括Sunday Times Doors“Webwatch”网站测试，Boots年报，www. boots. com。案例由Wayne Godfrey提供。

学习笔记：

案例分析 3-2

Tesco

Tesco（www.tesco.com）是英国最大的网上零售商之一，也是世界上最大的网上杂货店，它推翻了消费者由于"看和感觉"因素不会在线消费鲜货的谬论。在 Tesco 销售额排名前十名的商品品类中有七种属于鲜货，而第一名就是无皮鸡胸。

Tesco 自从 1995 年以来在电话销售上就表现得十分活跃（在试点超市）。电话销售最初在伦敦西部的伊令试点，借助送货上门服务笼络了不少不愿出门购物的消费者（这项送货业务由 Local Authority 外包）。这种低技术经营方式在 1996 年发展成为网上零售（在 1999 年全部转换）。Tesco 建立了大量仓储中心，进行书、CD、DVD 电影等非食品类商品的存储。Tesco 大型的实体商店只能提供排名前 50 位的 CD，而 Tesco 的网上零售店则声称可以提供在英国发行的所有 CD。Tesco 不仅领导着网上杂货零售，它在电工、娱乐和服饰的经营方面也获得了巨大成功。

Tesco 已在网上零售上投资 4500 万英镑，其中 1500 万英镑用以投资交易系统（以 Unipower 的 Shopping Magic 为基础）。在商店配送范围内的英国消费者（覆盖英国 97% 的人口）可在 40000 多种商品中进行选购，享受第二天送货上门的服务（在下午 4 点之前订购），而全球性配送的商品范围则有一定限制。Tesco 每月都给消费者赠送 CD，通过邮件进行邮购，提供特定的服务信息，消费者可以选择是否接受这种服务。使用 CD 能够加快和简化订购过程，缩短购物列表，最小化未来订购的工作量。这具有明显的"便利性"价值，能有效地提高销售额，因为 80% 的杂货购物属于消费者冲动购物的范畴。Tesco 遵循"方便顾客消费"的格言，接受 CD、传真和电话等网络订购方式，提供送货上门服务并进行信息采集，当然还有店内购物方式。WAP 移动购物于 2001 年推出，紧接着 2002 年推出了 PDA。电视网络由于数字 ITV 转让而被迫关闭，而就在编著本书的过程中，Tesco 仍打算重新通过 BT 重建该网络。除了杂货，消费者还会购买图书、音乐、服装、个人电脑以及网络和移动电话服务等。

Tesco 定期邮递纸质宣传单，提供特价服务，进行"前 50 本书比亚马逊便宜 10%"这样的非食品类促销。与亚马逊相比，每本书便宜 10 英

学习笔记：

镑，此项活动的成本在50～100英镑，其成本并不高。为了满足更社会化互动的需求，尤其是女性消费者的需求，Tesco主办英国版本的iVillage，提供资讯、聊天室、旅游、健康和营养建议等服务。

Tesco在数据采集和目标投递中采用已有的销售数据。如果Tesco提供的目标投递服务（如通过电子邮件或是SMS）是有价值的，那它们就不会被顾客们当成垃圾邮件处理。消费者的HTML邮件达到了10%～30%的回复率。数据显示，Dove通过促销争取的35000名洗发水顾客中有28%是通过Tesco网站点击链接到联合利华的。Tesco能够利用从促销回复中所得到的生活方式数据来制订其营销发展规划。他们为制造商提供这样的促销活动，就像联合利华为Tesco提供一项额外价值的收入来源一样。另外，这里还有一些建立在点击成本或是销售成本基础上的会员交易。

Tesco网站的合资公司主要分布在爱尔兰、韩国和美国。进入新的全球市场只需要运营成本的很小一部分，因此进入成本很低。

Tesco有超过100万的注册用户，网络营业额超过4.5亿英镑。这促使Tesco坚定地使用一个进入简单、花费有效的网上零售系统为消费者提供满意的服务。Tesco的网上零售经营在2001年就开始赢利，在2002年营业额达到将近200万英镑。网上零售业发展迅速（2002年Tesco的增长速度是6%），Tesco的网上购物者比其实体零售店的消费者多消费25%，但Tesco确信实体零售店的经营业务还是非常重要的。事实上，随着网上零售经营业务的开展，实体零售也是在持续增长的。

来源：Fernie和McKinnon（2003），www.tesco.com，本案例由Omar Chaudhry友情提供。

思考题

问题3－1　和纯粹的网上零售相比，你觉得在网上零售方面，传统零售商的优势和劣势各是什么？

问题3－2　为什么你会认为对于特定企业在线消费者的忠诚度很低？

问题3－3　从公司的角度来讲，多渠道经营的威胁是什么？

学习笔记：

扩展阅读

CARR, NICHOLAS (ed.). 2001. The Digital Enterprise: How to Reshape Your Business for a Connected World, Boston, MA: Harvard Business School Press.

CHAFFEY, DAVID. 2002. e-Business and e-Commerce Management, Harlow: Pearson Education.

DE KARE-SLIVER, MICHAEL. 2001. e-Shock: The New Rules-e-Strategies for Retailers and Manufacturers, Basingstoke: Palgrave.

MOSS KANTER, ROSABETH. 2001. Evolve! Succeeding in the Digital Culture of Tomorrow, Boston, MA: Harvard Business School Press.

WEILL, PETER AND VITALE, MICHAEL. 2001. Place to Space: Migrating to eBusiness Models, Boston, MA: Harvard Business School Press.

参考文献

BADHAM, R., COUCHMAN, P. AND MCLOUGHLIN, I. P.. 1997. 'Implementing vulnerable socio technical change projects', in I. P. McLoughlin and M. Harris (eds) Innovation, Organizational Change and Technology, London: ITB Press.

CELLAN-JONES, R.. 2003. Dot. bomb: The Strange Death of Dot. com Britain, London: Aurum Press.

CHEN, S.. 2001. Strategic Management of e-Business, Chichester: Wiley.

CHOI, S.-Y., STAHL, D. O. AND WHINSTON, A. B.. 1997. The Economics of Electronic Commerce, Indianapolis: MacMillan Technical Publishing.

CONWAY, P.. 2000. 'Lasting legacy?' e-Business (June) 62 – 64.

CUTHBERTSON, R. AND BRIDSON, K.. 2003. 'Online retail loyalty strategies', IBM e-Business Conference, Surrey University.

DE KARE-SILVER, M.. 2001. e-Shock: The New Rules-e-Strategies for Retailers and Manufatures, Basingstoke: Palgrave.

FERNIE, J. AND MCKINNON, A. C.. 2003. 'The Grocery Supply Chain in the UK: Improving Efficiency in the Logistics Network', International Review of Retail, Distribution and Consumer Research, 13 (2): 161 – 174.

IMRG. 2002. 'Why e-retail?' IMRG, www. imrg. org [accessed 19 December 2003].

STROUD, D.. 1998. Internet Strategies: A Corporate Guide to Exploiting the Internet, Basingstoke: Macmillan.

TURBAN, E., KING, D., LEE, J., WARKENTIN, M. AND CHUNG, H. M..

学习笔记：

2002. Electronic Commerce：A Managerial Perspective（international edn），London：Prentice Hall.

WINDHAM，L．2000.‘Overcome e-Business barriers’，e-Business Advisor，18：10.

ZDNet. 2003.‘E-marketplaces：where are they now?’ZDNet UK，www. insight. zdnet. co. uk［accessed 19 December］.

网站链接

www. imrg. org/ 提供网上零售的信息，这些信息主要来自于很多“鼠标加水泥”零售商的商业街实体商店。

学习笔记：

4 理解并与网上购物者沟通

本章学习要点

- ■消费者为什么选择或不选择网上购物
- ■消费者对于网上购物的满意度和不满意度是如何形成的
- ■如何比较消费者对于网上购物和在商店购物方式的满意度
- ■限制网上购物增长的因素有哪些

4.1 介绍

“你感觉好吗？你觉得幸运吗？”——这是 Harry Callahan 执导的影片《Dirty Harry》中的经典台词。这句经典台词已被无数人引用，也可以借用来描述潜在消费者冒险进行网上购物的感想。“当你意识到网上购物的危险之后，你还有勇气上网消费吗？网上购物带来的价值是否超越了你的惧怕心理呢？”本章将深入讨论网上购物的风险问题，阐明网上购物者的基本情况，并讨论网上购物经历的优势和劣势。

4.2 网上购物的认知风险

消费者做出购买决策时，尤其是和零售商进行第一次交易时，他们往往感到冒险。认知风险是由交易时的不确定性引起的，因为交易可能产生不愉快的结果（Forsythe 和 Shi，2003）。这些风险与交易的类型以及实现交易的渠道和方法有关（Hisrich 等人，1972）。网上购物不能触摸和感受实际商品，所以会增加消费者的购买风险，（Gillett，1970；Spence 等人，1970；Phau 和 Poon，2000）尤其是：

- 在做出购买决策之前不能接触商品；
- 存在退货方面的障碍。

调查显示，认知风险是网上零售需要克服的主要障碍（GVU，1998；

学习笔记：

Salam 等人，1998)，此观点也已经过了多方研究证实（Miyazaki 和 Fernandez，2001)。但把所有问题都归结到“风险”上有些以偏赅全，会忽略整个问题的复杂性。在网上零售领域，风险是一个结合了经济、社会、性能、个人和隐私等多重维度的概念（Fenech，2003；Vijayasarathy 和 Jones，2000)。这些基本的风险维度可概括为：

- 经济风险（Economic Risk）——做出错误的购买决策的可能性；
- 社会风险（Social Risk）——使用特定媒介进行消费而招致社会非议的可能性；
- 性能风险（Performance Risk）——商品或其服务性能未达到预期的可能性；
- 个人风险（Personal Risk）——盗窃和滥用信用卡信息的潜在可能性；
- 隐私风险（Privacy Risk）——危及个人信息安全的风险。

（Vijayasarathy 和 Jones，2000）

在 Vijayasarathy 和 Jones 的风险维度中，前三个（经济、社会和性能）说明实体零售优于网上零售。消费者由于缺乏调查，在网上购物时可能做出错误的购买决策，或者购买的商品未达到消费者预期，而这种情况同样可能在实体商店的购物过程中出现，但几率相对较小。其他两个风险维度（个人和隐私方面）则归结为网上购物的特点，并越来越多地受到媒体的关注。

4.3 网上购物者介绍

互联网并没有创造无店铺消费者或是网上购物者的概念。无店铺消费者的概念和归类最早是由 Gillett 在描述家居用品消费者时提出的。网上购物者（e-Shopper）的特征是：

- 更喜欢不需要实地购买的商品，喜欢购物但不喜欢拥挤的人群；
- 对于便利性和商品品类需求更高；
- 有更强的价格意识，寻求价格优势；
- 很少有未经计划的购买行为。

新的沟通方式为无店铺购买行为提供了渠道，并催生了网上购物者这一群体。可视图文就是一种新的沟通方式，它是一种运用改装过的电视机，在供应商和消费者之间传递服务的文本信息和视频信息的具有互动特

学习笔记：

征的大众媒体（Sauer 等人，1989）。20 世纪 60 年代后期，零售商转向可视图文，与那些仍然采用传统沟通方式的零售商竞争并取得竞争优势。尤其是在法国（参见 Minitel），可视图文比普通的家用电脑更早兴起，与美国 Infonet（Internet 的前身）系统链接，促成了第一桩真正意义上的跨国电子商务。

Shim 和 Mahoney（1991）对可视图文的应用者进行研究，并归纳其特征如下：

- 相信网上购物是便利的；
- 对于消费的便利性不是很在意；
- 有成为娱乐性消费者的趋向；
- 能成为消费趋势引导者。

伴随互联网和网上购物的出现，消费者数量大幅度增加，这些消费者与先前的非店铺消费者有一些共同特点，也有一些区别之处。Donthu 和 Garcia（1999）把网上购物者的特征归纳为：

- 在消费活动中有更多的创新精神；
- 便利导向；
- 更多地进行冲动购买；
- 更少的品牌意识；
- 更少的价格意识。

网上零售并不仅限于有线的互联网，我们将在第 11 章中对此进行详述。网上购物者的最新装备并不局限于用光缆调制解调器或者宽带链接起来的台式电脑或者笔记本。移动型的消费者与早前的无店铺消费者具有相同的特征，都是创新型的消费者，追求购物便利的同时容易冲动购物。移动消费者和其他网上购物者的区别在于他们更注重购物行为中的多样性。移动消费者要求零售商提供多样性的商品，他们是新型消费渠道的追求者和采用者，如果商品的价格和性能适宜，或者具有吸引力，移动消费者就可能进行非计划内的冲动购物。

4.4 网上购物给网上购物者带来了什么

Tauber 的消费者调查显示消费行为中存在个人的和社会的动机。消费中的个人动机包括角色扮演、娱乐、自我满足、生理活动和感官刺激；社

学习笔记：

会动机包括和他人交往、同龄人的社会地位、讨价还价等（Tauber，1972，1995；Midgley 和 Dowling，1993）。对于一个人来说，购物经历是有趣的，可以看成是一种休闲和消遣活动（Westbook 和 Black，1985）。Reynold（1974）和 Berowitz（1979）发现，无店铺消费者享受购物的乐趣，却往往对传统实体商店购物的消费环境持消极态度，因为实体店铺存在拥挤和停车位不足的现象。Gehrt 和 Carter 对目录购物进行了研究，Eastlick 和 Liu 则研究电视购物。研究发现，享受购物过程的动机对于无店铺购物的发展有积极的影响，并起到至关重要的作用。

不管消费动机是什么，结果一定是购物乐趣或购买行为（Fench 和 O'Cass，2001）。某些人对于购物持有一种冷漠感或者勉强感，尽量减少花在购物上的时间。作者进行了更大范围的研究，搜集了一些关于 B2C 和 B2B 电子商务消费者预期收益的资料。表 4－1 和表 4－2 显示，虽然受众不同（个人或者公司)，但网络的优势是基本相同的。网络提供更有效率的订购程序，更快捷的商品使用，有效的搜索工具和最新的商品信息。

表 4－1　　网上购物者预期的价值

	%
更快、更直接的订货程序	19
更快速的使用	13
更有效的搜索工具	12
网络中包含最新信息	10
网上购物能在任何地点、任何时间进行	6
订单的精确度——能够及时确认库存情况	6
更容易比较商品和价格	6
能够找到更多信息	4
节省时间	4
环保——不浪费用在订单、发票及促销资料上的纸张	4
能 24 小时订货	4
使用简便	2
有一些只通过网络销售的特殊商品	2
能查询账目细节或者订单处理情况	2
不需要打印或者填写表格	2
可全方位提供便利	2
在一个地方显示所有的商品	2
能够取消以前的订购项目	2
总计	100

来源：作者对网络上 650 个个人消费者（B2C）的调查。

学习笔记：

表 4-2　公司消费者预期的网上购物价值

	%
更快、更直接的订货程序	11
更快速的使用	10
更有效的搜索工具	9
网络有最多的最新信息	8
不需要打字	7
能24小时订货	6
网上购物能在任何地点、任何时间进行	6
节省时间	5
可全方位提供便利	5
不需要存档和查询目录	5
能找到更多信息	3
环保——不浪费用在订单、发票及促销资料上的纸张	3
有一些只通过网络销售的特殊商品	3
没有售货员人为的干涉	3
使用简便	3
订单的精确度——能够确认原料的适用性	3
在一个地方显示所有商品	2
能够取消以前的订购项目	2
能够对商品有更好的认识	1
使用在线系统的享受	1
能查询账目细节以及订单处理情况	1
更容易比较商品和价格	1
容易修改订单	1
如果被打断可以将网页最小化	1
总计	100

来源：作者对网络上976个与职业相关的消费者（B2B）的调查。

学习笔记：

4.5 对于消费者而言网上购物的利与弊

4.5.1 劣势

消费者接受网上购物的过程是漫长的。1996 年，英国最大的电子商务咨询公司 Cap Germini 进行了一次调查。消费者认为网上购物的劣势依次是："可用性"、"不能进行交付"、"送货所要的额外费用" 和 "不能看或感觉商品"。即使经过多年的经验积累，很多网上零售商仍然不能给出满意的答案。典型的消费者评价包括："他们把商品留在院子里而我却不知道"；"24 小时提供消费服务，却只提供 6 小时的配送服务"；"只有当商品的所有指标都低于标准时才能退货" （消费者观察，Vincent 等人，2000）。另一个调查报告将消费者可以上网但不进行网上购物的原因依次列为："更喜欢自己购物，查看商品"、"信用卡的担忧" 和 "不知道如何网上购物"（Doidge 和 Higgins，2000，如图 4 - 1 所示）。2001 年，Verdict 坚信安全方面的担忧是很多消费者网上购物的最大障碍。调查（Dennis 等人，2002a）表明使用父母信用卡的 12 岁左右的学生是积极的网上购物者。父母对此表示担忧，并限制他们的网上购物活动。18 岁以上的成年人才可以办理信用卡，未满 18 岁的孩子可以使用一种 "塑料现金"（solo 卡——www. solocard. co. uk）进行网上消费，交易金额仅限于银行中的账目。而迄今为止仅有很小一部分网上零售商接受这种非信用卡的付费方式。在编写本书的时候，信用卡公司正在开发一种 "预付费（Pay-as-You-Go）" 系统，帮助网上购物者克服以上问题。

几十年前的信件订单交易同样存在这些劣势。随着销售额的增长，卖方致力于解决消费者所关注的问题，消费者变得更有信心了。LL BEAN（www. llbean. com）是美国邮购领域的先驱，自 19 世纪中期就开始向农民销售商品。如今，这家公司利用在消费者反馈、助益性、愉悦度和可靠性上建立起来的口碑，在高效的、备受好评的网站上进行户外设备和服装的网上零售业务，并成为这一行业的世界领导者。请看案例分析 5 - 3，LL Bean 提供了更多信息。

学习笔记：

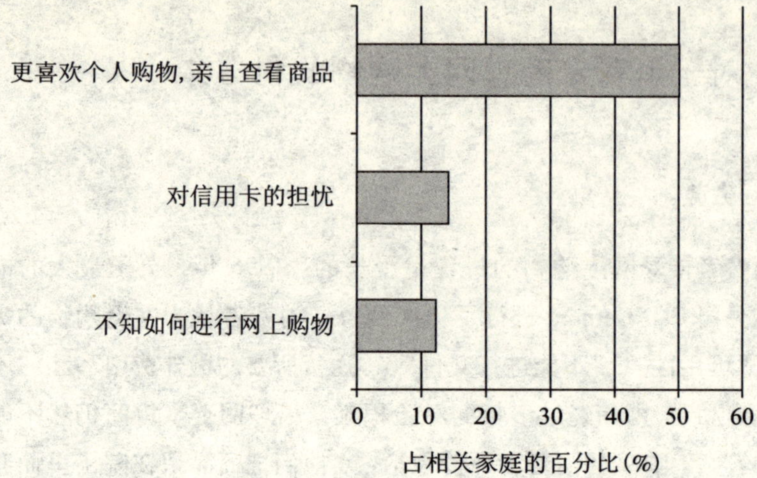

图 4-1　消费者可以浏览互联网却不进行网上购物的原因

来源：Doidge 和 Higgins（2000）。

知识链接 4-1

对于消费者而言网上购物的劣势：

- 信用卡和安全隐患；
- 缺少个人和社会的互动；
- 不能看到和感受商品；
- 不知道如何使用；
- 送货时不能在家等候；
- 要为送货额外付费；
- 难以退还商品和要求退款。

4.5.2　优势

网上购物存在劣势，很多英国零售商的反应也相对滞后，但网上购物同时也具有很多优势，能为消费者带来众多价值。首先，Cap Gemini 调查显示，其优势依次是："方便"、"节省时间"、"和其他活动相匹配"，其他优势包括"商品品类的宽度和深度"、"受欢迎的价格"、"便利"（Dennis 等人，2002a，如图 4-2 所示）。Verdict 认为，"性价比"（不仅仅是低价）是消费者进行网上购物的重要原因，其次是交易的便利性和舒

学习笔记：

适性。

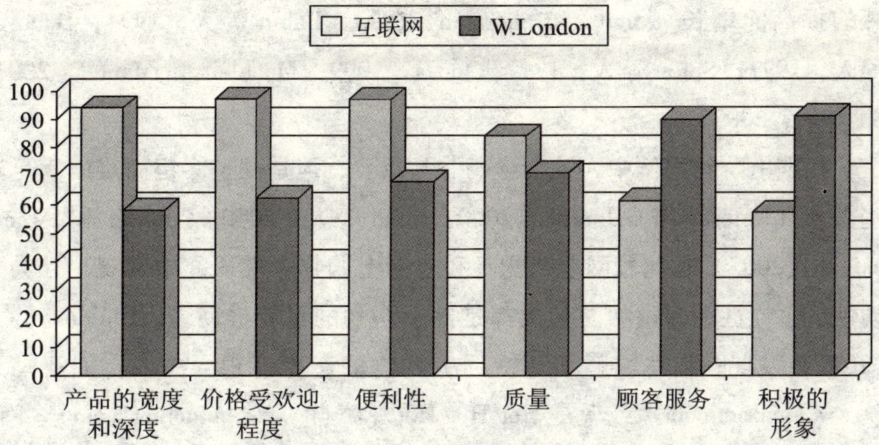

图 4-2 评估比较——互联网和伦敦西部购物中心（%）

来源：Dennis 等人（2002a）。

知识链接 4-2

对于消费者而言网上购物的优势：

- 成本优势；
- 便利；
- 简便；
- 节省时间；
- 与其他活动相匹配；
- 品类的宽度和深度；
- 易于查找替代品；
- 个性化的介绍和购买；
- 受欢迎的价格。

4.6 网上购物的社会意义和实践意义

购物具有深远的社会意义，众多研究也对此给予充分肯定（Westbrook 和 Black，1985；Shim 和 Eastlick，1998；Dennis 等人，1999；Dhola-

学习笔记：

kia 和 Chiang，2003）。购物是家庭中影响感情的重要因素（Miller，1998）。购物乐趣和娱乐功能是购物带来的重要价值，消费额会随着愉悦感的提高而增长（Smith 和 Sherman，1993；Babin 等人，1994；Donovan 等人，1997；Spies 等人，1997；Jones，1999；Machleit 和 Mantel，2001；Sit 等人，2003）。

在网上购物案例中，社会影响非常重要，但是网上零售商难以满足这些需求（Kolesar 和 Galbraith，2000；Shim 等人，2000）。Rohm 和 Swaminathan（2003）在比较网上购物者和非网上购物者的研究中发现，社会互动性、多样性的探索和便利性都是网上购物的重要推动力。Childers 等人（2001）发现购物愉悦感和对待网上购物的态度有很大关联，如亚马逊（www. amazon. com）或者是 Hot Hot Hot（源自 www. hothothot. com）。Parsons（2002）发现社会动机对于网上购物而言是有效的，譬如在家庭外的社会经历、与有着相似兴趣的其他人的交流、同龄人的资历和地位。社会动机和追求购物愉悦感的动机对实体商店购物十分重要，而对网上购物也具有重要影响。

知识链接 4-3

网上购物的动机：

- 社交；
- 愉悦感；
- 实用性；
- 使用方便；
- 便利性；
- 指导性；
- 进行买卖的知识和能力；
- 对朋友和家庭的影响。

来源：Parsons（2002）；Dennis 和 Papamattgaiou（2003）。

4.6.1 研究 I

上文已经对第一个研究（Dennis 等人研究的最初结果，2002a）做了

学习笔记：

介绍。采用问卷调查方式，比较消费者对网上购物和实体店铺的消费观点。研究以潜在消费者为调查对象，即 12 岁左右的消费者和在校大学生，共有 308 人接受调查。研究发现，消费者偏好于在购物中心进行购物的重要原因是觉得那样更有乐趣。那些同时也进行网上购物的消费者评论道："网上购物不是一种个人经历。你不能观察或触摸你需要购买的东西……购物应当是社会化的。"

问卷调查的结果显示，网上购物能提供更受欢迎的低价和便利性，而购物中心则更注重商品和客户服务。图 4－2 是对 12 岁左右消费者进行调查的结果，与本科生的调查结果相似。被调查者中有 57% 的人是网上购物者，而美国成年人的平均比例仅为 15%（NetValue，2001）。网上购物者购物的平均消费额是每月 22 美元，与之相比传统消费额是每月 86 美元。超过一半的学生群体把非食物消费额的 20% 左右用于网上购物。

知识链接 4-4

网上购物的社会动机：

- 家庭之外的社会经验；
- 和有着相似兴趣的人进行交流；
- 同龄人的吸引；
- 地位和权威——提升消费者在朋友和同学眼中的身份地位；
- 虚拟社区。

来源：Parsons（2002）。

4.6.2　研究Ⅱ

第二个研究关注网上购物的动机，在第 5 章将会对此进行详述（结果参见 Dennis 和 Papamatthaiou，2003）。购物乐趣、实用性、使用的舒适度、便利性、购物指南、在交易中的知识和能力以及朋友和家庭的影响是重要动力。

结论适用于学生但并不代表普遍性。这些学生几年之后很可能在收入和消费额上超过国家的平均水平。由于收入和高水平电脑技能的影响，这

学习笔记：

些消费者的自由支配收入和消费额比例将超过平均水平。调查结果表明网上购物的社会因素和实践因素非常重要。一些成功的网上零售商满足了这些动机，比如eBay就成为了销售额、在线时间和购物乐趣方面表现最成功的网站之一。

知识链接 4-5

网上零售网站的乐趣和网上购物者

网上购物的享乐目的：

- 参与；
- 不枯燥；
- 源自它自身的乐趣。

网上零售网站的乐趣和社会特征：

- 聊天室；
- 论坛；
- 消费者博客；
- 商品评价；
- 建议箱；
- 个性化的顾客服务。

最受欢迎的有乐趣的网上购物网站（排名有次序）：

- Amazon（www. amazon. com）；
- CD WOW（www. cd-wow. co. uk）；
- eBay（拍卖，www. ebay. co. uk）；
- Ticketmaster（演出门票，www. ticketmaster. co. uk）；
- Ryanair（www. ryanair. co. uk）；
- Easyjet（www. easyjet. co. uk）；
- Opodo（机票，www. opodo. co. uk）。

来源：Dennis 和 Papamatthaiou（2003）。

学习笔记：

4.7　男性和女性消费风格的差异

男性和女性消费风格的差异可能要往前追溯很长一段时间。在群居狩猎社会，女性倾向于照顾小孩，以营地为基地聚集；男性则更倾向于保护群体和打猎。人类在一定程度上已经完成进化，大家都在扮演着各自最擅长的角色，为了生存寻找自己的配偶和同伴。对女人而言，这意味着离开群体：为了家庭寻找最好的食物和用品；而对男人而言，他必须成为好的猎人：反应快速、身体强壮。两性都在寻找着各自潜在配偶的特性，这种寻找配偶行为中的差别在现代文化中也有体现（Buss，1989）。在美国，工作场所的性别平等问题比大多数国家都要严重。消费风格差异也是显而易见的。女性的风格包含比较、衡量优劣，寻找最高价值，从而在购物中获得愉悦感（Underhill，1999）。人们普遍坚信女性具有优势，女性比男性在节约成本上要好 10%，女性成为了“更好的消费者”（Denison，2003）。女人将购物本身看成是自我满足的活动，是一种休闲活动。而男人视购物为任务，并希望通过有目的的途径一次完成购物（Underhill，1999）。男人的焦点在于解决——当他们心跳加快之时就是购买的执行时刻。

从进化心理学来讲，两性行为的恒久存在使得各种文化广泛融合。在研究中，通过文化中购物风格的比较，购物经验化就是性别的差异（Dennis，2004）。总体来说，民族文化间购物风格有一些差别，男女之间的差别更为明显，反映出猎手和收集者的角色，为进化论的假设提供支持。

这个说法并非 100% 正确，在英国适用于 80% 的女性和 70% 的男性（Dennis，2003）。这个风格同样适用于网上购物（Lindquist 和 Kaufman-Scarborough，2000）。而当购买技术性商品或昂贵的高档商品时，该理论就不适用了（Dholakia 和 Chiang，2003）。

学习笔记：

知识链接 4-6

网络世界中的消费者：他们是来自金星还是火星？

女性消费风格——收集者：

- 寻找和比较；
- 想象和预想使用中的商品；
- 总结经验教训；
- 作为消费者很有愉悦感；
- 整个消费过程（不仅是购买）是一种休闲活动；
- 女人比男人花更多的时间购物；
- 社会互动是购物的重要组成部分；
- 女性喜欢专为她们设计的网站——譬如 iVillage（www.ivillage.co.uk）——包括星座、健康、美容、食品；
- 女性更喜欢先在网络上浏览，然后去商店购买。

男性消费风格——猎手：

- 男性是当机立断的坚定的消费者；
- 男性购物的兴奋点是在购买的时刻；
- 男性努力在尽可能短的时间内完成购物；
- 男性缺少耐心，意味着他们经常错过最好的交易；
- 当购买技术性商品或昂贵的高档商品时，这个说法就颠倒了。男性喜欢的消费品是汽车和电脑（女性对于这些商品的消费则是有目的性的）；
- 男性钟爱的网站倾向于游戏、赌博、色情；
- 男性网上购物者是坚定的网络使用者，更喜欢通过手机和 PDA 消费。

来源：Dholakia（1999）；Underhill（1999）；Lindquist 和 Kaufman-Scarborough（2000）；eTypes（2001）；Lindquist 等人（2001）；Denison（2003）；Dholakia 和 Chiang（2003）。

学习笔记：

知识链接 4-7

女性和男性的消费理论

这是文化理论模式吗？这个研究中有合理性吗？BBC 新闻（2003）曾公布 Denison（2003）的研究，鼓励读者和观众进行评论。在收到的 64 份回复中，有 19 份回复提出更为深入的问题或是给出不同的观点［Louise（讨厌购物）——你会嫁给债务缠身的人吗?］。另外，有 22% 的人不认同这个理论，有 78% 的人表示赞成。

由于更多地关注和享受购买过程，30% 的美国女性更喜欢在网上浏览然后去实体店进行交易（Lindquist 和 Kaufman-Scarborough，2000）。网络时代初期，男性网上购物者多于女性，但是现在情况有所改变，50% 的美国网上购物者都是女性。英国在 2000 年也达到了 44%（根据 Pavitt 的报告，1997 年占 30%）。在网络使用方面，国家越不发达，女性网上购物者的比例就越低。

男性钟情于游戏、赌博和色情网站（eTypes，2001）。在 eTypes 网上购物生命周期中，男性是“Wired 4 Life”阶段的主要构成者（参见微型案例分析 4－1）——高频率的网络使用者，更多地使用移动网络设备和个人数字助理（PDA）。第 11 章将对此进行详述。

微型案例分析 4－1

eTypes

eTypes 是探索和理解网上购物者行为的工具，它利用 CACI 获得的人口统计和生活方式的数据，以及从权威网络研究机构 Forrester 获得的数据，提供和分析消费者的网络行为信息。此系统将消费者分为 7 个群体；为了细分网上零售行为，根据网络使用水平分为 23 个 eTypes；并将消费者分成 5 个网上购物阶段。

学习笔记：

此系统帮助网上零售商了解网上购物者的特点和使用互联网的目的——度假、购买CD、经营股票或是聊天，网上零售商能够从网上购物数据中获得更多信息，理解消费者行为，从而获得高额回报。

前文阐述了购物作为一项社会活动的重要性。从进化心理学角度来讲，女性消费者更关注人与人之间的关系（Elliot，1994；Dholakia，1999）。在网上购物中，女性比男性有更强烈的人际交往需求，更喜欢聊天和浏览女性网站（eTypes，2001）。“女人更需要愉快的购买体验和人性化的关系”，她们更喜欢情感交流和聊天室（Harris，1998）。iVillage是Tesco旗下的英国网站，就是以女性和社区为导向。女性在eTypes网上购物生命周期中处于第一阶段，是“虚拟空间的初体验者”（eTypes，2001）。

知识链接 4-8

网上购物生命周期阶段

阶段1：虚拟空间的初体验者。其中只有12%的人进行网上购物，仅为平均值的一半。其中女性占很高比例，年龄趋向于最年轻的和最年老的阶段。

阶段2：聊天者和游戏玩家。他们是积极的网络使用者，在网络耗费的时间比平均值高20%。其中有25%的人进行网上购物（全国平均数）。这个群体更担心安全问题，高于平均水平。

阶段3：网站业余玩家。有40%的人进行网上购物，是娱乐和科学网站的重要使用群体。

阶段4：网络冲浪者。他们是重要的网上购物群体，但在网络花费的时间比较少，仅为平均水平的60%。他们专业并且具有经济头脑。

阶段5：Wired 4 Life。最重要的网上购物者——有70%的人进行网上购物。多为大学毕业生或者城市居民，使用者为中年人群。

来源：www. etypes. info。

学习笔记：

4.8 消费者满意度：实体消费和网络虚拟消费的比较

如第1章所述，网上零售将很快占到零售总额的10%，即销售额达到120亿英镑。矗立在商业街的银行、其他金融服务机构和旅行社大多都受到网上零售的威胁（BCSC，2001）。一些专家认为，如果银行、旅行社、书店、音像店和数码商店放弃实体零售，电子商务将有更广阔的发展空间。“而服装店会一直存在，因为服装的消费已根深蒂固（尤其是对于女性而言）”。拥有专业人才、专业技术并为消费者提供特别服务的高档零售商将会得到更好的发展。“这些商业街零售店将从千篇一律的店面中解放出来，会变得更加吸引人”（Bryan Appleyard，摘自《星期日泰晤士》杂志，2001年7月22日）。这些商业街的赢家可能成为提供优质服务和附加值的品牌零售商。优秀的品牌零售商拥有高效率的供应链管理和运营系统，而大多数网上零售商也将会提供良好的运作模式（Verdict，2001）——这个趋势将继续很多年（BCSC，2001）。根据一份电脑周刊的调查，消费者满意度和服务水平排名前三的网上零售商是 Marks & Spencer（www.marksandspencer.com），Littlewoods（www.littlewoods.co.uk）和 Iceland（www.iceland.co.uk）。

研究者希望弄清人们进行网上购物的动机，趋向于调查网上零售业和网上零售商形象，这与衡量实体商店的方法相似（Wolfinbarger 和 Gilly，2002）。这种方法十分流行，原因有两个：第一，形象能说明我们全部的创新元素，可从某种程度上划分等级从而指导我们的行动（Boulding，1956）。如果我们认为价格和客户服务很重要，那我们就会更愿意在有着良好形象的商店里购物。第二，这个方法经过了实体商店多年的验证（Berry，1969；Lindquist，1974），那些有着良好形象的实体零售商在经营网上零售业方面发展迅速。根据 Kimber（2001）的研究，消费者对实体店和网上商店的忠诚度是有联系的。通过 Tesco 实体商店和网络两个渠道购物的消费者比只在实体店消费的消费者要多消费20%。Tesco 在实体店和网上商店都有着良好的形象，并成为英国两种购物渠道零售市场的领军者。

网上零售形象的衡量指标包括使用舒适度、商品品类、商品信息、价格、及时送货、商品描述、客户支持度和隐私。一些研究（Dennis 等人，2002；Dennis 和 Papamattaiou，2003）支持商品品类和使用舒适度等作为

学习笔记：

形象衡量的指标，但总体而言，形象构成因素和网上购物行为之间的联系仍然是有待研究的。Wolfinbarger 和 Gilly（2003）的调查数据最具参考价值，采用群体和定量调查的方法，指出网上零售业服务质量的构成因素。定量分析有四个指标：（1）实践性、可靠性；（2）网站设计；（3）客户服务；（4）安全、个人隐私。实践性、可靠性包括商品描述和及时有效的送货。网站设计包括浏览、搜索和订购。客户服务是指互动和有价值的服务，对消费者询问的快速反应。调查显示，这三个因素直接影响着网上购物者对网上零售业服务质量的理解。安全、个人隐私涉及信用卡付款和个人隐私。如前文所述，安全方面的担忧是网络使用者不进行网上购物的重要原因。但调查中没有发现这个因素的重要性。其他调查显示，网络使用者经验越丰富，他们越趋向于进行网上购物，并且更少担心安全问题。在 Wolfinbarger 和 Gilly 的调查中，那些对零售商的信任度、网页设计和服务满意的网上购物者更有信心，很少担心安全因素，结果使安全、个人隐私因素被其他因素所替代。

知识链接 4-9

网上零售服务质量的构成因素

实践性、可靠性：

- 精确地显示和描述商品，使消费者的预期和实际订购的商品相符；
- 在许诺的时间范围内配送合格的商品。

网站设计：

- 网站导航；
- 信息查询；
- 订购过程；
- 顾客个性化；
- 商品品类。

学习笔记：

客户服务：

- 活跃的、有价值的、互动的服务，对客户需求进行快速回应。

安全、个人隐私：

- 信用卡付款的安全性；
- 共享信息的隐私保护。

来源：Wolfinbarger 和 Gilly（2003）。

英国的网上购物具有很明显的地域差异，伦敦和英国的东南部比较热衷于网上购物。Kimber（2001）发现这主要是受富裕群体和信用卡用户的影响。另外，这个区域的网上购物者对安全更有信心。排在伦敦之后，网上购物最高的地区是雷丁、剑桥、布里斯托尔和伯明翰。远离伦敦的地区和并不富足的地区网上购物的就比较少，并且更关心安全问题。纽卡斯尔是英国所有城市中网上购物比例最低的，紧随其后的是谢菲尔德、约克、格拉斯哥、赫尔（eTypes，2001）。

形象地位和其他一些因素影响着购物者的满意度和购买行为。一些网上零售商往往对网上购物的社会层面和乐趣层面关注较少。成功的网上零售商对这些因素给予了关注，并成功地提高了消费者满意度。调查表明，如果最差的网上零售店改善其服务，达到最高水平，在线销售额将提高480%；处于平均水平的网上零售商如果改善其购物服务能使销售额提高33%～54%（Meekings 等人，2003），这说明网上购物服务水平具有极其重要的作用。

微型案例分析 4－2

Screwfix 的客户服务

Screwfix（www. screwfix. com）的客户服务水平可以通过一件小事来体现。一周的使用之后，搅拌器的开始键失灵了，而搅拌器只有通过“开始”按键才能运行。我们通知了 Screwfix，解释设备已被使用，希望能更换按键器。机器本身价值很高，也使用了很长时间，所以我们并没有真的指望退换整个搅拌器。而 Screwfix 的服务平台非常热心，并同意更换搅拌器，只需我们用最初的包装盒把旧机器包装起来，然后交给带来新机器的运输司机即可。但包装盒很久以前就扔掉了，Screwfix 就说这不是问题："我们将上门配送一台新机器，运到后请将包装取下，将拆卸的旧机器放入新包装内，下周我们会再派一辆卡车去取旧机器。"

想一想

更换按键器即可以解决问题，为什么 Screwfix 要主动退换搅拌器（尽管有严格的运输要求）？

微型案例分析 4－3

McWillies（化名）的客户服务调查

和微型案例 4－2 相对应，购买 McWillies 的产品可以从另一个角度反映客户服务。我们选择 Shopbot Kelcoo，这是 McWillies 推荐的最划算的打印机组合。McWillies 不仅打印机便宜，而且还有赠品——一捆免费的打印纸。McWillies 发了一封电子邮件确认信，确认价格和商品（打印机和复印纸）。打印机不久就送到了，但是没有复印纸。几个星期之后，除了一封没有回复的电子邮件，纸还是没有到，所以我们打电话给"客户服务"热线。以下是对话的简要摘录：

McWillies（M）：纸已经和打印机一起送出了。

顾客（C）：但是我们没有收到。

M：你肯定收到了，是放在一个盒子里的。

C：我只收到最初的包装盒，里面仅有那个打印机。

M：我们的确送了。

C：我们的确没有收到。

（一直这样持续了几分钟）直到：

C：我能和监督员说话吗？

M：监督员很忙。

C：那好，我能和办公室的领导说话吗？

学习笔记：

M：我要请示一下，稍候。(等了很久)

M：我已经和办公室确认过了，他们说已过解决时限。

C：我坚持要和监督员通话。(在说话时听得见有敲门的声音)

M：我是监督员。我们能够证明复印纸已经送出去了，所有包裹都进行过称重，查一下重量记录就能证明了。

C：太好了！好主意。那请你现在就确认一下，就能证明复印纸没送过来了。

M：不，我们不能查，你必须先发电子邮件确认复印纸没有收到。

C：我已经说过了，我已经发了电子邮件。

M：我们没有记录，所以这个问题就到此为止吧。

C：你拒绝确认包裹重量，这个就可以证明我们没有收到复印纸。你能不能和领导确认一下？

M：不！我们不能检查重量，我也不想进一步讨论这个问题了。

(断线)

后记：我们仍然没有收到复印纸，也放弃了去争取。

想一想

> McWillies 已表示可以检查包裹重量，但当顾客认同这个做法时 McWillies 又立即反悔，你是怎样看待这个问题的？

4.9 网上零售商的沟通组合

网上零售业中用到的沟通方式事实上是广义沟通方式的一部分。便利性包括找到网站的便利性，以及通过其他网站或搜索引擎链接到该网站的便利性。顾客的价值受商品品类的广度和深度的影响，这也是网上零售的优势之一。顾客成本可以在低成本策略中突出价格优势，而高定价则可以突出质量和声誉。计算和品类管理能通过在短时间内提供众多品类的商品来提高附加值。顾客特许在很大程度上是一个沟通和创建品牌的问题，改善网上零售网站的信息价值可以改善形象和品牌。消费者关注客户服务，通过这个途径能够树立积极的形象。很多客户服务在订单完成后才能显现

学习笔记：

出来，完善的退货政策可以展现出良好的服务形象。最后，互动和顾客关系很好地体现了沟通组合，组合中的很多因素囊括了从市场调查到电子邮件，从广告到赞助的各个方面。我们将对第1章中列出的主要因素进行阐述（但阐述并不能囊括所有的方面，否则的话恐怕需要再写一本书了）。

微型案例分析4-4

网上零售业和消费者的沟通组合

Compass24（www.compass24.com）是欧洲最大的直接销售船舶设备的公司。下面对Compass24如何与顾客进行全方位的积极沟通进行简要介绍。

1. 便利（Convenience）

在Google搜索引擎（www.google.co.uk）中输入“英国船舶设备”，屏幕最上端将会弹出其网站的免费链接（www.boatz.co.uk）。很多航船信息网站都和Boatz网站进行链接，使用付费链接来和Boatz.co.uk网站精确链接，因为Boatz.co.uk更靠近Google（非付费链接）搜索结果的顶端。在“Chandlers”的网站中有Compass24（www.compass24.co.uk）的链接。Boatz和其他热门网站的链接给消费者带来了额外的便利，也增加了网络冲浪者对某些特定商品品类的点击率。

2. 顾客价值与利益（Customer Value and Benefit）

网站提供8000种待售商品并且易于查找，可以进行免费搜索。这结合了网络的垂直树形结构和自动导航能力（Vrechopoulos，2001）。消费者可以在网上商店的部门之间浏览或使用搜索引擎直接找到最终商品。商品品类在左侧窗格里展示。商品的便利性和船舶设备的占有量显示了网站满足消费者各种需求的能力。

3. 顾客成本（Cost to the Customer）

Compass网页并没有提供讨价还价的空间，但保证提供高价值的商品和服务。网站使用独立的品牌搜索工具，这也可以看出Compass强调商品的多样性而不是低价。定价策略更强调价值，“Magellan（一个顶尖品牌）GPS 320是最具价值的商品”。利用消费者的“心理价位”，着重强调价值定价格的概念。GPS 320定价为139.95英镑，心理价位为140英镑，价格

学习笔记：

低于价值——重点强调商品的高价值。所以其促销以提供额外价值为基础，而不是以价格为基础，“消费20英镑以上赠送一个保鲜盒”，像这样的促销传递给消费者额外的价值而不会降低消费者对于商品质量或商品的真正价值的预期。而“降价10英镑”等促销活动往往会出现这样的负面效应。

4. 计算和品类管理（Computing and Category Management）

Compass与供应商建立合作关系，进行有效的运输管理。不管商品来自库存还是直接从供应商处提货，Compass的送货员都能“恰好及时”的送货。Compass在你需要的时候（如旅行后返回），只要付很少的额外费用就能在确切时间送达。供应链的效率代表网站沟通的能力，并希望能够满足消费者的特殊需要。

5. 顾客特许（Customer Franchise）

Compass网站与知名商标和品牌形象建立链接并进行交流，如皇家快艇协会，MET. OFFICE的天气预报以及来自快艇和船舶世界的海浪数据（www. ybw. com，欧洲顶尖航海网站）。再加上Robin Knox-Johnston这个著名的打破纪录的快艇驾驶者对网站信任度的保证，网站信任度大幅度提高。当这个网站登陆英国的时候（以德国为基础），它展示出一个良好的、高端的品牌形象。

6. 顾客关注和客户服务（Customer Care and Service）

Compass做出14天无条件退款的保证，送货迅速及时并值得信赖，同时还提供快速简单的电子邮件帮助（电子邮件页面显示公司电话）。电话服务热线态度良好，并且能提供有价值的帮助。在我们得到保鲜盒的（上面提到的服务）几个月后，盒子顶端开始漏水。我们和Compass24联系，询问能不能购买一个新盖子，但此活动当时已经停止。Compass立即免费送来了一个质量更好的保鲜盒。这样的优质服务传达出一个承诺：顾客利益是第一位的。

7. 沟通以及顾客关系（Communication and Customer Relationships）

除了上面提到的沟通工具，Compass24还运用广泛的沟通组合元素，包括：

- 广告——除了网站外，专门的期刊杂志也必不可少，比如Boatz；
- 直接邮递——目录册、迷你目录和特价商品；
- 口头宣传——向朋友推荐Compass24，并赠送他免费的工具；

学习笔记：

- 客户关系——客户可以选择电子邮件来获得最新商品新闻、特殊商品信息以及其他新闻；
- 网页氛围——良好的指导功能和快速的动画下载。

4.9.1 市场调查研究（Marketing Research Surveys）

当购买一个三星数码相机时，我们必须在线注册相关软件。注册过程包含上传相机使用者的基本信息，这样可以通知顾客升级或者新商品信息。其他供应商大量使用调查问卷，这加深了顾客受到注册保护的印象。问卷的数据可以用于了解用户基本情况，也可成为其他公司提供广告发放名单。为了遵从保护客户数据规则，网站设有“不公开”选项。但“如果你不想接受本服务，请勿选”的信息通常使用很小的字体，有时隐藏在许多页面中，多数网上购物者只是点击“接受”，甚至根本不知道其他选项的存在。

4.9.2 离线广告（Offline Advertising）

离线广告的范围太广，这里不能一一详述。网上零售商应该将其网址加在电视、广播、广告单、小册子、标签和商品包装中（不论是线上还是线下零售）。专门出版物中的广告往往比使用大众媒体更符合成本效益原则，尤其是对狭窄的细分市场而言。Craftinsure（公司名称）（www. craftinsure. com）的船舶保险广告刊登在 All at Sea 中。All at Sea 是月刊，由报社免费派发，是关于游艇之类商店及游艇停泊的出版物。如果商品是大众型的，像（e-）Store John Lewis（www. johnlewis. com）一样，网上零售商可以在互联网上刊登广告。杂志 Net（www. netmag. co. uk）是英国最大的网络杂志店，其读者都是网上购物爱好者。另一个建议是网上零售商的广告最好安排在新闻的（如 Sunday Times，Daily Mail）“点击这里”部分，这些广告价格便宜，和大型彩页广告相比更具成本效益。摘编自（Lindquist，1998）。

4.9.3 公关、赞助和宣传（Public Relations，Sponsorship and Publicity）

公关及宣传旨在传达正面信息，并不直接针对媒体的广告空间。David Blaine 就是一个很好的宣传案例。他被关在吊在塔桥下的笼子里，几个星期没有进食，笼子上 www. channel4. com 网站的标识醒目可见，知名媒体都对此进行了报道。公关活动还包括准备新闻稿、新闻发布会，这都

学习笔记：

有助于进行正面新闻报道。在 Google 上搜索"David Blaine"会出现很多相关链接，有 10 个来自"Search the Web"网站，其中包括 David Blaine 的魔术——戏法、图书、录影带以及 DVD（由 Merchant of Magic 网站提供），以及由亚马逊网站提供的 David Blaine 录影带。除了 David Blaine 的官方网站，这里的资料是最全的。

汽车零售商 Edmunds 阐明了公关活动行为。网站还提供专用区，易于接触媒体公共关系部、新闻稿（例如预测汽车价格变动）和"新闻中的 Edmunds"。例如："领先的在线汽车资源将继续提升服务价值"——*Entrepreneur* 杂志。

4.9.4　直接邮寄（Direct Mail）

许多成功的网上零售商通过定期的邮件与客户进行沟通。Tesco 是一个典型的例子，每三个月邮寄新闻、代金券、特价券等。Tesco 发现用于直销和数据库营销的广告比传统的线上广告具有更多的成本效益优势。这种成本效益优势使得细分市场的经营者特别看好直邮的营销方式。Screwfix（www. screwfix. com——贸易与 DIY 供应商——见第 1 章）就定期邮寄目录册、迷你目录册和特价单。

4.9.5　电子邮件许可营销（E-mail Permission Marketing）

电子邮件的许可营销正在增加。相对于其他在线广告，选用电子邮件的比率明显大大增加，原因在于其成本更低，周转速度更快，并可以准确地跟踪结果。从传统邮政和直接邮寄广告转到电子邮件的过程中，更多的公司提出了好的预算方案，同时垃圾邮件也在大大增加，但更多强大的垃圾邮件过滤器也由此诞生。但是即便如此，大多数电子邮件使用者仍然会收到很多垃圾邮件。负责的经销商使用选择进入甚至是两次选择进入许可，使已经选择进入消费者退出变得简单。最大的网络时事通信行销者之一 Web Promote（www. webpromote. com）有超过 170000 两次选择进入的订阅者。

学习笔记：

知识链接 4-10

电子邮件营销攻势原则：

- 有电子邮件地址（为了获取信息而进行注册的用户）；
- 允许使用电子邮件地址进行营销活动。这最好在采集阶段进行，注册者只有点击“选择”键才能成功注册或获得免费样品；
- 选择地址来定位目标信息；
- 活动实施（可能和其他的沟通渠道相结合）；
- 对消费者的要求进行回复；
- 更正并清理电子邮件列表；
- 跟踪评估该活动的效果。

来源：摘编自 Harris 和 Dennis。

4.9.6 短信系统（SMSs）和多媒体信息服务（MMSs）

移动电话和其他移动服务能够进行一些支付活动，例如支付交通费用（在另一个城市支付）。但即使是在3G技术引进之后，移动商务的发展仍然很缓慢。虽然应用范围有限，通过短信系统（Short Message Systems，SMSs）和多媒体信息服务（Multimedia Messaging Services，MMSs）的广告还是达到了很高的回报率。移动广告的消费预计将在今后一两年内迅速上涨到6亿英镑（Harris 和 Dennis，2002）。移动广告更加流行的原因不仅是它的高回报率，也因为移动网络的使用者代表了一个具有吸引力的人群，他们大多是收入超过3万英镑的20~39岁之间的男性。他们的目的分为游戏、赌博和旅游服务——这正是移动广告的最大品类。在美国，My Snow Report（www.mysnowreport.com）成立了一个交易机构，登记的消费者可以获得关于冬季运动滑雪情况的详细文本信息，信息接收者可以通过链接获得相应的景点旅行资料。消费者为了获得信息服务而登记，邮件营销成功的关键是必须确保这些营销活动的有效履行。

4.9.7 病毒营销（Viral Marketing）

病毒营销正在不断发展，越来越多的公司用它来改善商品和服务并将

学习笔记：

其品牌化。低投入的电影《女巫布莱尔》获得了巨大成功，大量的“老鼠”在互联网聊天室流行开来。营销攻势也因为追踪“打开——点击进入——成功”的程序而变得更加复杂。病毒营销潜在的问题是它依赖于链条中的每一个个人，他们必须都将这些信息准确传达到接收处。而在很多情况下却很难做到：病毒营销传播了很多非重要的信息。负责任的经营者会给接收人群使用追踪系统，从而保证他们不会对这样的沟通方式感到反感。考虑到怎样为本书做促销，预期消费群可能最开始只是收到信息，如参加营销论坛的邀请信，信的结尾可能是这样的：“请将这个信息转给任何可能对此感兴趣的人。将来我们会告知你所感兴趣的其他服务和商品（如图书）。如果你不想收到类似信息，请联系发件人并退出名单。”

4.9.8 标语（Banner）、弹出（Pop-up）和插入（Intersititial）①

媒体的在线广告花费（标语和弹出）逐年增长，每年支出总额超过1.5亿英镑（比电影广告多3000万英镑）。弹出广告比起标语来是一种更活跃的广告形式，但有些人对这些插入广告特别烦感。网络广告公司Real Media（www. realmedia. com uk.）使用一种叫做adPointer的广告屏蔽的系统，当指针在特定时间内没有移动时就会跳出广告。

有的网络使用者会进行广告屏蔽，但英国的Bananalotto网站（www. bannanalotto. com）鼓励广告浏览，如果点击了标题广告，将会有可能获得100万英镑。媒体和娱乐顾问Paul Zwillberg指出，通过此类广告的宣传，KPE已经为顾客开发了十多个游戏。

很多网络借助于纸质广告或者电视广告进行宣传并建立起自己的特点。“Advergaming”是媒体新的合成词，使用最受欢迎的互动内容，然后与特定广告模式（品牌联合、试用或是获取数据等）结合使用，能够产生很好的体验效果。

4.9.9 客户关系（Customer Relationships）

上文所说的邮件和电子邮件方式是管理客户关系的组成部分。最成功的网上零售者是建立在这些基本的交流工具的基础上的。亚马逊（www. amazon. com）和Tesco（www. tesco. com）使用各种技术挖掘数据，使其顾客化、定制化。亚马

① 摘编自Marketing Business电子商务增刊。

学习笔记：

逊定制网页，根据过去的消费方式，在顾客可能会感兴趣的方面提供服务，包括新型图书、音乐或者电影。Tesco 同样将沟通顾客化，将个性化服务落实到每一个顾客身上。这些网上零售商因此能更好地提高顾客满意度，并因此更好地利用客户关系和数据挖掘工具。

4.9.10 网页氛围（Web Atmospherics）

网页氛围是个重要而复杂的主题，将会在第 6 章深入展开讨论。一般来说，氛围包括视觉（如文本、设计、色彩处理、视频、3-D）、听觉（如音乐或者音效）以及嗅觉（如香水和样品）刺激。汽车销售网站 Edmund（www. edmund. com）利用下载汽车视频和音频来提高车辆销售额。但同时需要注意避免下载时间过长的问题。

尽管大多数供应商依赖于商品描述和品牌效应，香水同样可以进行网上零售。Perfuminia（www. mydesignerperfume. com）："香木缘、玫瑰、茉莉、金银花、君子兰和橡苔，为 Chanel Allure 完美地营造了浪漫的氛围"。氛围，不论技术含量高低，都能为沟通组合的设计提供帮助。

4.9.11 链接流行度（Link Popularity）

搜索引擎使用"链接流行度"来对网站进行定位和排序。通过说服其他网站和自己网站链接，可以在搜索引擎相关网站中得到一个站点，因此这也是沟通组合的重要方面。详见第 5 章中关于"链接流行度引擎"部分。

章节概要

对消费者来说，网上购物有优势也有劣势，零售商和消费者正在努力解决问题，网上购物也有待持续发展。购物不仅提供功能性商品，还应展现真实的社会和乐趣。尽管最初的想法仅在于买卖商品，网上购物还提供了社会互动和乐趣。网上购物交易与实体店交易相互补充。成功的网上零售商擅长于满足无形利益，并获得巨大的成功。虽然这些理论不能确切地得到证实，而且购物风格在不同性别身上的确有所不同，但是，男性倾向于更目的化、更快速的购物者；女性则更细心，比男人更响应社会的互动。过去，网上购物更适合男性的风格，但是女性正成为女性网站的重要

学习笔记：

使用者。对于汽车和计算机等技术性商品，性别理论正好相反。

网上零售商有广阔的潜在可行沟通渠道。很多成功的网上零售商使用在线和非在线沟通，但是现有趋势是使用更多承诺和以数据为基础的营销技巧。

在下面一章中我们将探究消费者对于网上零售信息的需求。

案例分析4-1

eBay

eBay网于1995年在美国建立，成立初期以Auctionweb命名。其英国网站建于1999年，初期发展缓慢，后来逐步壮大，根据月浏览数字显示，它成为了英国顶尖电子商务网站，拥有6800万名客户（相较而言，亚马逊有6100万名，而Tesco有2700万名）。根据Nielsen/NetRatings（www.nielsen-netratings.com）提供的数据，到2003年3月，eBay的客户浏览量增长率为160%，而亚马逊只有28%，互联网总体增长率只有7%。这些数据“标志着销售商品的潜力”。尽管商品单价都很便宜，eBay每年销售额仍然超过1亿英镑。如果将eBay视为一个网上零售商，那它在英国市场占有率可能排名第一。虽然很多网站都在挣扎之中，eBay却在不断获利，2001年在全球1亿美元的营销额中获利1/4。它在股市震荡中存活下来，股价从1998年的18美元上涨到2003年的110美元。

浏览者在eBay网站上每月平均浏览1小时11分。浏览者们会回到网站查看他们正在买卖的商品情况，其月网页存档达到1亿页以上。

很多英国消费者正在享受“全球交易”的健康生活方式，零售商利用全球化市场的优势，提供各种商品，从动漫、唱片到T恤和瓶子等杂货。如同主要的实体零售商正承受着来自慈善商店和汽车尾箱销售不断增长的竞争压力一样，网上零售商也面临着日益增长的在线拍卖的竞争。

大多数零售商是以个体形式存在的。Pat Austin从慈善商店、汽车销售和拍卖中淘来的古董类商品中每年获利3万英镑。他每年销售1000种以上的货物，其中99.9%的交易是成功的。这是一个全职工作，上午回复和发货，下午找货源。Rosie的营业额超过10万英镑，销售价格在100～1000英镑的高档女性时尚服装。他阅读流行杂志查找编辑推荐的和名人

学习笔记：

所穿的服装，然后寻找样品从厂家销售或者直接从设计师处购买。eBay 的顾客也不都是个人，“Big Boys”看到这个机遇，联合 Dell、Dixons 和 Sears 等公司，利用 eBay 解决库存过剩问题。

在一些情况下消费者需要谨慎行事，拍卖网站并不对错误的交易负责，只为损失者提供很低的保险赔偿，但是消费者可从回复率确认最值得信任的零售商。

知识链接 4-11

eBay 如何工作：

- 注册免费；
- 买家在线出价，最高者购得；
- 买家、卖家互相联系；
- 商品上线费用大致范围是 0.15 ~ 2.00 英镑；
- 网站也按照销售额的一定比率收取费用，大致在1.75% ~ 5.25%，商品越有价值，比率就越低。

知识链接 4-12

拍　　卖

拍卖卖家提示：

- 提供详细的描述。如果可能，尽量提供商品图片。对任何不足之处要诚实对待，以免遭到负面评价；
- 选择正确的分类。正确的商品分类可以帮助出价者迅速找到商品。一些品类的费用比其他的要高；
- 全球化交易。这是达到更大浏览量的途径，在卖出商品之前付清货款；
- 提供“极少附加”的客户服务。Rosie 有 500 条正面的回

学习笔记：

复信息，100%的好评率。

拍卖买家提示：

• 仔细阅读描述。确保你了解你要购买的东西。例如：一个买家出价购买地毯，却发现这是玩具房子的玩具地毯；

• 如果有疑问，联系卖家。如果事情出错，这个关系重大；

• 想想如果这是真的，情况是不是过于乐观。像家庭剧场、等离子屏幕和数码相机等，商家可能以低价吸引消费者并进行欺诈性交易；

• 检查拼写错误；

• 出价高，就停止。研究表明当出价很快时价格会高出30%（Haubl 和 Popkowski Leszeczyz，2003）。一开始就限制花费来避免冲动出价。

拍卖建议请看 www. ukauctionhelp. co. uk.

来源：摘编自英国 Sunday Times，2003 年 7 月 6 日；2003 年 8 月 10 日英国 Sunday Times；Marketing Business 的其他材料，2003 年 6 月。

思考题

问题 4 – 1　人们为什么要购物？

问题 4 – 2　网上购物能像实体店购物那样令消费者满意吗？

问题 4 – 3　网上购物的购买过程能满足消费者的社会动机吗？

问题 4 – 4　为了向网上购物者提供乐趣和利益，网上零售商能够做些什么？

扩展阅读

CHASTON，IAN. 2001. e-Marketing Strategy，Madenhead：McGraw Hill.

DENNIS，CHARLES，HARRIS，LISA AND SANDHU，BALRAG. 2002. ‘From bricks to clicks：understanding the e-consumer’，Qualitative Market Research-An International Journal，5 (4)：281 – 290.

HARRIS，LISA AND DENNIS，CHARLES. 2002. Marketing the e-Business，London：Routledge.

学习笔记：

LUNDQUIST, LESLIE HEETER. 1998. Selling On Line For Dummies, Foster City, MI: IDG.

TIERNAN, BERNADETTE. 2000. E-tailing, Chicago, IL: Dearborn.

Wilson, Ralph Planning Your Internet Marketing Strategy: A Doctor Ebiz Guide, New York: John Wiley & Sons.

参考文献

ANG, S. H., LEONG, S. M. AND LIM, J.. 1997. 'The mediating influence of pleasure and arousal on layout and signage effects', Journal of Retailing and Consumer Services, 4 (1): 13 – 24.

BABIN, B. J., DARDEN, W. R. AND GRIFFIN, M.. 1994. 'Work and/or fun: measuring hedonic and utilitarian shopping value', Journal of Consumer Research, 20: 644 – 656.

BBC NEWS. 2003. Primeval Shopping Instincts Revealed, www. news. bbc. co. uk [updated 17 September 2003].

BCSC. 2001. Future Shock or eHype: The Impact of Online Shopping on UK Retail Property, London: British Council of Shopping Centres/The College of Estate Management.

BERKOWITZ, E. N., WALTON, J. R. AND WALKER, O. C.. 1979. 'In-home shoppers: the market for innovative distribution systems', Journal of Retailing, 55 (Summer): 15 – 33.

BERRY, L. L.. 1969. 'The components of department store image: a theoretical and empirical analysis', Journal of Retailing, 45 (1): 3 – 20.

BOULDING, K. E.. 1956. The Image, Ann Arbor, MI: University of Michigan.

BUSS, D. N.. 1989. 'Sex differences in human mate preferences: evolutionary hypothesses tested in 37 cultures', Behavioural and Brain Sciences, 12: 1 – 14.

CHILDERS, T. L., CARR, C. L., PECK, J. AND CARSON, S.. 2001. 'Hedonic and utilitarian motivations for online retail shopping behaviour', Journal of Retailing, 77: 511 – 535.

DENISON, T.. 2003. 'Men and women arguing when shopping is genetic', News Shop, Exeter University, www. ex. ac. uk/news/newsshop/htm [accessed 22 September 2003].

DENNIS, C. E.. 2004. 'The savannah hypothesis of shopping', Eleventh International Conference on Recent Advances in Retailing and Services Science, EIRASS, Vancouver, Canada.

DENNIS, C. E. AND PAPAMATTHAIOU, E-K.. 2003. 'Shoppers motivations for e-shopping', Recent Advances in Retailing and Services Science, 6th International Conference,

学习笔记：

EIRASS, Portland, Oregon, August 7 – 10.

DENNIS, C. E. AND RICHARDSON, O. . 2004. 'e-Retail: paradoxes for suppliers and consumers', in L. Harris and L. Budd (eds) e-Business: Reality or Rhetoric, London: Routledge.

DENNIS, C. E. , MARSLAND, D. AND COCKETT, W. A. . 1999. 'Why do people shop where they do?', Recent Advances in Retailing and Services Science, Sixth International Conference, EIRASS, Eindhoven, The Netherlands.

DENNIS, C. E. , HARRIS, L. AND SANDHU, B. . 2002a. 'From bricks to clicks: understanding the e-consumer', Qualitative Market Research-An International Journal, 5 (4): 281 – 290.

DHOLAKIA, R. R. . 1999. 'Going shopping: key determinants of shopping behaviour and motivations', International Journal of Retail and Distribution Management, 27 (45): 154.

DHOLAKIS, R. R. AND CHIANG, K. -P. . 2003. 'Shoppers in cyberspace: are they from Venus or Mars and does it matter?', Journal of Consumer Psychology, 13 (1/2): 171 – 176.

DHOLAKIA, R. R. AND UUSITALOK, O. . 2002. 'Switching to electronic stores: consumer characteristics and the perception of shopping benefits', International Journal of Retail and Distribution Management, 309100: 459 – 469.

DOIDGE, R. AND HIGGINS, C. . 2000. The Big Dot. com Con, London: Colliers Conrad Ritblat Erdman.

DONOVAN, R. J. , ROSSITER, J. R. , MARCOOLYN, G. AND NESDALE, A. . 1994. 'Store atmosphere and purchasing behavior', Jounal of Retailing, 70 (3): 283 – 294.

DONTHU. N. AND GARCIA, A. . 1999. 'The Internet shopper', Journal of Advertising Research, 39 (3) .

ELIOT, R. . 1994. 'Addictive consumption: function and fragmentation in postmodernity', Journal of Consumer Policy, 17: 159 – 179.

ENGLISH, W. D. . 1990. 'Videotex: Pandora' s Box for retailers', Journal of Direct Marketing, 4 (2): 7 – 18.

ETYPES. 2001. Who' s Buying Online? UK Online 2001, London: eTypes/CACI.

FENECH, T. . 2002. 'Exploratory stuydy in WAP (Wireless Application Protocol) shopping', International Journal of Retail and Distribution Management, 30 (10): 482 – 297.

FENECH, T. . 2003. 'Factors infulencing intention to adopt wireless shopping', in J. E. Lewin (ed.) Proceeding of World Marketing Congress, Perth, Western Australia, Academy of Marketing Science, p. 729.

FENECH, T. AND O' CASS, A. . 2001. 'Internet users' adoption of Web retailing: user and product dimensions', Journal of Product and Brand Management, 10 (6): 362 – 381.

学习笔记：

Fink, H. J. , Fink, R. M. and Riesner, D. . 1971. Dirty Harry (Movie) (Siegel, D. , ed. /producer/director), Hollywood, CA. : Warner Bros.

FORSYTHE, S. M. AND SHI, B. 2003. 'Consumer patronage and risk perceptions in Internet shopping', Journal of Business Research, 56: 867 - 875.

GILLETT, P. L. . 1970. 'A profile of urban in-home shoppers', Journal of Marketing, 1 (34) (July): 40 - 45.

GVU. 1998. 'Eighth user survey', Graphic, Visualization & Usability Center, www. gvu. gatech. edu/user. surveys/survey_ 1998 [accessed 7 October 1998].

HARRIS, K. . 1998. 'Women on the Net Ⅱ: the female-friendly site', Sporting Goods Business, 31 (13): 16.

HARRIS, L. AND DENNIS, C. E. . 2002. Marketing the e-Business, London,: Routledge.

HAUBL, G. AND POPLOWSKI LESZCZYC, P. T. L. . 2003. 'Bidding frenzy and product valuation in ascending-bid auctions', Tenth International Conference on Recent Adances in Retailing and Services Science, EIRASS, Portland, Oregon.

HISRICH, R. D. , DORNOFF, R. J. AND KERNAN, J. B. . 1972. 'Perceived risk in store selection', Journal of Marketing Research, 9: 435 - 439.

JONES, M. A. . 1999. 'Entertaining shopping experiences: an exploratory investigation', Journal of Retailing and Consumer Services, 6: 129 - 139.

JUPITER COMMUNICATIONS. 2001. Market Forecast Report, Darien, CT. : Jupiter Communications.

KIMBER, C. . 2001. Researching Online Buying' s Offline Impact, London: CACI.

KOLESAR, M. B. AND GALLBRAITH, R. W. . 2000. 'A services-marketing perspective on e-retailing: implications for e-retailers and directions for further research', Internet Research: Electronic Networking Applications and Policy, 10 (5): 424 - 438.

LINDQUIST, J. D. . 1974. 'Meaning of image: a survey of empirical and hypothetical evidence', Journal of Retailing, 50 (4): 29 - 38, 116.

LINDQUIST, J. D. AND KAUFMAN-SCARBOROUGH, C. . 2000. 'Browsing and purchasing activity in selected non-store settings: a contrast between female and male shoppers', Retailing 2000: Launching the New Millennium, Proceedings of the Sixth Triennial National Retailing Conference, the Academy of Marketing Science and the American Collegiate etailing Association, Hofstra University: Columbus, Ohio.

LUNDQUIST, L. H. . 1998. Selling Online For Dummies, Foster City, MI: IDG.

LUNT, P. . 2000. 'The virtual consumer', Virtual Society? Delivering the Virtual Promise? From Acdess to Use in the Virtual Society, ESRC presentation led by Brunel University, London, 19 June.

学习笔记：

MACHLEIT, K. A. AND MANTEL, S. P.. 2001. 'Emotional response and shopping satisfation: moderating effects of shopper attributions', Journal of Business Research, 54: 97-106.

MEEKINGS, A., RUSSELL, C., FULLER, M. AND HEWSON, W.. 2003. Profit or Pain from Your User Experience, London: Hewson Consulting Group.

MIDGLEY, D. F. AND DOWLING, G. R.. 1993. 'A longitudinal study of product from innovation: the interaction between predispositions and social messages', Journal of Consumer Research, 19: 611-625.

MILLER, D.. 1998. A Theory of Shopping, London: Poliey.

MIYAZAKI, A. D. AND FERNADEZ, A.. 2001. 'Consumer perceptions of privacy and security risks for online shopping', The Journal of Consumer Affairs, 35 (1): 27-44.

NETVALUE. 2001. Home Internet Use Continues to Grow in the UK, NetValue, London, www. netvalue. com.

NIELSEN NETRATINGS. 2003. www. nielsen-netratings. com [accessed August].

PARSONS, A. G.. 2002. 'Non-functional motives for online shoppers: why we click', Journal of Consumer Marketing, 19 (5): 380-392.

PAVITT, D.. 1997. 'Retailing and the high street: the future of the electronic home shopping industry', International Journal of Retail and Distribution Management, 25 (1): 28-43.

PHAU, I. AND POON, S. M.. 2000. 'Factors influencing the types of products and services purchased over the Internet', Internet Research: Electronic Networking Applications and Policy, 10 (2): 102-113.

REYNOLDS, F. D.. 1974. 'An analysis of catalog buying behavior', Journal of Marketing, 38 (July): 47-51.

REYNOLDS, J.. 2000. 'Pricing dynamics and European retailing: direct and indirect impacts of e-commerce', Proceedings of the International EARCD Conference on Retail Innovation (CD-ROM), European Association for Education and Research in Commercial Distribution, ESADE, Barcelona.

Rohm, A. J. and Swaminathan, V.. 2004. 'A typology of online shoppers based on shopping motivations,' Journal of Business Research, 57 (7): 748-757.

SALAM, A. F., RAO, H. R. AND PEGELS, C. C.. 1998. 'An investigation of consumer-perceived risk on electronic commerce transactions: the role of institutional trust and economic incentive in a social exchange framework', Proceedings of Conferece for the Association of Information Systems (AIS), Baltimore, Maryland.

SAUER, P., YOUNG, M. AND TALARZYK, W. W.. 1989. 'The potential impact of

学习笔记：

emerging communication technologies on distribution channel', Journal of Direct Marketing, 3 (4): 28 – 37.

SHIM, S. AND EASTLICK, M. A.. 1998. 'The hierarchical infuence of personal values on mall shopping attitude and behaviour', Journal of Retailing, 74 (1) (Spring): 139 – 160.

SHIM, S. AND MAHONEY, M. Y.. 1991. 'Electronic shoppers and nonshoppers among Videotex users', Journal of Direct Marketing, 5 (3): 29 – 38.

SHIM, S., EASTLICK, M. A. AND LOTZ, S.. 2000. 'Assessing the impact of Internet shopping on store shopping among mall shoppers and Internet users', Journal of Shopping Center Research, 7 (2).

SIT, J., MERRILEES, W. AND BIRCH, D.. 2003. 'Entertainment-seeking shopping centre patrons: the missing segments', Interational Journal of Retail and Distribution Management, 31 (2): 80 – 94.

SMITH, R. B. AND SHERMAN, E.. 1993. 'Effects of store image and mood on consumer behaviour: a theoretical and empirical analysis' Advances in Consumer Research, 20 (1): 631.

SPENCE, H. E., ENGEL, J. F. AND BLACKWELL, R. D.. 1970. 'Perceived risk in mail-order and retail store buying', Journal of Marketing Research, 7: 364 – 369.

SPIES, K., HESSE, F. AND LOESCH, K.. 1997. 'Store atmosphere, mood and purchasing behaviour', International Journal of Research in Marketing, 14: 1 – 17.

TAUBER, E. M.. 1972. 'Why do people shop?' Journal of Marketing, 36 (October): 46 – 59.

TAUBER, E. M.. 1995. 'Why do people shop?' Marketing Management, 4 (2): 58 – 60.

UNDERHILL, P.. 1999. Why We Buy, London: Orion.

VERDICT. 2001. Verdict on Electronic Shopping, 2001, London: Verdict.

VIJAYASARATHY, L. R. AND JONES, J. M.. 2000. 'Print and Internet catalog shopping: assessing attitudes and intentions', Internet Research, 10 (3): 191 – 202.

VINCENT, A., CLARK, H. AND ENGLISH, A.. 2000. 'Retail distribution: a multi-channel traffic jam', International Journal of New Product Development & Innovation Management, 2 (2): 179 – 196.

VRECHOPOULOS, A.. 2001. 'Virtual store atmosphere in Internet retailing: measuring virtual retail store layout effects on consumer buying behaviour', unpublished Ph. D. thesis, Brunel University, London.

WESTBROOK, R. A. AND BLACK, W. C.. 1985. 'A motivation-based shopper typol-

学习笔记：

ogy', Journal of Retailing, 61 (1): 78 – 103.

WOLFINBARGER, M. AND GILLY, M. C. . 2002. . comQ: Dimensionalizing, Measuring and Predicting Quality of the e-Tail Experience, Working Paper No. 02 – 100, Cambridge, MA: Marketing Science Institute.

WOLFINBARGER, M. AND GILLY, M. C. . 2003. 'eTailQ: dimensionalizing, measuring and predicting etail quality', Journal of Retailing, 79 (3): 183 – 198.

网站链接

www. emarketer. com　网络营销数据和报告。

www. etypes. info　统计学、分类学和消费者网上购物行为。

www. forrester. com　互联网使用数据。

www. nielsen-netratings. com　互联网和广告商的绩效与排名。

www. nma. co. uk　新媒介新项目。

www. nua. com/surveys　互联网数据。

学习笔记：

5　网络信息搜索

本章学习要点

- ■实体购物和虚拟购物经历的不同点
- ■消费者的网络搜寻行为
- ■搜索引擎
- ■目录
- ■改进你的网络预见性和监控网页的使用方法

5.1　实体店和虚拟店

以前的网上零售著作多是提及新的电子网络方式（虚拟店）和传统方式（实体店）的相似之处，涉及网上商店、网上商店前沿、网上购物者、网上购物中心等。在本章中，我们突出介绍实体店和虚拟店的不同点。随着技术的不断发展，这些不同点也在逐步增多。应用于实体店和虚拟店的技术有所不同，网上购物者寻找商品、服务和比价以及四处浏览的方法也完全不同。其核心的概念就是搜索——即网上购物者寻找关于商品和服务信息的过程。

搜索网络和站点的背景

互联网是一个全球性的网络服务器，最初是为了促进美国政府和大学研究者的信息转化而成立的（Wolinsky，1999）。从互联网成立之初，为了帮助浏览者进行信息搜索，多种搜索工具应运而生。

互联网利用经过改良的用户界面，使用网络技术，给终端使用者（通常是家用电脑使用者）提供大量的可用信息。很多信息是由网上零售商提供的，内容多与大规模销售的商品和服务有关。

大多浏览者使用图形化网络浏览器，其中微软网络浏览器和 Netscape 导航器最为典型。很多信息本质上是文本的，信息中也包含图像，用以提

学习笔记：

供结构图像设计（如列表的用途）和其他信息，或用以装饰。网上购物中心的构想已经形成（见第9章），很多网上零售商店可以像普通的商业街店面一样聚集起来，但典型用户通常只关注某个具体公司的特定网站而不是一个网站集群。

5.2　关于人们在网络做什么和去哪里的调查

计算机专家可能认为网上购物者真正需要做的是使用网络浏览器检验从图像化网络中得到的数据。而用户的说法可能会大相径庭，他们认为，在网络中的经历主要是在虚拟世界中探索，并可以在任何时候出现在世界的任何地方，可以深入的探索同一网站，也可以链接到其他地方。很多已有的调查研究帮助我们理解为什么人们会使用网络。根据 Rodgers 和 Sheldon（2002）的研究，使用互联网有四个主要的动机：搜索（最普遍的理解）、购物、社会化和一般意义上的网上冲浪（为了寻找乐趣）。

Shehan（2002）对网络会议类型做了一系列分析，发现“我需要查找一些信息”比其他的动机更显著和强烈。浏览新的站点、使用搜索引擎、查找商品信息和使用网络数据库加起来占据了用户34%的在线时间，其中搜索商品信息一项就占了在线时间的7%，相比较而言，网上购物只有1.7%。85%的网络浏览来自13个主要的搜索引擎（Gehan，2003）。信息搜索对于消费者和网上零售商都很重要：美国的一项研究显示，使用互联网搜索信息是网上购物目的的最有力的指示器（Shim 等人，2001）。另外，使用互联网搜索信息还改善了消费者对网上零售的看法，并且帮助克服了网上购物的障碍。Fink 和 Laupase（2000）进行了一项研究，让30个澳大利亚人和30个马来西亚人评价所选择的网站。结果发现，商品、服务、新闻故事之间相互关联，新闻能够使商品和服务的影响最大化。第4章中对网上购物的动力进行了研究，被调查者由150个大学生组成。结果显示，乐趣是主要的动机之一，参与是重要的衡量乐趣的尺度。和前面研究相符，人们的注意力被吸引到“寻求多样性”（Rohm 和 Swaminathan，2004）上来，最受欢迎的网站是亚马逊（www. amazon. co. uk），CD WOW（www. cd-wow. co. uk）和 eBay（www. ebay. co. uk）（Children 等人，2001）。

亚马逊和 eBay 的浏览量分列英国网站的前两位（Nielsen NetRatings（2003）——分别可见案例分析2－1和案例分析4－1，以及微型案例分

学习笔记：

析8-1并进行比较）。eBay的成功已经使它成为世界上最大的电子商务网站之一（NAMNEWS，2003）。eBay尤其注重参与性，浏览者平均浏览时间为1小时11分钟，这在英国网上零售商中是最长的。浏览者会经常回到网站来确认正在交易的商品，卖家的回复同样有利于建立信任，eBay是为数不多的达到每个月1亿次浏览量的英国网上零售商之一。这些网站狂热地信奉有特色、有乐趣的参与，如聊天室、论坛、消费者博客、商品评论、意见箱和网站服务的顾客化。简单来说，很多建立在满足消费者各种信息基础上的特色使这些网站具有参与性，令人享受，并成为其成功的重要因素。一些网上零售商从网络冲浪者的需求中获得信息，从而成功地引导他们上网浏览并进行购物。户外设备供应商LL Bean（www.llbean.com）就提供国家公园、药剂师、营养方面的专业药店和健康方面的信息。

5.3 网络搜索和发现

消费者花很长时间搜索，网上零售商当然也对他们所寻找的东西感兴趣。网上零售商希望消费者在虚拟商店中找到所需商品和服务的信息，找到订货和付款流程并且进行商品订购，因此需要理解消费者使用的是什么技术，以及如何使用这些技术，从而提高商品和服务销售的几率。由此看来，能满足冲浪者信息需求的网上零售商才能在交易中建立领先优势。

5.4 普通的网络会议

浏览者在网络会议上做些什么？

- 用户坐下来打开网络浏览器，将主要网站设定为主页，并显示一串到其他网站的链接。主页可能设置为Yahoo（www.yahoo.com）。为了快速搜索网站，用户可能在URL中输入网址，或是使用“收藏夹”、“书签”等进行网站链接。

- 另外，他们会浏览一下主页，对列表进行评价，决定购买感兴趣的东西。

- 他们可能决定使用搜索引擎，如Google（www.google.com），输入正确的短语，然后点击搜索键，引擎就会产生一个相关网址的列表，上面会有网站内容的简介。获得列表，然后查看评价。

学习笔记：

- 他们可能查询有关搜索结果的目录系统，然后进行评价。
- 查看相关列表或是使用搜索引擎的过程不断重复直至找到相关内容。如果没有发现合适的搜索结果，搜索会再次进行或者在任意一点停止，或者根据重新获得的信息再次搜索（一些广告可能会出现在上面）。如果知道网站地址（URL），用户可以直接进入某个网站，尽管它不在目录上或是搜索引擎的列表中。

现在我们将对上述内容进行深入讨论：

- 聚焦；
- 目录；
- 搜索引擎。

5.5 聚焦

假如你想购买护发素。你在某个城市，需要寻找主要的购物中心或是主要街区，你会对那里的商品和尽快找到护发素的方法进行评估。你希望在几分钟内在英国找到一个连锁药房，比如 Boots 或是 Superdrug 的一个分店，然后你会期待尽快找到销售护发商品的区域，并找到洗发水和护发素。你还可能使用某种目录（可能是黄页）来寻找著名商店的地址。

和实体店购物经历相比，网上购物者的操作方法大不相同。用户首先使用网络浏览器打开某个网站，可能是某个网上零售商的页面。然后开始搜索需要的商品，不断进行链接。浏览者经常会使用某种搜索引擎进行搜索。

显然，应该设计有用并有吸引力的网页。Nielsen（2000）有很多关于网站可用性的著作，提出了一些重要观点。使得网站具有可用性的主要因素就是条理清晰和重点突出。如果用户觉得网站难于使用、设计杂乱、没有重点，他们会舍弃这个网站去找其他地方。Neilsen 建议网站根据用户的一致性、设计的优质性和相关性等因素建立一种标准，使得用户能在各网站得到相近的体验。应尽量使自己的网站在搜索结果中突出并且位次靠前。

学习笔记：

5.6 目录

人们喜欢列表，从古代的“七大奇迹”到现在最流行的20首歌曲。目录是根据一些特定主题汇编而成的列表，如电话目录、贸易目录。互联网早期就已产生最受欢迎的网站列表。随着网站数量的增多，列表变得过长。为了更易使用，它们被分为不同的主级品类和次级品类。知名网站目录有雅虎（www. yahoo. com）和MSN（www. msn. com）。

现在关注一下雅虎。雅虎是根据人性化需求汇编而成的目录，同时也包含网络链接的简单描述。编者将主题进行分类以方便查找。在雅虎主页上有购物这一品类列表，可以将浏览者引向电子商品，进而引导消费者进行电话订购或网络订购。

按主题分类排列的方法能够帮助消费者以最快的速度搜索到感兴趣的东西。搜索引擎的改进意味着目录失去了一定价值，而这对主题定位统一的相关网站仍然很有用处。交易性质的目录在范围上可以很广，但一定要注意重点突出。为了与潜在客户保持联系，网上零售商应该重点突出某些活动。

雅虎，不仅仅是一个目录，它包括搜索引擎（Google引擎）、邮件和即时信息等一系列服务。这样的服务就像一个港口，连接众多其他网站和网上服务，因此称之为门户（Portal）。门户的所有者希望用户将他们的门户网站作为主页，使他们更自由地选择广告和其他方式。这使得门户网站成为放置网络信息和其他广告的具有吸引力的地方。大的门户网站正在努力实现成为包含信息、购物和娱乐项目的“搜索、发现、获得”模型。我们可以用数字来证明这种做法的有效性：MSN和Yahoo是世界范围内最受欢迎的网站，其用户数量已突破8300万（eMarketer，2003）。

5.7 搜索引擎

网络搜索引擎已经存在一段时间了，最初是对远程系统的文件进行实时搜索（FTP服务器），查找与搜索条件相关的文件名。随着互联网的发展，网络搜索引擎不断完善，以大量数据为基础，新的软硬件层出不穷，其系统也不断商业化。其中Google（www. google. com）和AltaVista

学习笔记：

（www. altavista. com）是最知名的商业搜索引擎。实际上搜索引擎分为两类。

首先，名为“Crawlers”的搜索引擎进行网站信息的搜集。从“知名站点”列表开始，搜索相关网站。过程是自动化的，每一个网页的HTML可通过其他网站的链接查看。在HTML中，会有类似于这样的链接：a href =‘http：//www. gre. ac. uk/schools/index. html’。

如果点击这个链接，打开网页，又会出现一系列链接，然后继续点击。重复下去可以打开几百万个网页。每个网页都会有相关内容。这就意味着HTML页上的所有信息——标题、网页文本和任何其他网页上链接的其他信息都可以通过简介和设定好的条件进行相关性检索。

根据数据库内容编入索引，并对浏览者开放。假如使用“香波”这个搜索条件，可以在数据库中进行检索，找到相应的URL网页，列表中同时包含网页的标题和内容概要。用户输入单词“香波”，得到相关URL网页列表，并从中找到符合条件的相关网站。

需要注意的是：

- 点击任一链接，所有打开的网页都有一定“深度”，所以必须将重要信息放在页面显眼的位置，放在主页或稍微往下的位置。
- 网络爬虫（Web Crawlers）将一个网页分成多个页面框架，因此不用像一步一步打开链接那样需要深入地探索。如果你想使用网络爬虫获得尽可能多的信息，那就最好避免结构框架。
- 网络爬虫并不能完美地处理从网页上获得的数据库（目录）信息。真正有用的信息需要从HTML页上获取而不是从目录系统中获取。使用目录需要进行人工操作。

数据库的建立过程是自动的，但同时也是需要引导的，如知名网站（Well-known Sites）和相关内容。网站可能本身就包含搜索引擎，这同样可以引导浏览者。不管你是否愿意，符合标准的网站都会自动添加到索引中。

5.7.1　受欢迎的搜索引擎

Google（www. google. com）是世界上最受欢迎的搜索网站，有60%的搜索是通过Google完成的，其目录每周超过4亿网页。Google比竞争者更快、更大、更有效率，其覆盖面也相当广泛。但Google的数据库并没有完

学习笔记：

全利用起来，索引的数据库也只是全部可用网页的一部分。

大多网上购物者使用搜索引擎，但他们往往不愿意花太多时间来精确阐述搜索条件，而发现搜索结果不满意时又会感到失望，可能放弃搜索，或者尝试另一种搜索引擎。很多搜索引擎提供 Boolean 搜索功能，可以将多个短语并列作为搜索条件，例如："数码相机"、"佳能" 和 "便宜"。

一些系统允许用户对搜索结果进行分级，从而为浏览者提供更好的搜索服务，以此满足浏览者的需求。但浏览者通常不愿意学习这些复杂的设置查询方法，他们希望在最短的时间内找到最需要的信息。否则，他们就会放弃或者寻找新的搜索途径。

浏览者也可以选择集成搜索引擎（Metacrawler），它能够显示各种搜索引擎和目录的信息，覆盖面很广，但是操作很麻烦，不能够很好的协调，所以也并不流行。

迄今为止，网上购物者使用最多的是能识别自然语言系统，例如这样的询问：我在哪里可以买到便宜的佳能数码相机？

Askjeeeves（www. ask. com）是专业的自然语言查询识别系统。调查发现，不管使用什么系统，用户常用自然语言来表述问题，因为从没有人告诉他们不能这样做。如果搜索引擎系统能排除干扰单词（这个、和、但是），使用有用单词作为搜索条件来将结果分级，就可以得到满意的搜索结果。Google 的系统就能对已输入的单词进行建议，帮助用户准确输入搜索条件，从而提高搜索效率。

5.7.2 搜索活动的增长

Google 等搜索引擎和 eBay 这样的网上超市都推动了网上零售的增长。Google 是这方面的典范，改进搜索质量，使得搜索方便、高效（同样适用于广告商寻找客户）。eBay 则是小商品的天堂，并快速发展成主要购物网站。亚马逊为很多独立零售商提供中介服务，也推动了亚马逊业务的增长。Visa 关注旅游等在线交易，增长迅速，使用 Visa 交易的人数大大超过选择传统方式交易的人数。

包含网络搜索和在线交易业务的网络公司年增长额近 30%，每年在线交易的人数预期达到 1 亿。调查表明：搜索能力和商品信息非常重要，不仅能帮助在线消费者挑选商品，同时也能帮助网上零售商促使浏览者转换成消费者，使在线消费经历更趋向于实体交易。搜索功能是最受欢迎的在

学习笔记：

线消费特征。77%的网上消费者在网上购物时使用搜索功能，大多数认为搜索功能有章可循，非常满意。其他的调查结果显示，搜索能力和商品信息是最受欢迎的特征，分别有43%和40%的网上购物者对此表示赞同。(Pricewaterhouse Coopers，2003)

微型案例分析5-1

Postopics——网络广告收入

Postopics这家小型公司是英国领先的邮购隐形眼镜供应商。邮购隐形眼镜是一个很狭窄的细分市场，只占人口的6%，而只有3%的人通过邮购的方式购买第一副隐形眼镜。老板Trevor Rowley面临着一个巨大的难题：怎样与这一小部分人群进行交流。

Rowley尝试过普通的媒体广告，但最终发现Google、Yahoo、Lycos等搜索引擎中"按点击量付费"的广告更为有效。根据Google的数据显示，按点击量付费是增长最快的网络广告形式，比其他形式的在线广告要多出5倍的点击率。网站旁边和上面的列表是根据点击和搜索量形成的，其位置受点击量的影响。广告上的重点词汇受出价的影响——出价越高，在列表上的位置就越高。像"多焦点隐形眼镜"这样的特殊搜索词条只需0.1英镑，而使用"经济"、"保险"这样大范围的词汇搜索可能就需要两位数了。小公司很适于使用这种广告形式，通过这个平台小公司能在同等条件下与大公司同台竞争。

对广告商而言，找到正确的关键词非常重要。例如"视觉"可能有很多导向，价格昂贵，而"可抛型隐形眼镜"这个搜索词就便宜得多。普通词汇和专业词汇的组合可能是最好的。一些像Postopics这样的小公司会为20个左右的搜索词出价，大公司则会使用1000个或者更多。

客户通过点击链接进入网站，这时网站才对广告商付费，这也是广告商的收入来源。Postopics与目录公司Overture（美国）和Espotting（英国）合作，在MSN、Google和eBay等网站上链接，效果显著。Postopics的500万英镑收入中有60%来自网络。吸引一个客户的平均成本是12英镑，而订单价值却是50~60英镑。

来源：摘编自《星期日泰晤士报》(英国)商业版，2003年11月9日。

学习笔记：

微型案例分析 5－2

David Stead Orchids

David Stead Orchids（DSO）（www. ochid-guide. co. uk/ ~ davidstead）是一个中小型的兰花及相关商品的供应商，总部在英国利兹，网站由当地一个网络开发者创建。

1. 关注

公司的 URL 相当醒目，并刊登在兰花的专业杂志广告上。网站建有内部数据库，可以帮助网上购物者下载所需要的东西。

2. 目录

公司出现在很多目录中，例如，Wedding Network（www. wsn-uk. co. uk/ England/West_ Yorkshire/Flowers），Easy Exotics（www. easyexotics. co. uk）和 the Stephen H. Smith Garden Centre（www. shrubs. co. uk）。

3. 搜索引擎

所有的页面都正确标注标题，也使用测试版的信息（描述和关键词）。输入词组“David Stead Orchids”，Google 有 39 个搜索结果，AltaVista 也是 39 个，而 Dogpile（www. dogpile. com）则有 49 个搜索结果。

通过这个例子可以看到，一个中小型的本地公司如何利用三种技术走上世界舞台并最终获取成功。

5.8 监控网页的使用

建立网站之后，需要对它的用途进行监控。最简单的方法是给每一个主要的网页加载一个 Page Counter 组件，能够监测网页在特定时间段的浏览量。

网页每一次被访问，信息就会记录在网上服务器的日志文件里。日志存储 URL 有关信息，包括时间、访问数据、浏览者类型、用户地址，等等。网站很难自己处理这些日志，需要日志分析系统提供有关的表格和图表。通过检查日志，甚至能够确定是哪位浏览者访问你的系统。美国国防部就经常通过网络爬虫监控浏览者的信息。

学习笔记：

5.9 一些实践性结论

如何让网站更吸引人？

鼓励消费者关注你的网站。上文已经对这方面进行了讨论。Nielsen（2000）考虑到网页设计内容的关注点，并建议依据好的设计标准和相关内容建立具有一致风格的广告网页，以此吸引用户的注意。

将网页广告添加到目录和搜索引擎中，这是吸引用户的有效途径。

使用容易记忆的URL，使用户便于进入你的网站，例如www.gardenplants.com（而不是www.somesite.com/garden/）。

使用传统广告（杂志、广告传单等）方式为你的网站URL做广告。例如，酿酒商将URL印在酒瓶上，这同样可以吸引顾客的注意。

不断更新信息，吸引消费者浏览网站。将网站与某种商品数据库目录建立链接，便于消费者找到最新的商品信息。

确保网站设计具有吸引力。聘请专业的网站设计师，不要使用原有的计算机人员，他们是建设网站的专家，却在人性化和计算机的互动性方面不够专业。将网站URL列入主要的网站目录系统。要注意，将网站URL放在目录中是需要付费的。有些目录甚至可以将你的网站列入“世界上最好的商业领袖”列表中，而访问这些目录的人可能只是一些付了高额费用的订阅者。

链接流行度设计（Link Popularity Engineering）

确保你的URL出现在与商品领域相关的列表上，这个过程就是链接流行度设计。如第4章所述，搜索引擎在定位网站和进行排位时使用链接流行度——与本网站链接的网站数量及链接网站的重要性和相关性。提高链接流行度可以改善网站在搜索引擎中的位置。在www.linkpopularity.com上可以查看网站在Alta Vista、Google和Hotebot的排名，而在www.marketleap.com/publinkpop上可以查看网站的链接流行度，并可以与竞争对手进行比较，也可以与知名网站进行比较。下面将讨论一些能够提高网站排名的设计理念。

网站不需要包含太多的关键词，而是需要将各种商品和服务恰当地分成不同品类。使用相关的分类网站，它们需要链接到“母网站”（Mother Site）并相互链接。每个网站都通过核心主题覆盖它的细分市场。这些网

学习笔记：

站必须是同样规格的，比方说5页左右，而且每一个网站都占有一个不同的 ISP。可以参看 www. marketingchallenge. com/chronicle/278/matrix. gif 的矩阵。

给网站主页添加后续信息。在首页可以添加关于这个网页的附加信息。这个信息不一定显示出来，但网络浏览者需要通过它来排序和索引页面。信息基本上是关于网页的描述，一系列的关键词可用来主导索引过程。

挪威木雕网站 sherpe. com/carving/index. html 中使用一些关键词，这些关键词显示出了其在特定市场的营销功能：meta name = ‘keyword’ content = ‘ale，ale bowl，art，bowl，carving，chip，chip carving，craft，family，hand-carved，mangle board，norsk，Norwegian，Norway，ole，Ostrem，sherpe，skjerpe，Tomtengson，Wang，wood’。

Isle of Man Kippers （www. isleofmankippers. com/kippers-main. htm）引入了类似“烹饪”、“处方”的搜索条件，使网站由市场营销扩展到教育领域。

给你所有的网页命名。网络浏览者索引时常使用标题行。如果忽略了这个，这个网页也可能被忽略。

进入 Yahoo 列表。这个可能有些困难，但进入这样的列表肯定是物有所值的：deadlock. com/promote/search-engines/yahoo. html。

进入 Excite/LookSmart 的付费项目列表。和 Yahoo 一样，其他的搜索引擎经营者会考虑，如果你加入 LookSmart 列表，你的网站一定值得浏览。同时适用于二者，并对 AltaVista、MSN 和 iWon 也同样有效的简单步骤是：listings. looksmart. com/？synd = none&chan = lshomebus。

列入目录顶端。如免费的 Open Directory Project：www. dmoz. org/add. html。

建立网络联盟（Affiliate Program）。当一个游客通过联盟网站点击链接到你的销售网页并完成交易，那个联盟网站即能获得佣金。与存在相关内容的网站进行链接。

与具有相似流量和质量的网站取得相互链接。寻找和你的网站服务具有相同浏览群体但不存在竞争关系的网站，也可以与存在竞争关系的网站进行链接。更多信息参看 www. directhit. com/和 www. about. com。列入搜索引擎向导的相关数据库：www. search. engineguide. com/searchengines. html。

撰写文章。在你的领域内撰写专业性的文章，并在网站上发表。允许其他网站或电子刊物转载，但必须附有你自己网站的链接。

2003年年底，在Google搜索引擎中输入“大规模杀伤性武器”，能直观地感受到链接流行度设计的力度。第一个链接看上去是“不能显示”信息，但是打开之后，发现实际上是“不能显示这些大规模杀伤性武器”，接着有很诙谐讽刺的文章，讽刺政府不能找到大规模杀伤性武器。在网页的最底部是一个“得到WMD404T恤”的链接。链接到www. coxar. pwp. blueyonder. co. uk/about. htm，在那里你真的能买到T恤和WMD杯子、鼠标垫、拳击手短裤。网页还有亚马逊图书（关于伊拉克战争）的直接链接。

WMD网站是如何成为Google的点击冠军的？答案是病毒性营销联合和链接流行度设计。网站设计者首先给朋友发送电子邮件，让他们的网站和WMD建立链接，并将这个信息转发给朋友的朋友。网络迅速发展，足够的链接使搜索条件拥有最高点击率。WMD的经历说明链接流行度设计的重要性，甚至可以不需要任何费用，只是建立相互链接（互惠交易）就可以了。

本段摘编自www. webpromote. com。最初来源为Internet Marketing Challenge。

章节概要

- 网上购物者是网络的积极使用者，使用网络搜索引擎和目录来进行引导和搜索；
- 网上零售商能在自己的站点上建立网页，吸引网上购物者来关注他们；
- 安排网页地址，使之出现在相关目录上；
- 网上购物者可以通过搜索引擎链接到网页；
- 使用网络日志和其他系统来监控网页的访问频率。

下一章中我们将讨论潜在消费者找到网站后所发生的事情——设计和互动性问题。

学习笔记：

案例分析5－1

Aubuchon

在Google上搜索“圣诞灯饰”，第二个链接显示的是Aubuchon Hardware，这是新英格兰的一个家族企业，在新英格兰拥有140个五金连锁商店，现在Aubuchon在曼彻斯特的生意越来越好。网站运营商William E. Aubuchon IV说：“搜索引擎很棒，我们可以卖出很多不同的商品”。Aubuchon使用两个策略，使4万种商品都能显示出公司名称。iProspect是一家专门从事改善搜索引擎的公司，指导Aubuchon将公司名称置于搜索引擎的结果附近。公司同时进行文字广告，尤其是赞助列表，这样就可以使公司名称列于搜索结果上端和旁边。现在Aubuchon 50%以上的在线交易额都来自搜索引擎。

“我们不是一个像Home Depot（美国领先的五金公司）一样的目的地网站，搜索引擎使人们在寻找圣诞灯饰时能够迅速找到我们”，Aubuchon先生说，“搜索引擎营销使Aubuchon的在线销售额成倍增长”。

来源：摘编自《纽约时报》，2003年12月4日。

案例分析5－2

LL Bean

LL Bean（www. llbean. com）是美国邮件订购的先驱，建于19世纪中期，向生活在农村的农民销售商品。现在，公司已在客户响应度、有用度、愉悦感和信任度上建立了很高的声誉，成功地利用互联网在世界范围内销售户外商品和服饰。LL Bean的网站不仅在线销售商品，同时还搜集有用的户外信息。当某人搜索野营地（或野营点），LL Bean就会出现在列表顶端。点击链接，网站会快速的显示大量信息，不仅仅关于野营，还包括各国国家公园的线路和相关活动介绍。例如，“公园搜索”很可能链接到“计划你的下一个冒险……2200家世界范围内的公园列表”。

主页很容易和服饰、地图、图书、野营和户外设备链接（“保护阿卡迪亚：LL Bean帮助保护缅因州国家公园”），而且户外信息往往在目录列

学习笔记：

表中排位十分靠前。

这个案例说明成功的网站不一定非要辛苦地进行营销工作，可以利用游泳信息引导浏览者进入网站并且进行在线消费。

思考题

问题5-1　怎样才能使我的网站备受关注？

问题5-2　一个网站在几个月前建立，却一直乏人问津。请解释一下原因。

扩展阅读

CHAFFEY，D.，MAYER，R.，JOHNSTON，K. AND ELLIS-CHADWICK，F.. 2003. Internet Marketing：Strategy，Implementation and Practice，Harlow：Pearson Education.

RAY，E. AND RAY，D.. 1998. The AltaVista Search Revolution，Berkeley，CA：Osborne McGraw-Hill.

参考文献

CHILDERS，T. L.，CARR，P. L. PECK，J. AND CARSON，S.. 2001. 'Hedonic and utilitarian motivations for online retail shopping behaviour'，Journal of Retailing，77（4）：511-535.

DENNIS，C. AND PAPAMATTHAIOU，E.-K.. 2003. 'Shoppers' motivations for e-shopping'，Recent Advances in Retailing and Services Science，Sixth International Conference，The European Institute of Retailing and Services Studies，Portland，Oregon，7-10 August.

DENNIS，C. E. AND RICHARDSON，O.. 2004. 'e-Retail：paradoxes for suppliers and consumers'，in L. Budd and L. Harris（eds），e-Economy：Rhetoric or Business Reality?，London：Routledge.

EMARKETER. 2003. Portal Plays：Strategies and Developments of the 'Big Three'，New York：eMarketer.

FINK，D. AND LAUPASE，R.. 2000. 'Perceptions of website design characteristics：a Malaysian/Australian comparison'，Internet Research：Eletronic Networking Applications and Theory，10（1）：44-55.

GEHAN，M.. 2003. Search Engine Marketing：The Essential Best Practice Guide，

学习笔记：

www. search-engine-book. co. uk.

NAMNEWS. 2003. 'US: eBay tells analysis growth can be sustained', NAMNEWS: The Original Newsletter for Key Account Managers, EMR-NAMNEWS, London, www. kamcit. com/namnews.

NIELSEN, J.. 2000. Web Usability: The Practice of Simplicity, Indianapolis: New Riders.

NIELSEN NETRATINGS. 2003. www. nielsen-netratings. com.

PRICE WATERHOUSE COOPERS. 2003. www. e-port. ru/corporate/pressa/strategic _ perspective. html.

RODGERS, S. AND SHELDON, K. M.. 2002. 'An improved way to characterise Internet users', Journal of Business Research, 57 (7): 748 – 757.

SHEHAN, K. B.. 2002. 'A typology of Internet users' online sessions', Journal of Advertising Research, 42 (5): 62 – 71.

SHIM, S., EASTLICK, M. A., LOTZ, S. L. AND WARRINGTON, P.. 2001. 'An online prepurchase intentions model: the role of intention to search', Journal of Retailing. (77): 397 – 416.

WOLINSKY, A.. 1999. The History of the Internet and the World Wide Web, Berkeley Heights, NJ: Enslow.

网站链接

www. communicationsteam. com/mb/achive/march2003/main. htm David Murphy 认为这是杰出的艺术，你的网站很好地利用了搜索引擎。

www. pandia. com 欧洲人认为搜索引擎是一个指南，能提供众多信息和免费搜索服务。

www. search-engine-book. co. uk 下载免费报告、等级测试、网络营销的信息报告。

www. searchenginewatch. com 提供免费的每日信息报告，SearchDay，使你跟上改革步伐。

英国《星期日泰晤士门》推荐，2003 年6 月15 日：

网络爬虫：www. dogpile. co. uk，www. vivisimo. com

引擎：www. google. co. uk，www. alltheweb. com

目录：www. search. yahoo. com，www. excite. co. uk

学习笔记：

6 网上商店设计：导航性、互动性和网页氛围

本章学习要点

- 网上商店设计的总体性质、目的和范围
- 导航性是基本的设计原则
- 互动性是对网上商店设计的更高水平的要求
- 网页氛围的设计强化
- 网上商店设计的一体化进程
- 在开始创作或者更新网络设计之前，阐明网上零售商目的和策略的重要性

6.1 什么是网上商店设计

网上商店设计是网上零售商对网站进行有目的地设计。这个概念包括对待售商品和服务进行列表，提供包含商品描述和价格在内的产品信息，并且确保用户可以在网站浏览，提供订购和支付方式，通常也包括广义上的公司政策（安全、隐私以及保证）。除了提供信息，同时还需要进行图像、声音等设计。

6.2 网上商店设计的目的和范围

网上商店设计是零售组合的一部分，能够帮助网上零售商进行交易。零售组合的所有要素都具有一定作用，但最基本的还是建立网站以供消费者选购商品。

这和传统（离线）的实体零售有很多相似之处，其设计方法（包括基础组织构架、版面设计和视觉效果）是消费（购买）过程的必要组成部分。它和离线零售业还有另一个相似之处：商店设计不仅是商品交易的

场所，它还具有更广泛的目的和意义。商店设计扮演了零售商角色，不同的设计塑造出不同的形象。商店设计塑造商店独特的形象，使得消费者更喜欢从特定商店购买特定商品。

因此，离线商店和网上商店都需要进行正确的商店设计，塑造合适的形象，同时便于消费者找到中意的商品。网上零售商和传统零售商都要认真考虑基本功能的活动，考虑版面设计、支付以及更多的象征性问题（为商店塑造合适的形象）。

网上商店设计的范围包括版面设计、视觉效果、互动性、信息搜索引擎、支付工具和政策导入。这里的每一个要素都需要个性化、符号化，并使其具有可操作性。

微型案例分析 6－1

在线服饰搜索（www. gap. com/home_ gap）

这是一个典型的网上零售网站，为消费者提供所需商品的目录。主页设有选择菜单，根据性别、年龄、用途和季节对服饰进行品类划分。目录项目包括图片浏览、产品描述和价格介绍。网站包括一揽子可搜索的商品列表以及购买支付和送货细节。

直接的网上购物没有像在实体商店消费那样受到欢迎，消费者似乎更喜欢在作出购买决策之前接触和检验商品。

6.3 为什么商店设计对网上零售商而言更为重要

商店设计对传统零售商和在线零售商都非常重要，但对网上零售商尤为重要，甚至可能是网上零售商零售组合中最重要的部分。原因何在？

主要原因是商店设计对网上零售商而言有更广的范围和更大的空间。在传统离线零售业中，普通商店设计局限在商店的基础构架和店面设计等实物方面。在线商店设计的范围则更广，并且需要寻求新的途径来替代销售人员与顾客的互动，而且几乎所有的方面都必须用电脑来替代，所以网上商店设计显得尤其重要。另外，像客户服务和售后服务这样的领域，离线零售业是与其他部门相分离的，而网上零售领域则是合在一起的，这就

学习笔记：

进一步扩大了网上商店设计的范围，增强了其重要性。

微型案例分析 6－2

汽车在线搜索网站

汽车在线搜索网站（auto. msn. com/home/new_ research. aspx）提供新车信息，包括车辆制造数据、模型、交易、代理权、说明书、价格、保险、图像等，同时提供多媒体链接，进行发动机360°展示，使用者可以直接控制展示速度并可以进行纵向观察。

与销售船舶、摩托车、卡车的网站类似，网站设有新车和二手车区域，这种分类有效地提高了搜索的效率和质量，尤其方便了收藏汽车、古董车的交易，扩大了汽车交易市场的覆盖范围。

6.4　用导航性进行网上商店设计

导航性（Navigability）是网站设计的基本部分。导航性是指使用者简易有效地在网站中移动的能力，简单来说就是不会“迷路”。如果用户需要点击多个主题或是进行不同层次的搜索才能找到相关信息，他们往往会“迷路”，最后失望地离开网站，放弃搜索。成功的导航性设计就在于最小化网站的深度和冗余，方便用户浏览。

当你访问某个网站时，询问三个基本问题，这可以帮助评价网上商店的设计：

- 这个时候我在哪？
- 我能回到刚才去过的地方吗？
- 我怎么去某个特定地方？

在导航性好的网站，浏览者可以对这三个问题给出明确的答案。如果感到不好回答，就说明这个网站的设计做得不够到位。

练习 6－1

浏览一个网上零售网站，不断地点击链接进行浏览。现在回答上面的三个问题。思考一下网上零售商应该如何改善网上商店设计？你能够找到

学习笔记：

一个在这方面做得出色的网站吗？

以下几个问题可以帮助评价一个网站的导航性。Merrilees 和 Fry (2002) 提到了以下几点：

- 导航简单吗？
- 导航有效率吗？
- 导航迅速吗？
- 网站版面易于使用吗？
- 网站有一个好的菜单系统吗？
- 总体来说，设计简单吗？用户喜欢吗？

练习 6 - 2

回到你在练习 6 - 1 中浏览的网站。现在回答关于网站设计的 6 个问题。你能够对网站设计做出评价了吗？你同意使用两组问题来进行判断和评价的做法吗？

导航性设计不仅是一个技术性问题，它还需要满足浏览者的基本要求，为用户营造满意的经历。上述两组问题能够帮助读者评价当前的网站，或者指导网站进行新的网上商店设计。

可以使用不同的方法来完善网页设计。可以添加回到主页的链接，或是使用菜单路标。浏览者可以根据浏览不同网站的经历来对网站设计进行评价。一家二手书店网站拥有很好的恢复系统，可以防止用户因疏忽而两次摁下“订购”键。同时，发送电子邮件时也不需要重复输入密码，用户名和密码都设有自动保存功能。这些恢复非常有效。如果能重新设计网站，即使有人不小心用双击代替了单击也不会造成损失，这样是不是更好呢？

6.5 互动性的发展

互动性（Interactivity）是网上商店设计的另一个基本方面。它是指网站用户和网站本身之间的互动，属于一种人机互动（Person-machine Interaction）。而它比起对 ATM 机或是电脑桌面的操作又要复杂得多。在网上零售业中，网络有提供服务、销售商品和进行现金交易的能力，可以全天候不间断地提供服务，而且这种服务具有额外的深度，在一定程度上将人

学习笔记：

机互动变成了人与人之间的互动。

比较一下网上零售商使用的网络互动和实体世界中消费者—售货员的互动。在实体零售业中，不论是购买还是退货问题，消费者有任何问题都可以询问售货员，而在网上零售业中，电脑必须取代售货员来解决消费者的所有问题。因此要求网站有很强的信息处理能力和互动能力，需要建立相应的程序，对商品或订购机制进行描述，并能够完成商品支付流程。网站可以借助常见问题解答（FAQ）途径来回答一些常见问题，如果FAQ没有提供相应答案，用户可以直接使用电子邮件进行交流，但这种方式需要耗费大量时间，因此大多数网上零售商不鼓励使用这种沟通方式。

网上商店设计可以将网站与浏览者之间的互动自动化，像售货员一样及时解决客户的问题。显然，传达正确的语气和情绪非常重要。适当使用人工服务（“销售人员”）也是非常有效的，同时也可以利用网站页面来改善互动性。

网上零售商和离线实体零售商存在的差异逐步拉大。传统的实体零售商变得更加个性化，自助服务增多，售货员的个人服务变少，这种变化在劳动密集型部门的商店尤为明显。通过更有效的商店设计（如更有效的商品标签）和视觉销售，实体商店逐步向自我服务发展，减少了对销售人员的依赖，逐渐转向于改善销售机制。从某种意义上来说这是实体零售商营销趋势的转变，而不是整个营销领域的彻底变革。

我们来看一下学术界如何看待网上零售的互动性问题。大多数互动性的解释注重沟通要素。在线互动包括五个主要方面：第一，文化中互动性最根本的尺度是以沟通为基础的。企业将互动因素看作驱动力，下载软件或是交易都是互动性的形式。提高互动性需要突出沟通和信息方面的内容。第二，互动性是双向沟通（Two-way Communication）。既包括网站到用户方向，也包括用户到网站方向，同时也包括双方的同时互动，沟通的方向性能够很好地帮助理解互动性。第三，网络互动性的特征是个性化（Personalize）和顾客定制化的能力。第四，强调个人沟通和学习能力。第五，互动性为网上购物的“一站式”经历作出了重要贡献。

以大量文献研究为基础，Merrilees（2002）对互动性的各个方面进行了总结：

- 网站帮助浏览者参与、学习、行动；
- 良好的双向沟通；

学习笔记：

- 网站鼓励用户对零售商进行反馈和评价（直接通过互联网或电子邮件）；
- 令人愉快和享受的全面消费体验；
- 网站增进了与浏览者直接的紧密的顾客化关系；
- 能快速有效地解决问题；
- 网站拥有良好的互动性。

读者如果有兴趣更多地了解互动性，可以参考 Merrilees（2002），其中有一些重要内容在本章的最后也有所提及。

6.6 通过互动性建立网络关系

沟通对于网上零售至关重要。Kolesar 和 Galbraith（2000）认为网上零售很难与顾客保持良好的关系，由于与顾客的疏远，很难在服务者和消费者之间创造一种和谐关系。他们认为，与其他渠道媒介相比，互联网更少地针对个人，因此在网上零售领域更应注意提供个人互动服务。

在电子商务中，客户关系管理有一个亟待回答的问题，即有效网络关系的战略驱动是什么。一些学者（Lindstrom 和 Anderson 1999；Carpenter 2000）认为，网络关系对于建立强大的网上零售网站很重要。Merrilees（2002）对图书销售商 www. amazon. com 和澳大利亚网上食品销售商 www. coles. com. au 进行了研究，论证了建立良好网络关系中互动性的重要性。

在用户看来，客户关系与互动性有很密切的联系。

知识链接 6-1

关于网页氛围的主要文章

Eroglu 等人（2001）的杂志专门对网页氛围进行了研究。文章认为，满意度、购买数量和浏览时间等都对交易结果产生影响。他们使用两种类型的氛围质量指标——高级任务相关环境（High Task-relevant Environment）和低级任务相关环境（Low

学习笔记：

Task-relevant Environment）来对网页氛围进行研究。高级任务包括商品描述、价格、销售条件、配送、商品更新、退货政策、商品图像和导航等；低级任务包括不相关的特定商品、色彩、品类范围、背景类型、图标、图像等。网站可能有关于高级任务和低级任务的不同组合，因此需要进行适当的权衡。作者认为，对于那些高参与度或是对环境氛围很敏感的消费者而言，更加需要高级任务。

6.7 网页氛围的提升

网页氛围类似于传统的离线零售。实体零售商很早就开始致力于提升商店氛围，相信店面的感觉和外表能够鼓励消费者花费更多的时间购买这样或那样的商品。氛围在很大程度上受商品展示方式和交易方式的影响。展示方式和色彩质地有时需要进行现实生活式的布置，如布置一个卧室来销售床上用品。这种展示能够呈现组合、时尚、经济等各种氛围，不同氛围的营造取决于零售商的市场目标。同样，音乐也能够创造出良好的氛围。

这些原则同样适用于网上商店设计。网上商店的视觉效果能够改变浏览者的印象和理解。如果控制得当，可以根据市场目标进行设计安排，那么网页氛围就能促进销售的增长。

尽管视觉效果十分有效，但网上零售商也需要谨慎对待。过度使用视觉效果会带来两个弊端。首先，过度使用视觉效果容易导致下载缓慢，即使所有的用户都喜欢视觉效果，如果下载时间过长，画面迟滞，浏览者同样会感到失望甚至会放弃浏览离开网站。因此准备上线的网上商店设计必须先通过测试、经过试运行阶段才能全面推广。其次，并不是所有用户都需要视觉效果。有很大一部分用户（如购买杂货、图书或光碟的用户）只是希望尽快获取商品和价格信息，并迅速而有效的完成交易。尽管如此，网上零售商店仍然需要关注视觉效果，网上杂货店的水果需要呈现出诱人而且逼真的色彩。然而，大多数网上杂货店的鲜货品类、规模都非常有限。

使用音乐和视觉，利用3D和可下载的视频片段，网上零售商可以提升网页氛围。网上零售商可以使用“宽带用户点击这里”（更高的网站版本）的服务，这是解决过度使用音效和视觉效果而导致下载缓慢的一个很好的解决途径。

学习笔记：

Vrechopoulos 等专家对此进行了研究。Vrechopoulos（2001），Vrechopoulos 等人（2001，2004）和 Pramataris 等人（2000）提出了很多网上商店设计方面的观点。他们结合网站布局（在导航性中有所讨论）和网页氛围，认为某些形式的布局可以提升氛围。Vrechopoulos 通过对网上购物的实证研究得出结论，并对三种布局进行了分析。保持其他情况不变，这三种布局是网格式（一排排的货架，一种垂直的选购方式，在超市中占主导）、自由式（凌乱而有趣，在时装商店很流行）和跑道式（循环路线）。网格式在传统超市设计中占主导。而最近澳大利亚的商店布局产生了一种新的趋向，这种布局结合了干货类的大型网格式布局与新鲜水果和蔬菜等鲜货类的自由式布局。当前，网格式布局在传统超市中依然占据着主导地位。

Vrechopoulos 的研究结果排除了跑道式设计，使网上商店设计的备选方案变为两个。虽然没有达成共识，不过有人认为，在用户满意度上自由式优于网格式。图 6－1 和图 6－2 分别展示了网格式和自由式布局。Vrechopoulos 认为不应该将传统零售原则和设计模式简单地套入网上商店设计中。自由式可能比网格式更适用于网上零售，这取决于实体购物者和网上购物者的区别，后者可能更需要自由式中的多样性和趣味性，而经常性网上购物者则更需要网格式布局。无论在何种情况下，这项研究至少说明一点，网上零售网站必须超越单纯的线性模型设计和布局，适当结合自由式布局，融合更多趣味性的元素。

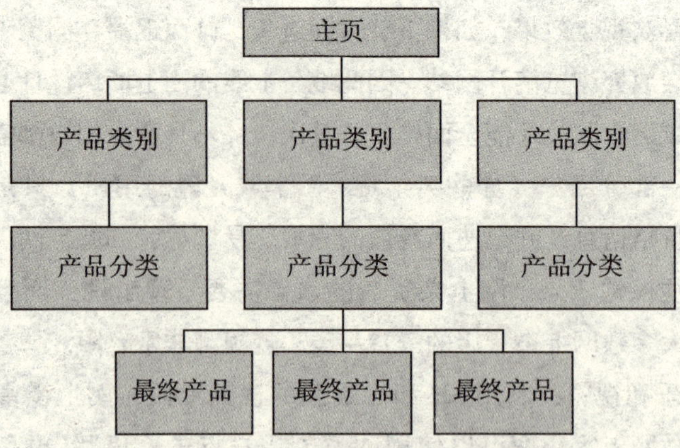

图 6－1　网格式网上零售店布局简图

来源：Vrechopoulos（2001）。

学习笔记：

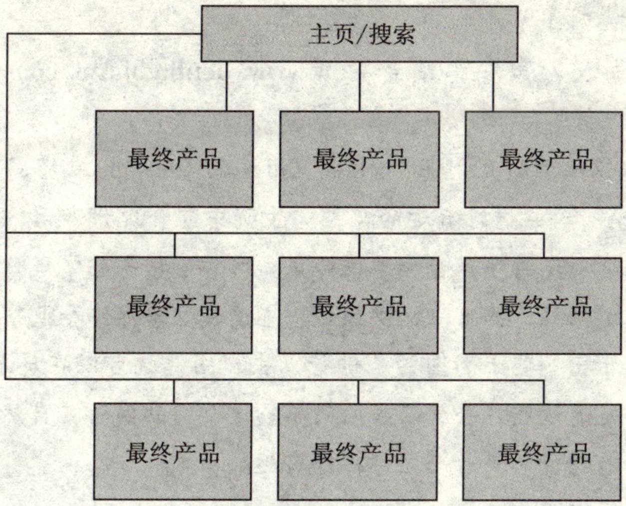

图6－2　自由式网上零售店布局简图

来源：Vrechopoulos（2001）。

Vrechopoulos 找到了一个新的布局设计方式，即“自由格”，它结合了网格式和自由式设计的元素，其布局在图6－3中进行了展示。

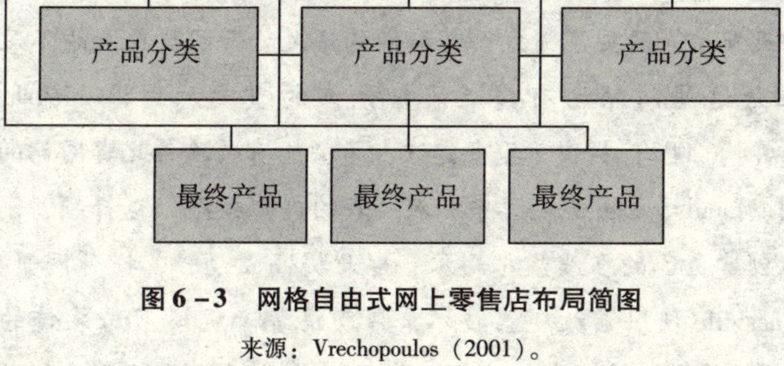

图6－3　网格自由式网上零售店布局简图

来源：Vrechopoulos（2001）。

学习笔记:

微型案例分析 6－3

加入铃声和口哨音效（www. denbighfarm. com）

B&B 旅馆位于澳大利亚 Lockier Valley 的 Denbigh 农场，其网站利用“铃声和口哨”对它进行有趣的介绍。主页中包含现代音乐，当鼠标点击时，菜单条会出现打字声音和学校铃声。网站包括一些常规目录，可以链接到其他旅游网站，并可以提供预订、查询和电子邮件等服务。

页面显示出一些小的图片，进行点击，图片就可以在屏幕中心放大。网页的周边是通过照片叠加而成的菜单。这个网站因为其自然的设计、鲜明的色彩和有特色的声音而显得格外有趣。

知识链接 6-2

需要“看”和“感觉”商品的网站设计特征

Chicksand 和 Knowles（2002）的观点与多数人不同，他们认为服饰、感官商品和家具等需要“看”和“感觉”的商品拥有巨大的网上零售潜力。研究表明，这类商品的网站都在版面设计、导航、信息和图像方面做得非常出色，但在顾客定制化、色彩管理、技术和聊天交流等网页氛围方面普遍做的不足。而网页氛围的不足之处也正是这些网站没有广泛流行开来的重要原因。Chicksand 和 Knowles（2002）提出了很多建议，希望能有效改善此类网站的网页氛围。Lands，End 在网站中加入“我的虚拟模型”选择项，消费者可以创建自己的在线虚拟形象，以此提高互动性，提升网页氛围。Thomasville 使用缩放观察技术，帮助消费者观察家居装饰的细节（小到木屑和模制细节）。Eddie Bauer 的虚拟壁橱体现了个性化和顾客定制化服务，消费者可以选择服饰，然后点击“风格”选项查看搭配效果。美容商品零售商 www. EZFace. com 允许消费者上传自己的图片，预览模拟的化妆效果。在线服饰公司 www. Fanbuzz. com 允

学习笔记：

许对风格、色彩、图形和尺码进行定制，定价普遍高出 10% ~20%。

香味也可以提升网页氛围。DigiScent 开发出的软件可以接收网站上的信号，并根据不同需求释放出不同的味道。

色彩也可以提升网页氛围。下载一个 cookie，识别并监控色彩输出。这个问题非常重要，因为每一个控制器展示的色彩都有所不同，色彩很难把握。e-Color，Imation，Pantone 和 WayTech 都是销售服饰的网上零售公司，网站的网页氛围就依赖于色彩的展示。

练习 6 -3

继续对 Vrechopoulos 的研究进行讨论，观察两三个在线的杂货网上零售商，比较并评价他们的版面设计。观察网站 www. coles. com. au、www. woolworth. com. au 和 www. greengrocery. com. au，或者你可以链接到任何一个网上零售网站。

6.8 网上商店设计的整合模式综述

本章对影响网上商店设计的三个重要内容进行了讨论，即导航性、互动性和网页氛围。网上零售商如果想要提高顾客满意度，就必须关注每一个内容，改进其网上商店设计。设计者和网上零售者需要考虑导航性、互动性和网页氛围来提高网站的性能标准。

本节我们将讨论如何在网上商店设计中整合这三个关键内容。导航性、互动性、网页氛围并不是独立的，在网上商店设计中三者相互联系，相互影响。三者的相互关系对网上商店设计提出了更大挑战，设计者必须将不同内容进行合并统一。

图 6 -4 显示了三个内容是如何相互影响的。导航性是这个系统的基础，对其他两个方面都产生影响，但它自身却是独立存在的，不受其他因素影响。

导航性首先对网页氛围产生影响。用户如果能在网站上更自由、更便利、更有效率地浏览，他就会更乐意享受这个网站的氛围：良好的视觉、交易服务、评论、音乐。换句话说，如果网站速度很慢，就会令人感到失望，那么浏览者就不会欣赏网站的氛围，这时，氛围可能是起反作用的。

学习笔记：

导航性同样对互动性产生影响。用户如果能有效率地浏览，那么他就更希望与网站进行互动。换句话说，如果网站速度很慢，那么浏览者就不愿意在这个网站上多待，可能会选择离开，甚至再也不想登录该网站。

图 6 – 4 还展示了网页氛围与互动性的相互关系。这两者关系密切，享受网页氛围的用户可能更倾向于寻求互动和沟通。所以良好的视觉、评论、音乐、交易服务或特殊的网页氛围都能够刺激浏览者的沟通欲望，更有利于形成更强的、以沟通为基础的顾客关系。

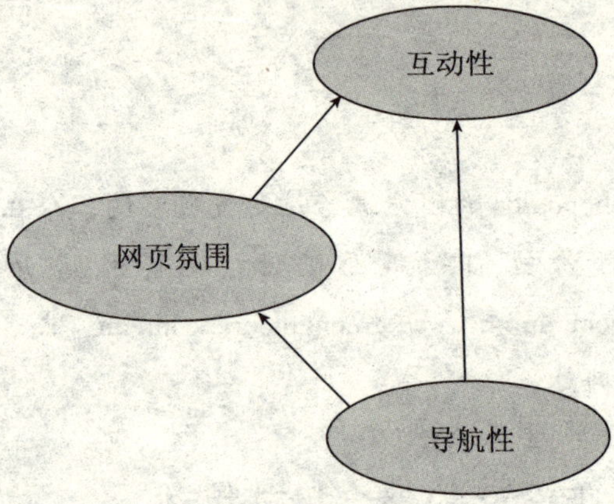

图 6 – 4　网上商店设计的整体框架

本节深入讨论了网上商店设计的关键内容，加深了对导航性、互动性和网页氛围的内在认识。图 6 – 4 是一个网上商店设计系统，更直观地展示了这三个关键内容的内在联系。

6.9　指导网上商店设计中目标和策略的作用

上节阐述了导航性、互动性和网页氛围的建立及其相互关系，能更好地指导网上商店设计。但在设计和再设计的过程中遗漏了一个重要内容，即网上零售商的目标和策略。

网上零售商的目标是在线销售尽可能多的商品。因此有必要将网站浏览变成一种积极的体验过程，通过简单有效的导航性、解决问题的互动性以及大量的网页氛围来使其变得更加有趣，更吸引人。如果导航性和互动性不足的话，浏览者会感到失望，并放弃购物计划。因此在进行网上商店设计时，充分理解在线消费者的行为也是很重要的。

学习笔记：

网上零售商的另一个目标是为网上商店塑造合适的形象。网上零售商可能希望为自己塑造出高质量的形象，也可能希望塑造低价折扣形象，还可能希望塑造其他与众不同的形象。上述每一个目标都需要一个完全不同的网上商店设计，所以在设计网上商店之前必须明确网上零售商的目标。

6.10 结论

本章我们了解到应如何塑造合适的网站特性和形象（尤其是导航性和互动性的技术方面），其更多的牵涉了人与电脑的关系。网上商店设计需要考虑网上零售商指向的消费者类型的不同，因此，网上零售商的战略目标也是网上商店设计必须考虑的问题。

如何进行最佳的网上商店设计，这无论对网上零售商、学者还是设计人员都是一个莫大的挑战。本章我们涉及的一些工具（如导航性、互动性、目录和图示）可以帮助回答这个问题。

章节概要

网上商店设计的主要内容包括：

- 导航性；
- 互动性；
- 对网络关系的影响；
- 网页氛围。

图6-4是网上商店设计的整体框架，将三个内容进行整合和统一，并展示三者之间的相互关系。同时，需要以目标指导网上商店设计的需求，这些目标通过网上零售来实现，并且影响着网上零售策略。

在下一章中我们将讨论网上零售商为何和如何为消费者提供服务。

学习笔记：

案例分析 6 -1

Nike

1. 介绍

Nike（www.nike.com），以希腊胜利女神命名，由 Bill Bowerman 于 1972 年建立。Bill Bowerman 是俄勒冈大学的径赛部教练，和学生 Pil Knight（Bowerman 的中距离跑步选手）一起创建了该公司。现在 Nike 遍布全球，雇员超过 22000 人。Nike 在俄勒冈州、田纳西州、北卡罗来纳州和荷兰都有分店，建有 15 个 Nike 城、超过 70 个 Nike 工厂商店、2 个 Nike 女神旗舰商店，在全世界有超过 100 个销售和行政办公室。

2. 个性化、顾客定制化

Nike 网站建于 2001 年。Nike 开展 ID 主动设计活动，允许消费者设计鞋子的颜色、风格，可以给鞋子命名或者设计 logo，并且实现了设计的顾客定制化（像 Rival 的性能技术顾客化），顾客可以将 Nike 的运动鞋设计成径赛用鞋，也可以设计成一般的跑步鞋。

然而，顾客定制化并不能彻底克服个性化的问题，消费者在交易之前不能真正进行试穿。因此，Nike 得出结论：消费者希望能够试穿并且总是购买款式相似的鞋子。为了克服这个问题，Nike 设计了一套计划，利用网络技术将所有的"Nike 城"商店整合起来，鼓励消费者变成设计者，并可以进行试穿，以此来提高满意度。

3. 互动性

Nike 允许消费者将自己的营销方式定制化。在英国，这是以互动游戏的形式进行的，以欧洲最大的运动——足球为基础，邀请欧洲联赛的顶级球员 Luis Figo、Roberto Calos 和 Edgar Davids 等参加，使消费者有机会参与到这个顶级的球队中来。

4. 可用性

网络可用性的关键要看设计和网络导航性。可用性通常会被忽略，但很多时候它又是非常重要的。如果浏览者不能打开网站，他们将永远不会变成消费者。而且用户往往是没有耐心的，最多在一个网站花费 5 分钟。

Nike 使用清楚的一致性图标、图像化的配置。这些给了浏览者自信，他们能很快搜索到需要的信息。网站的创造性能够展示华丽而昂贵的品牌

学习笔记：

设计，建立起创新性的组织，并把消费者重新吸引到实体零售店中。创造性和使用的便利性帮助消费者记住这个网站。这就使网站具有“吸引力”。

一次满意的网上购物经历是否能够引导并提高实体商店的销售额呢？这取决于公司的策略。Gray Nicholls 是运动器材的制造商和供应商，为 Nike 这样的公司提供运动器材。它创建了自己的销售网站，为当地的“鼠标加水泥”零售店和当地顾客提供信息。即使消费者不想在网上购物，浏览网站的独特氛围也会诱使他们在线进行消费。

5. 导航性帮助

很多成功的网上零售商都将导航性看作在线交易的关键推动力。大多数浏览者关注如何高效率的完成搜索，找到商品的正确位置并迅速购买。在实体零售商店中，消费者将商店布局和商品摆放规律作为导航，对导航信息进行组织、分类并完成交易。大多数用户和网页的互动涉及不同网站导航的超级链接。当用户进行浏览时，他可能根本不知道自己在哪里，导航帮助浏览者清楚的了解自己的所在方位，并确定下一个目的地，在这个过程中，主要借助的工具就是“进程图表”，它可以告诉你你在哪里以及你还要去哪里。Nike 使用进程图标网页，告知消费者运动鞋的定制进程，让消费者清楚的看到这个过程需要花费多少时间，并有效的提高了顾客的回头交易率。

6. 导航性计划

导航性计划使用更宽、更浅显的方法，使消费者通过更少的点击就能得到同样多的信息，提高了信息搜索效率，但这种方法往往会使页面设计变得混乱。Nike 网站只需要进行一次点击就可以在不同区域的网站之间完成转换（如从英国到美国网站）。

7. 视觉（Visuals）

网页氛围中的视觉用来研究网站的色彩、文本风格和设计特征，目标是观察图像的质量、文章的字体以及下载是否迅速（是否控制在 10 秒钟内）。Nike 使用 Macromedia Flash 来改进网站，这是一个动态的网络软件，可以跨平台执行指令，创造出了普通的 HTML 无法创造的互动模式。但 Flash 也存在问题：并不是所有的用户都有 Macromedia Flash 播放器或是 Flash 插件。如果动画模式不可用，将具有较少计算机能力的用户排除，那它就违反了可用性原则。可以提供一个可选的减少了图像和画面的 HTML 网站。尽管它不能够传递同样的图像效果，但它能够与掌握较少计算

学习笔记:

机技能的用户进行沟通交流。

8. 形象（Images）

Nike 网站使用高质量的图像，这有利于树立高质量的品牌形象。高质量的图像可以尽可能多地展示商品细节，但也存在下载问题，如果图片过大，下载速度就会放慢，而消费者并没有足够的耐心等待。

9. 文本（Text）

尽量使用简短明了的句子来准确表述商品的信息。使用网页的标准字体 Verdana，这种字体具有很强的可读性。

10. 结论

Nike 的网站具有动态性，使用高质量的图像和感官性强的字体结构，更贴近用户且易于阅读。Nike 同时允许商品的个性化定制，提高了网站的互动性。导航告知使用者处于定制过程的位置，又增加了用户的亲切感。

但并不是 Nike 所有的网站都能进行完全的电子商务互动，这可能是由文化差异造成的。Nike 在一些国家也可能会遇到法律问题，而且 Nike 有部分商品并不在网上销售。

Nike 网站需要改进的是：

- 允许在所有网站进行完全的电子商务互动；
- 允许消费者购买所有的商品和服务；
- 通过 3－D 模型将在线技术顾客化；
- 通过提供聊天室和论坛增加互动性。

来源：这个案例分析是由 Vijay Sisoda 友情提供。

思考题

问题6－1　相比离线零售商而言，为什么认为设计问题对于网上零售商更重要?

问题6－2　本章中有两个问题列表（一个是三个问题的列表，另一个是六个问题的列表），这两个列表都是用来帮助评价网上零售网站导航性的。你如何将这两个列表的问题进行量化?

问题6－3　如何利用问题 6－2 得出的答案来帮助改进网站的导航性能?

学习笔记：

问题6－4 网络互动是什么？如何衡量？

问题6－5 互动性如何帮助网上零售商与消费者建立更密切的关系？

问题6－6 列举两种不同风格的网上零售商。说出他们的名字。对他们而言，什么样的网页氛围是最好的（并不一定是他们现在使用的）？

扩展阅读和参考文献

Navigability

MERRILEES, B. AND FRY, M. -L.. 2002. 'Corporate branding: a framework for e-retailers', Corporate Reputation Review, 5 (2/3): 213 – 225.

Interactivity

CARPENTER, P.. 2000. E-Brands: Building an Internet Business at Bottleneck Speeds, Boston, MA: Harvard Business School.

KOLESAR, M. B. AND GALBRAITH, R. W.. 2000. 'A services-marketing perspective on e-retailing: implications for e-retailers and directions for further research', Internet Research: Electronic Networking Applications and Policy, 10 (5): 424 – 438.

LINDSTROM, M. AND ANDERSON, T.. 1999. Brand Building on the Internet, Melbourne: Hardie Grant.

MERRILEES, B.. 2002. 'Interactivity design as the key to managing customer relations in e-commerce', Journal of Relationship Marketing, 1 (3/4): 111 – 125.

Web Atmospherics

CHICKSAND, L. AND KNOWLES, R.. 2002. 'Overcoming the difficulties of selling "look and feel" goods online: implications for website design', IBM e-Business Conference, Birmingham University, UK.

EROGLU, S., MACLEIT, K. AND DAVIS, L.. 2001. 'Atmospheric qualities of online retailing: a conceptual model and implication', Journal of Business Research, 54 (2): 177 – 184.

PRAMATARIS, K., VRECHOPOULOS, A. AND DOUKIDIS, G.. 2000. 'The transformation of the promotion mix in the virtual retail environment: an initial framework and comparative study', International Journal of Ne Product Development and Innovation Management, 2 (2): 163 – 178.

VRECHOPOULOS, A.. 2001. 'Virtual store atmosphere in Internet retailing: measuring virtual retail store layout effects on consumer buying behaviour', unpublished Ph. D. thesis, Brunel University, London.

VREHOPOULOS, A., PAPAMICHAIL, G. AND DOUKIDIS, G.. 2001. 'Indentify-

学习笔记：

ing patterns in Internet retail store layouts', in P. Pardalos and V. Tsitingos (eds) Financial Engineering, e-Commerce and Supply Chain, Dordrecht, The Netherlands: Kluwer Academic Publishers.

VRECHOPOULOS, A., O' KEEFE, M., DOUKIDIS, G. AND SIOMKOS, G.. 2004. 'Virtual store layout: an experimental comparison in the context of grocery retail', Journal of Retailing, 80 (1): 13 - 22.

网站链接

www.creativegood.com 关于创造性的白皮书

www.macromedia.com 关于可用性的白皮书

学习笔记：

7 网上服务

本章学习要点

- 网上服务的总体特征、目的和范围
- 网上服务的多面性
- 网上服务的不同分类
- 衡量网上服务性能的重要性
- 两种评价网上服务的不同方法
- 网上服务质量的概念

7.1 网上服务是电子商务的第四个发展阶段

随着互联网营销的发展，网上服务的研究日臻完善。第一个发展阶段是企业和个人广泛使用互联网，企业建立网站，与顾客进行沟通，利用电子商务手段进行公共关系管理；第二个发展阶段是介绍商品详细信息；第三个发展阶段是进行网络交易，这在网络营销中占有统治地位；第四个发展阶段就是网上服务，但至今仍有很大一部分功能没有得到充分利用。

网上服务是网络技术的高级应用。跟踪并对互联网站点历史记录进行数据采集，开发迎合用户需求的模式，激励消费者进行反馈，在此基础上，顾客关系可以突破模型化而得到进一步的发展（Cravens 等人，2000）。Cravens 等人（2000）在书中对 Brookes 进行了研究。以下是由细分市场到整个市场的一个特殊案例，一家洗衣机生产厂商提供能够监控机器运行的电子能力保证协议。如果洗衣剂剂量和蓄水模式对发动机带来过大压力，机器就能够通过监控系统自动切换到生产商的服务供给站，供给站收到服务信息后便会派人上门拜访，在洗衣机没有发生问题之前及时调整。实质上，在提供这项服务的过程中，已经很好地维护了客户的满意度和潜在的忠诚度。

理论著作虽已就网上服务进行讨论，但并不系统，因此本章的文献回

学习笔记：

顾更具有承前启后的重要作用。列示的文献可以作为辅助部分，而“自我服务是否是网上服务的一个神话”则作为单独的部分在本章进行讨论。本书使用更有效、更系统的方式对网上服务进行探讨，相信会对读者有不小的帮助。

想一想

比较离线服务和网上服务两者之间的差别，差别大吗?

7.2 网上服务的三个途径

网上服务在理论界可分为三个类型。第一个是网上服务的宏观观点（Macro View），在此观点下网上服务和电子商务同义。网上服务的第二个观点是中间观点（Intermediate View），即指专门服务提供商可以给网络用户提供专家式服务（包括个人的和公司的）。网上服务的第三个观点是微观观点（Micro Perspective），即在一个站点内，作为网站的一部分，提供全面的客户服务。

从广义上讲，电子商务是为消费者提供电子化服务的模式，并为消费者提供更大的便利。这个观点将电子商务看成是消费者的可行性选择，是提供交易或获得信息的另一个渠道。消费者可以花费一个小时去实体书店购买商品，也可以选择在网络上完成交易，而公司也同样可以通过网络为消费者提供商品信息。

网上零售业的服务营销（Service Marketing）观点（Kolesar 和 Galbraith，2000）是广义的网上服务观点。网上零售提供的是服务，而且具有一些与非互联网服务相同的特征。因此，网上服务可以通过相似的标准进行评价，如响应度、熟悉度以及通过诚信和能力建立的信任度。网上零售商主要提供搜索和评价服务，潜在地节约了消费者的时间和精力。其任务是提供网站设计来满足不同的消费风格需求，减少消费者风险，并且适时地提醒在网络模式下的用户。这些与以往普通的零售消费模式是有所区别的。

当前，学术界普遍将网上服务的宏观观点应用于特定行业领域。Muir 和 Douglas（2001）在电子商务发展的环境下对服务传递的改变进行了研究。

学习笔记：

他们认为，服务质量是在网络环境中潜在改善的，网络的存在要求服务透明化并通过改善服务为消费者提供更大的便利，而且这种改善会减少诉讼情况的发生。

网上服务的中间观点是指专门服务机构为网络使用者和企业内部电子商务模块提供的电子服务，在这个市场中提供电子服务的主要模式与在网上销售商品的过程相类似。有相当数量的专业机构为网上消费者提供商品和服务，其中包括门户和具有特定链接的供应商，如 Compuserve、Prodigy、American Online 和 e-World 等服务商，其广告甚至延伸到国家金融新闻网页，并能够提供一整套的系统服务。

电子信用服务是特殊的网上服务，保证互联网信息流动的经济安全和隐私安全，很多第三方商业服务机构提供相关服务。2000 年英国电子通信法案颁布，在此背景下 Travers（2001）对电子签名进行了研究，他尤其关注电子签名的状态、计划和执行，认为电子签名应该放在知识管理框架下考虑，并提出了一个将人、客户、知识、商业发展和培训等因素考虑在内的系统。Travers 认为电子通信法案（the Electronic Communication Act）：

- 提供了关于提供密码服务的支持计划，如电子签名服务和隐私服务；
- 确立了电子签名的合法地位，帮助电子签名通过合法验证；
- 从立法上支持非纸质的通信和信息存储。

电子货币的使用（Buck，1997）可以界定为信用服务，是网上服务的特例。而 Buck 在文章中并没有这样界定，他认为在线支付系统具有一定的范围，根据安全、隐私保护和信用评级可以分为信用体系（如 Payflow Pro）、贷款系统（如 Bank Net）、代币机制（如 Digicash）和电子货币计划（如 Mondex）等。

在内部市场上，电子邮件服务属于特殊的网上服务（Hahn，1998）。Hahn 对 265 个服务评价进行了分析，发现用户和服务人员对于理想的电子邮件交流模型有不同的理解。用户希望有一个真正简洁的交流模式，对问题要有迅速简单的回复。而服务人员则更关注于相互关系的处理，却在一定程度上忽视了信息需求的重要性。

现在我们进入第三个网上服务观点的讨论，即微观角度，其中信息是其支配要素。一些学者认为信息可以作为潜在的竞争优势（Weiber 和 Kollmann，1998），还有一些学者认为网络在消费者跟踪和信息搜集方面

学习笔记：

具有重要作用（Sampson，1998；Sen 等人，1998）。还有一部分学者关注网络信息作用，认为网络可以为消费者提供搜索帮助（Ward 和 Lee，2000；Ratchford 等人，2001）。

网上服务的第二个微观领域是互动性。学术界公认网站互动性的重要性，但在其内容方面仍然没有达成一致。Schloerb（1995）、Shil（1998）、Steuer（1992）和 Welch 等人（1996）很狭隘地解释了互动性，认为其与回复速度和控制相关。Ghose 和 Dou（1998），Ha 和 James（1998）以及 Wu（1999）也对互动性进行了研究，Merrilees（2002）也给予了互动性更为宽泛的解释。他使用多尺度度量方法重新认识互动性的概念，包括网上零售商和用户之间的双向交流、通过电子邮件和其他人进行交流的能力、将个人用户的地位顾客化的能力以及个人控制交流和从中学习的能力。

除了信息和互动性之外，还有很多其他关于互联网的研究。Mols（2000）对 Danish 零售银行进行研究，验证了为消费者提供个性化服务的重要性，他帮助银行有效的与客户保持紧密联系，而 Mathur（1998）互联网网上服务的研究对此做出了经济学方面的解释。

本章从宏观、中间和微观观点三个角度对学术研究进行了初步分析。但本章并不代表所有学术观点，尤其对宏观观点有所保留。零售商借助互联网进行营销，并加入网上零售商行列。互联网不仅能够作为一种营销实践，并可以帮助 Lands，End 这样的服务商走向成功。网上零售商和渠道媒介为网上购物者提供搜索、支付和配送服务，而这个过程必须借助于互联网媒介的帮助。因此，本书更倾向于中间观点和微观观点，而微观观点与实践则更加接近。以下是对网上服务进行的进一步分类。

微型案例分析 7－1

英国图书馆

位于伦敦的英国图书馆（www. bl. uk）为读者提供了“翻看页面”等免费服务。这是一项新兴的网络服务，读者能同时选择三篇文章。主页列示图书馆提供的大部分服务项目，目录和导航的操作也十分简便有效。

达·芬奇笔记的页面设计就十分新颖。这项技术向读者展示了达·芬

学习笔记：

奇笔记的原貌，并使读者像翻书一样的在电脑上进行阅读。进入该网站，在主页上选择“翻看页面”项目，并遵循相关说明进行点击。阅读软件可以从网站免费下载，只需要两分钟的时间即可完成。这个有趣的网站受到了历史爱好者的广泛推崇。

7.3 网上服务的第二种分类

前文我们对网上服务分为三种，即宏观、中间和微观观点，并以此对学术领域进行研究。我们对网上服务进行另一种分类，如下图所示。下一节对这种分类的阐述并不全面，下图只是一种框架式的阐述，而理论界和实践界对此分类仍有一些争议。

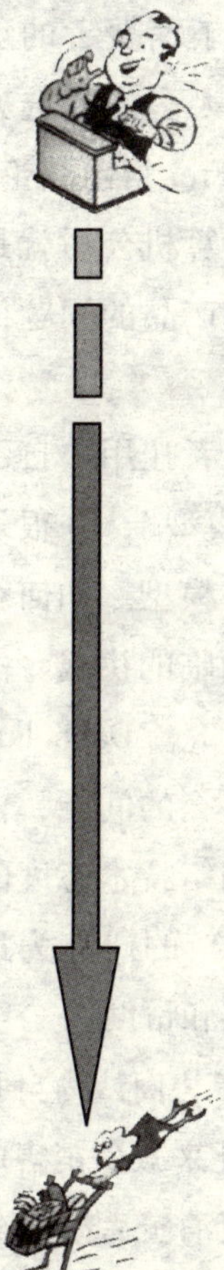

对于网站存在顾客认知

- 搜索引擎 www.google.com
- 门户 www.yahoo.com
- 打印媒体故事
- 广播媒体故事
- 网站禁止的广告
- 连接网站和渠道合作者

在使用某些网站时对于错误和隐患的顾客认知

- 打印媒体故事
- 播放媒体故事
- 网站禁止的广告
- 连接网站和渠道合作者
- 由消费者群体和政府机构提出的警告，如www.bbb.org

消费者在产品或者网站上的自信

- 由门户网站或者杂志所提供的比较，如www.pcmag.com
- 消费者团体的比较和介绍，如www.choice.om.au
- 网站和产品的三个等级，如排名前100位的网站（未被发现的）www.pcmg.com

支付选择

- 信用卡提供保障，如Citibank iCard（www.citigroup.com.au）
- 在线信用系统，如Payflow Pro（www.verisign.com）

在隐私和安全上的自信

- 确认一个网站政策的三个部分，如www.verisign.com
- 使用安全的文件系统 www.micro.com/Windows/ie/using/howto/digitalcert/using.asp
- 站点是知名的在线群体或者计算机化卖场的一部分，如www.jumbomall.com

影响网上零售信用的网络支持服务

学习笔记：

7.4 自我服务神话

在结束学术研究部分之前，很有必要探讨一下 Moon 和 Frei（2000）在电子商务领域中的研究。他们给出了消费者浏览典型网站和使用自我服务搜索引擎的例子。如果浏览者确实知道什么时候去哪里浏览，网站就会产生一个可行的导航列表。如果浏览者希望搜索到最便宜的信息并希望信息具有灵活性的话，这个搜索过程就会变得更为复杂。Moon 和 Frei 怀疑自我服务的有用性，并表明如果消费者在更复杂的情况下进行电话咨询，他们将会有一个更满意的经历。

协同生产模型由 Mood 和 Frei（2000）提出，比自我服务模型更为完善。在协同生产模型中，公司负责消费和购买流程，减轻了消费者的负担。新模型认为，尽管消费者喜欢选择，但是他们不喜欢太多的备选方案，希望从符合他们条件的备选方案中进行选择。Mood 和 Frei 得出结论：电子商务公司应当关注消费者服务而不是自我服务，Dell 计算机公司就是很好的例子。Dell 为客户提供主动售后服务，对消费群体和产品的问题提供主动性售后服务。

学者们倾向于认可 Moon 和 Frei 的观点，认为网站所有者让用户自己解决问题的做法是愚蠢的。我们希望能够做到“协同生产模型”，并很乐意将此继续称为自我服务模型，而且是设计合理的自我服务模型。如何获得提升自我服务设计的能力，这也是当前电子商务公司所面临的挑战。本章将会深入阐述这个问题，也会涉及更多的理论性研究。Dabholkar（2000）研究了消费者希望从技术基础的自我服务中得到什么的问题，认为速度、控制和隐私是最普遍的需求。其他影响消费者对网络技术态度的积极因素有使用舒适度、愉悦度和乐趣。Dabholkar（2000）的研究为那些希望进行最优设计的网络设计者们提供了有借鉴性的建议和帮助。

在传统零售业中我们已就此问题进行过讨论。一些弱势零售商认为自我服务相当于没有服务，给消费者提供的服务微乎其微，并借此来减少销售成本（尤其是雇用更少的销售人员），他们认为自我服务会使消费者感到失望，很难找到需要的商品和服务，从而离开这家商店。相反，如 Merrilees 和 Miller（1996）所言，更好地执行“自我服务”并不意味着“没有服务”。IEKA、Wal-Mart 和一些超级市场等自我服务做的出色的零售商，认为自我服务需要设计成一系列提供优质服务的模式，并应该与个性化服务区别开来。在传统零售业中，好的自我服务设计应该包括拥有完善的店面设计、醒目明了的标识、有效的视觉展示以及有效传达商品信息的途径。Merrilees 和 Miller（2001）认为超级市场是零售服务中自我服务的新型模式。在相同条件下，好的自我服务模式会很容易地复制到网上零售中来。

7.5 网上服务绩效

理解什么是网上服务是管理网上零售业务的第一步，而理解另一个步骤同样也很重要，即评估每项网上服务活动中的组织绩效。由于我们对某些问题的认识是很有限的，所以在确定消费者更感兴趣的网上服务项目以及如何提供这些服务的问题上仍然认识不足。因此，下一节将介绍一种新的研究方法，即网上服务传递中的关键事件分析方法。关键事件分析是根据管理工具的网上服务指标来进行检验的。我们讨论的是可选择的网上服务绩效评估方法，即网上零售服务质量。

7.6 网上服务的关键事件法

这节重点讲述该方法的新研究成果。为了评定网站的网上服务特性和效率，四组鉴定人员对 138 个网上零售网站进行满意度分析。研究通过创建图书、音乐、礼品和百货公司网站来评定网上零售业，因为这些品类占据网络交易活动很高的份额。每个鉴定者对网站建设给出了最后评定，尽管每项决策都可以依据经验做出，仍然需要对评定过程做进一步的控制，其中简报和培训是评估体系的一个重要组成部分。为了确保每个鉴定人都对所有项目完全理解，而且所有鉴定人对每个项目都有相同的认识，简报中包含了很详细的指导说明。每一个鉴定人在回答各种设置的问题之前，要花 10～15 分钟在网站上浏览，用于理解网站的特征和内容。每一个网站都通过同样的方法进行分析。

调查工具（协议）为每一个评定网站的鉴定人而设计。以鉴定人对网站某种特定的评价为基础，网站特征按照 Likert 从 1～7 的范围进行度量。以 1－7 Likert 度量为基础，公开调查部分结果，并重点评价网上服务站点的总体水平为保证对网上服务的全面水平的评估，评定过程要求鉴定者为同一页面描述

学习笔记：

三个重要的关键事件，并且规定最多只可以列示三个重要的关键事件。

7.6.1 结果

1. 积极的关键事件

首先介绍网上服务的积极事件。在总体样本的138个网站中找出网上服务的积极因素，并将样本网站分为高服务网站（High-service Sites）和低服务网站（Low-service Sites）。高服务网站是那些和总体网上服务水平的高基础相关的网站（在1～7分中得分5、6、7），而那些得分在1～4的网站则属于低服务网站。

如表7－1显示，通过对138个网站的调查，网上服务的三个最积极的事件是：

- 互动性和沟通（56%的网站）；
- 特定服务（33%）；
- 信息（20%）。

其他重要的事件包括：

- 待售商品品类（14%）；
- 常见问题解答（FAQ）（互动性的独立形式）（12%）；
- 使用便利性（12%）。

其他不那么重要的与网上服务相关的安全、隐私（8%）、交货（7%）和退货政策（4%）。

表7－1　　影响网上服务的积极关键事件（%）

网上服务要素	全部网站（$n=138$）	高服务网站（$n=89$）	低服务网站（$n=49$）
互动性	56	72	27
特定服务	33	39	20
信息	20	26	10
待售商品品类	14	16	12
FAQ	12	17	2
使用便利性	12	13	10
安全、隐私	8	11	2
交货	7	9	4
退货	4	4	0

注意：事件的重复发生使得数字总和可能超过100%。

学习笔记：

比较高服务网站和低服务网站，确定出什么是重要因素。表 7－1 显示，高服务网站积极事件的数量要比低服务网站多很多，其中互动性和特定服务是很好的网上服务推动因素。低服务网站的互动性有 27% 的发生率（在高服务网站是 72%），特定服务有 20% 的发生率（高服务网站是 39%），这说明很多低服务网站忽视了高服务网站网上服务的决定性因素，包括信息、FAQ、安全、隐私和退货政策。

2. 消极的关键事件

除了分析那些有利于提高网站服务总体水平的要素，本节同样对那些降低网上服务总体水平的要素进行了分析。保留相同的要素分级方法，对消极关键事件进行分析，而消极因素也相应的变成了互动性的缺乏或是某个要素的低水平服务。

表 7－2 显示出影响整体网上服务的消极关键事件。两个影响最大的消极事件是待售商品品类的匮乏（15% 的网站存在这个问题）和糟糕的交货服务（14% 的网站）。网上服务的其他消极因素还包括互动性（11%）、信息（10%）、使用便利性（8%）和退货政策（8%）方面的问题。FAQ、安全、隐私和特定服务这三个要素很少被列入消极事件范畴。

表 7－2　　影响网上服务的消极关键事件（%）

网上服务要素	全部网站（$n=138$）	高服务网站（$n=89$）	低服务网站（$n=49$）
待售商品品类	15	8	29
交货	14	8	27
互动性	11	6	20
信息	10	4	20
使用便利性	8	1	20
退货	8	4	14
FAQ	4	2	8
安全、隐私	4	3	6
特定服务	3	3	4

注意：事件的重复发生使得数字总和可能超过 100%。

上文已经对高质量服务和低质量服务进行了比较分析。低服务网站消极事件的数量是高服务网站的 3 倍。品类和交货是两类网站共同的最大问题领域，但这两大问题在高质量服务网站上的影响范围比例低于 10%，而低质量服务网站则高出 25%。在余下的网上服务要素中，两类网站在使用便利性上区别最大。它是低质量服务网站的第三大问题，但却是高服务网站的最小的问题（不足1%的事件）。

3. 高—低质量服务网站的回归分析（Logistics Regression）

下面对关键事件要素（作为Pareto分析形式）进行二元回归分析，这样就能够预言哪些网站会进入高质量服务或者低质量服务类别。自变量（Independent Variable）是二元的（不是这个类型就是另一个类型），表示积极关键事件的九个哑变量（Dummy Variable）和消极关键事件的九个哑变量。

如表7-3所示，总体解释程度很高，调整的判定系数是0.53。九个哑变量在5%的水平上是显著的。这个模型预测得很好，拟合优度高达88%。

表7-3　　高质量服务和低质量服务网站回归分析比较

因变量*	Beta系数（标准）	t价值（绝对）
积极的互动性事件	0.37	5.69
消极的信息事件	-0.27	4.36
消极的交货事件	-0.23	3.76
消极的互动性事件	-0.23	3.74
消极的使用便利性事件	-0.22	3.50
积极的FAQ事件	0.21	3.40
积极的信息事件	0.17	2.80
积极的特定服务	0.17	2.72
消极的商品品类	-0.15	2.35

注意：*二元变量：0=低质量服务网站　1=高质量服务网站。

六个进入高质量或是低质量服务类别的主要网上服务要素是：

- 积极的互动性事件；
- 消极的信息事件；
- 消极的交货事件；
- 消极的互动性事件；
- 消极的使用便利性事件；
- 积极的FAQ事件。

另外，积极的信息事件、积极的特定服务和消极品类事件的影响力并不大。

学习笔记：

7.6.2 总体服务水平的多元回归分析

假如我们已经用1～7的范围反映出网站真实的总体服务水平，我们同样也能够用多元回归分析和前面的因变量及自变量的全面服务比例来分析数据。尽管回归分析和多元最小二乘法（OLS）分析的是不同的模型，但这是另一种检验我们结果是否正确的方法，因此我们不期待产生完全相同的结果。

表7－4对这些结果进行了汇总。调整的判定系数比较高，为0.56。八个变量都具有显著性。六个解释总体服务水平的重要服务要素为：

- 积极的互动性事件；
- 消极的交货事件；
- 消极的使用便利性事件；
- 消极的信息事件；
- 积极的信息事件；
- 消极的互动性事件。

另外，当积极的特定服务和消极的商品品类并不明显时，积极的商品品类在总体服务水平上具有边际效应。

比较表7－3和表7－4，我们看到本质上是相同的要素在起作用，其中只存在一些细小的差别，而啄食顺序（Pecking Order）使其进行边际改变。积极的FAQ服务可能将网上零售商提升为高级服务类别，但此因素在总体回归上并没有明显的影响。

表7－4　　OLS回归决定全面的网站网上服务

自变量（总体网上服务）	Beta系数（标准）	t价值（绝对）
积极的互动性事件	0.39	6.19
消极的交货事件	－0.28	4.76
消极的使用便利性事件	－0.26	4.38
消极的信息事件	－0.25	4.27
积极的信息事件	0.24	4.03
消极的互动性事件	－0.22	3.76
积极的待售商品品类事件	0.13	2.16
积极的特定服务	0.11	1.85（n.s.）
消极的待售商品品类	－0.11	1.76（n.s.）

注意：n.s.表示在0.05的水平上并不明显。

学习笔记：

7.7 网上服务指标：一种管理工具

我们在前面一节已经提到，互动性对达到高质量网上服务水平具有重要意义，将FAQ加上去的话作用将更加强大，因为这也是互动性的一个形式。在某种意义上，互动性类似于传统文化中的个人服务，而个人服务则是在传统零售业上的最重要的客户服务类型（Merrilees 和 Miller，1996）。网站的互动性包括互动交流、网上零售商和用户交流的能力以及用户和网上零售商交流的能力、回答问题的响应度（包括FAQ的特殊案例）和个性化过程（Merrilees，2002）。

第一个重要发现是即使不进行量化，互动性在网上服务项目中仍然是很重要的因素。第6章已经对网上零售商如何有效发挥其作用进行了指导，本章建议网上零售商每年都通过前面一节中提到的项目来衡量网站的互动性（使用关键事件分析法）。如果互动性太低或是没有期望的那么高的话，就需要采取措施来提高，提高客户化水平或者通过其他途径。

第二个重要发现是互动性需要由特殊定服务、信息、待售商品品类和使用便利性来支持，并以此从整体上提高网上服务水平。因此网站网上服务的评估应当综合网上服务的各个要素。

第三个重要发现对于网上服务的实践具有重要意义。企业仅仅创造和管理积极的网上服务体验是不够，还需要具备能够处理消极关键事件的能力。网上服务甚至是高质量服务也有问题定期出现，如表7-1和表7-2显示，高质量服务网站通常有很高的积极互动性比率（72%），但消极互动仍然有6%的发生率。商品品类和交货领域也有相同的情况。公司应该为持续改善消极事件的比例采取措施。如果其他所有的互动性失败了，就需要建立更多的互动性——这是对服务失败进行修复的根本途径。

第四个重要发现值得网站仔细思考，即网站提高网上服务能力的解决方法并不是简单的增加信息量、提供FAQ服务或者相似的工具。这些行为是必需的，但并不是全部的。不管积极的还是消极的，信息事件在决定高质量服务或者是低质量服务的类别和网站网上服务的总体水平上起着重要作用。在高质量服务网站和低质量服务网站中，其信息量只有细小的差别，这表明一些网站的问题并不在于信息数量，而在于信息的质量、相关性和有用性。因此低质量服务网站消极事件的高比例（20%）（如表7-2

学习笔记：

所示）可能是由于过度强调了错误信息、错误细节，而不是由于缺乏信息。

总之，建议网上零售商定期监控自己网站的网上服务水平，至少一年一次。关键事件法提供了一个简单的途径，此方法简单有效，只要对网上服务的积极的和消极的事件进行考察即可。除此之外，还有其他的提高网上服务水平的可选择的方法，这些将在下一节中讨论。

7.8 网上零售服务质量：一个可选用的绩效指标

零售服务质量（Retail Service Quality）使服务质量应用成为零售业的重要概念和衡量标准。Dabholkar 等人（1996）的研究具有里程碑意义，他认为服务质量衡量指标是一个综合衡量指标，它将个人服务、商店设计和问题解决机制等多项因素结合在一起，具有独特的优势。因此，并不是说在个人服务水平方面必须使用六七个或是更多内容的服务，我们只需要对综合的服务质量衡量标准进行评估就可以了。

学者对零售服务范围进行了扩展，从传统零售业到网上零售业都包括在内，Zeithaml（2000），Francis 和 White（2002a；2002b），Janda（2002），Wolfinbarger 和 Gilly（2002）等人都对此进行了研究。每一项研究都使用略有差别的维度来衡量零售服务质量（或者是在每一个标题下的项目），但从总体上来说可归纳为以下这几个维度：

- 网站设计；
- 安全；
- 订购系统；
- 交货系统；
- 沟通。

网上零售服务的第五个维度为网上零售商使用网上服务绩效标准提供了另一种指标。我们无法说明这个方法和关键事件方法哪个更好一些。网上零售商能简便地使用所有的度量方法来提升他们的网上服务水平，各种方法之间是相互补充的。

Wolfinbarger 和 Gilly（2003）撰写了一篇关于网上零售业服务质量的文章，文章系统而且涉猎广泛，值得重点研究。网上零售质量的四个内容包括：

学习笔记：

- 网站设计（导航性、订购过程、个性化）；
- 实践性、可靠性（收到正确的商品、按时交货）；
- 隐私、安全（信用卡支付的安全和共享信息中隐私的安全性）；
- 客户服务（回应客户要求）。

网站设计和运行的两个方面对于质量的贡献最大，即满意度和退货方面。

7.9 网上服务实践指导

本章为网上零售商改进网络交货方面服务水平提供了实践性工具。首先，鉴于其重要性，突出强调互动性和交货等关键性内容。其次，网上零售商可以使用另一种实践性工具，并成为网上服务度量思想的第二个方面。最后，除了这些思想和工具之外，读者可能需要参考更多著作来学习"如何去做"。

7.10 结论

本章提供了网上服务的两种分类，对这个原本很不清晰的领域作出了重要贡献。网络设计者和网络经销商的挑战来自于如何找到互动营销的最优自我服务设计。

本章对 138 个网上零售网站中的关键事件进行评价，对网站进行分类，即高质量服务和低质量服务网站，并将积极的关键事件和消极的关键事件相区别。研究发现，主要的促进积极网上服务的要素和导致网上服务消极的关键事件是不同的，尤其是互动性、商品品类、特定服务和信息支持是积极的网上服务的关键内容，而消极的网上服务经常和待售商品品类的缺乏以及不完善的送货管理相联系。

互动性是网上零售商需要关注的关键因素，对建立功能强大的网上服务至关重要。互动性需要信息、使用便利性、多样化和特定服务方面的支持，同时也需要服务失败恢复管理系统的支持，在此过程中，无数的消极关键事件也起到一定作用。这可能引出互动性的最基本形式——在其他所有互动交易中处理大量失败的互动性服务。

学习笔记：

章节概要

网上零售商的服务内容是网上零售商提供的辅助支持机制的总和，包括帮助网络潜在买家选择、支付和接收商品的渠道。本章用两个不同的分类来探索网上服务的特征，也使读者认识到自我服务不是网上服务的一个神话，它需要正确的设计来帮助网上消费者。

为了完全理解消费者的需求特征，需要正确评价网上服务性能，这点对于网上零售商非常关键。衡量网上服务性能有两种方法，即关键事件法和网上零售服务质量法。

在下一章中，我们将把网站设计、商品和网上服务与网上零售品牌结合起来讨论。

案例分析 7－1

Bell Legal Group
（www. belllegal. com. au）

这是 BLG 在澳大利亚黄金海岸的法律服务网站，提供整套法律服务和单项法律服务。这个网站非常典型，是同时具有专业技能和充足服务信息的服务提供者。网站主页大量使用音乐和声音，使其不同于很多其他网站。

网站菜单提供员工资料，附有员工照片、相关资格和工作经历简介。菜单具有普通搜索功能，同时还附有联系方式以及用于咨询的链接页面，可链接到相关的政府网站，提供隐私编码、税务相关合法事务等信息。通过链接为消费者提供额外服务是提高服务附加值简单有效的方法，此方法适用于所有网上零售商。

学习笔记：

案例分析 7 – 2

汽车组织 RAC（www. rac. co. uk）

网站提供从事故处理到保险理赔的全方位服务，提供服务范围广，信息量大，因此需要借助导航系统来对特定信息进行定位，但页面的链接广告和特定服务的定位却比较困难。跟随页面菜单的导航，浏览者可以链接到想要浏览的站点。此网站是汽车公司的典型代表，提供网上服务、主要信息和相关商品介绍，一方面公司可以通过网站来争取消费者，另一方面此网站也可以看作是公共服务，提供交通状况等公共信息。主页链接包括交通保险、理财、分类信息、技术报告、车辆保养、假日信息、相关交易、车辆租赁、轮船、飞机订票和旅游等信息，以及一些贷款保险之类的经济法律事务咨询。网站个性鲜明，色彩突出，图片丰富，同时配有图像等视觉效果，拥有很高的点击率。

思考题

问题 7 – 1　网上服务宏观的和微观的观点有何差别？

问题 7 – 2　为什么 Moon 和 Frei（2000）更喜欢网上服务的协同生产模型而不是自我服务模型？

问题 7 – 3　积极的网上服务因素和消极的网上服务因素是不同的，你同意这个说法吗？为什么？

问题 7 – 4　解释网上服务衡量指标如何帮助网上零售商更好地管理业务。

扩展阅读和参考文献

BUCK，S.. 1997. ‘From electronic money to electronic cash：payment on the net’，Logistics Information Management，10（6）：289 – 299.

CRAVENS，D.，MERRILEES，B. AND WALKER，R.. 2000. Strategic Marketing Management for the Pacific Region，Sydney：McGraw-Hill.

CUSACK，M.. 1998. Online Customer Care：Applying Today’s Technology to Achieve

学习笔记：

World-Class Customer Interaction, Milwaukee, WI: ASQ Quality Press.

DABHOLKAR, P.. 2000. 'Technology in service delivery: implications for self-service and service support', in T. Swartz and D. Iacobucci (eds) Handbook of Services Marketing & Management, Thousand Oaks, CA: Sage.

DABHOLKAR, P., THORPE, D. AND RENTZ, J.. 1996. 'A measure of service quality for retail stores: scale development and validation', Journal of the Academy of Marketing Science, 24 (1): 3-16.

FRANCIS, J. AND WHITE, L.. 2002a. 'A model of quality determinats in Internet retailing', Proceedings of 2001 ServSIG Services Research Conference: New Horizons in Services Marketing, AMA, pp. 59-67.

FRANCIS, J. AND WHITE, L.. 2002b. 'Exploratory and confirmatory factor analysis of the Perceived Internet Retailing Quality (PIRQ) Model', Proceedings of ANZMAC, Melbourne, Victoria.

GHOSE, S. AND DOU, W.. 1998. 'Interactive functions and their impacts on the appeal of Internet presence sites', Journal of Advertising Research, 38 (2): 29-43.

HA, L. AND JAMES, E.. 1998. 'Interactivity reexamined: a baseline analysis of early business websites', Journal of Broadcasting & Electronic Media, 42 (4): 457-470.

HAHN, K.. 1998. 'Qualitative investigation of an e-mail mediated help service', Internet Research: Electronic Applications and Policy, 8 (2): 123-135.

JANDA, S., TROCCHIA, P. AND GWINNER, K.. 2002. 'Consumer perceptions of Internet retail service quality', International Journal of Service Industry Management, 13 (5): 412-431.

KOLESAR, M. AND GALBRAITH, R.. 2000. 'A services-marketing perspective on e-retailing: implications for e-retailers and directions for further research', Internet Research: Electronic Networking Application and Policy, 10 (5): 428-438.

MATHUR, L.. 1998. 'Services advertising and providing services on the Internet', The Journal of Services Marketing, 12 (5): 334-345.

MERRILEES, B.. 2002. 'Interactivity design as the key to developing Internet relationships', Journal of Relationship Marketing, 1 (3/4): 111-125.

MERRILEES, B. AND MILLER, D.. 1996. Retailing Management: A Best Practice Approach, Melbourne: RMIT Press.

MERRILEES, B. AND MILLER, D.. 2001. 'Superstore interactivity: a new self-service paradigm of retail service', International Journal Retail & Distribution Management, 29 (8): 379-389.

MOLS, N.. 2000. 'The Internet and services marketing: the case of Danish retail bank-

学习笔记：

ing', Internet Research: Electronic Networking Applications and Policy, 10 (1): 7-18.

MOON, Y. AND FREI, F.. 2000. 'Exploding the self-service myth', Harvard Business Review, 78 (3) (May-June): 26-27.

MUIR, L. AND DOUGLAS, A.. 2001. 'Advent of e-business concepts in legal services and its impact on the quality of service', Managing Service Quality, 11 (3): 175-181.

RATCHFORD, B., TALUKDAR, D. AND LEE, M.. 2001. 'A model of consumer choice of the Internet as an information source', International Journal of Electronic Commerce, 5 (3): 7-21.

SAMPSON, S.. 1998. 'Gathering customer feedback via the Internet: instruments and prospects', Industrial Management & Data Systems, 98 (2): 71-82.

SCHLOERB, D.. 1995. 'A quantitative measure of telepresence', Presence: Teleoperators and Virtual Environments, 4 (1): 64-80.

SEN, S., PADMANABHAN, B. TUZHILIN, A. WHITE, N. AND STEIN, R.. 1998. 'The identification and satisfaction of consumer analysis-driven information needs of marketers on the WWW', European Journal of Marketing, 32 (7/8): 688-702.

SHIH, C.. 1998. 'Conceptualizing consumer experiences in cyberspace', European Journal of Marketing, 32 (7/8): 655-663.

STERNE, J.. 1996. Customer Service on the Internet: Building Relationships, Increasing Loyalty and Staying Competitive, New York: John Willey & Sons.

STEUER, T.. 2001. 'Electronic trust services will inspire the next chapter of e-commerce in 2002', Business Information Review, 18 (4): 24-33.

WARD, M. AND LEE, M.. 2000. 'Internet shopping, consumer search and product branding', Journal of Product & Brand Management, 9 (1): 6-20.

WEIBER, R. AND KOLLMANN, T.. 1998. 'Competitive advantages in virtual markets: perspectives of "information-based marketing" in cyberspace', European Journal of Marketing, 32 (7/8): 603-615.

WELCH, R., BLACKMAN, T., LIU, A., MELLERS, B. AND STARK, L.. 1996. 'The effects of pictorial realism, delay and visual feedback, and observer interactivity on the subjective sense of presence', Presence: Teleoperators and Virtual Environments, 5 (3): 263-273.

WOLFINBARGE, M. AND GILLY, M.. 2002. '.comQ: dimensionalising, measuring and predicting quality of the e-tail experience', Marketing Science Institute Working Paper Series, Number 02.100.

WOLFINBARGER, M. AND GILLY, M.. 2003. 'eTailQ: dimensionalising, measuring and predicting etail quality', Journal of Retailing, 79 (3): 183-198.

学习笔记：

WU, G.. 1999. 'Perceived interactivity and attitude toward website', Annual Conference of American Academy of Advertising, Albuquerque, New Mexico.

ZEITHAML, V., PARASURAMAN, A. AND MALHOTRA, A.. 2000. 'A conceptual framework for understanding e-service quality: implications for future research and managerial practice', Marketing Science Institute Working Paper Series, Number 00. 115.

ZEMKE, R. AND CONNELLAN, T.. 2001. e-Service: 24 ways to keep your customers when the competition is just a click away, New York: AMACOM.

学习笔记：

8 创建网络品牌

本章学习要点

- 创建网络品牌的性质
- 在打造强大的网络品牌中互动性和信任度的作用
- 网上零售组合在品牌中的性质
- 全面零售的概念
- 如何为网上零售商选择适当的网上零售服务
- 创建网络品牌并以此提高全面网上零售服务

8.1 在传统零售业中建立品牌

品牌在过去20年中已经成为传统零售业强劲的发展动力。这也是世界性的趋势，在美国，Gap、Home Depot、Toys R Us 和 Wal-Mart 等知名零售商引导品牌进一步走向成功。英国也是如此，Body Shop、Tesco、Sainsbury's 和 Marks &Spencer 等也推进了品牌的发展。在澳大利亚，20 个最大、最有价值的品牌中有 6 个是零售品牌，Woolworths、Coles、Big W、Flight Centre 和 David Jones 等品牌领军者也为品牌的发展起了推动作用。树立零售品牌已变成一项重要的任务，通过良好的品牌经营能够提高组织的价值。因此非常有必要讨论品牌建设的基本原则是如何在零售业的背景下应用的。

零售品牌是指某一零售商旗下所有业务的通用品牌。Body Shop 就是一个高价值品牌，无论零售商何时改进，全面零售性能都有价值提升空间。从某种意义上说，零售品牌是统一化的品牌或是组织化的品牌，同时也有一些与特定商品相关的个体商店品牌或是个人品牌。在英国，个人品牌的使用率非常高，占零售品类中所有商品的近 30% 。本章我们将从组织、公司的角度讨论品牌建设。

学习笔记：

8.2 建立网络品牌的不同途径

建立网络品牌是发展网上零售的重要途径。本节着重强调品牌的意义以及如何通过不同途径改进品牌。一些人用狭隘的观点来看待品牌建设（商品决策的本质部分），认为品牌只是一个标语、标志或是口号，而一些网上零售商也经常把“更好地为您服务”等口号添入网站主页。现实中，零售商可能真的很好地为顾客服务了，也可能并没有做到。设计顾问可能建议网上零售商在网页中加入口号，他们只是提供了这些单词而没有建立一种政策或体系来改进服务质量。如果是这样的话，那些口号会起到相反的作用，消费者可能因此产生抵触情绪甚至会愤怒，当服务变差或低于预期时，消费者最后可能会故意抵制这个网站。树立一个不符合实际的品牌比没有品牌更加糟糕，因为这提高了消费者的预期。

创建品牌并不是努力让品牌成为商品的一部分，而是努力让品牌代表网上零售的所有方面。网络品牌（e-Brand）由网上零售商提出，并与他们的综合利益有着特殊的联系。

品牌的定义是建立品牌的有力途径，理解品牌必须注意品牌后面的东西。品牌的名字只是冰山一角，需要看更深层的东西，确定什么是基本要素和主旨：Nike 不仅仅是一个名字、一个标志，而且是与商品的质量、性能、用途和联想紧紧联系起来的。

传统观念中利用宣传来建立品牌，利用标志、口号、标语这些简单的途径来建立狭义的品牌。尽管这种认识非常肤浅，仍有很多经销商和网上零售商仍采用这些途径，而且过去几十年美国营销协会也一直沿用相似的狭义概念。本书涉及的是广义的网络品牌定义，下面我们讨论如何建立特定的网络品牌，如何适应特定网上零售商和经销商的需求。关注互动性的特殊作用，建立强大的网络品牌作用。这就引出了一些需要探讨的问题，网上零售组合的本质是什么，又该如何在网络空间定位。

8.3 品牌建立：狭义

前文已提到狭义的品牌，包括标志、签名和标语等。从广义上来讲，建立品牌可以看成是网页氛围的一部分，能够通过标语、弹出广告和色彩

学习笔记：

来创造特殊的品牌效应。Sanity 是澳大利亚的一个 CD 商店。实体商店布置的相当酷，有很多的金属、管道，天花板创造了一种工业化的感觉。在线网站设计简单，通过黑色调来树立同样的很酷的形象。

一经点击，网络就会有很多具有形象号召力和个性化的零售网站展现出来。在雅虎网站或是 priceline. com，你可以很快感受到这些网站的风格。个性在这些网站的地位非常突出。带有冲击性的效果和强烈个性是网上零售商建立品牌的主要途径。

狭义地通过宣传建立品牌的途径也不完全是消极不可取的，但其过程却失去了建立更强品牌的机会。Sanity 酷酷的网页氛围就通过精挑细选的 CD 商品得到了强化。狭义的通过宣传建立品牌的途径还可能会造成误导，前文中所讨论的“更好地为您服务”就是一个很好的例子。

8.4 网络品牌发展Ⅰ：从品牌理念开始

创建网络品牌需要借鉴离线世界的经验，网络品牌建设的过程同样需要遵循离线世界建立品牌的基本原则。本文从创建品牌的广义开始，强调给消费者提供特色服务。

品牌发展（Brand Development）要将品牌命名看作是发展过程中的一小步，而品牌本质才是最亟须建立的。品牌的本质就是品牌识别（Brand Identity）。品牌的确切定义是什么？品牌代表着什么？品牌与什么联系起来，具有什么样的品牌联想？这是建立品牌的第一步。“我们是 CD 零售商”这种说法并没有显示出网上零售商的特性，太过宽泛而没有实际意义。品牌需要关注，应当具有选择性，应当具有特性。零售商可以在快速配送上做文章，以在特定区域内最快速送货的特征来与其他 CD 网上零售商区别开来；CD 零售商同样可以以专营 20 世纪 60 年代的唱片或重金属音乐，以此与其他零售商区别。这种特征需要一直树立，直到一个清晰明确的唯一特征树立出来。唯一性没有必要完全建立在商品差异化的基础上，它同样可以建立在服务或是形象差异的基础之上。

特性需要建立在多种基础上，但同时又必须清晰、简明，否则消费者不会迅速接受。如果这样，品牌形象就需要清晰化、简明化。作者曾进行了一个一秒钟的试验，测试了麦当劳的品牌形象。当提到麦当劳时，一秒钟内大多消费者都会产生很好的印象，与快餐、迅速的服务、干净的地面

学习笔记：

和 Ronnie McDonald 联系起来。也不是所有人都对麦当劳有相同的正面印象，也有一小部分人存有消极的印象。大多数其他品牌的情形也是相同的。总之，品牌发展的第一步是建立清晰强大的品牌识别（品牌理念），从而帮助公司建立竞争优势。

Lindstrom 和 Anderson（1999）写了一篇关于网络发展概要的文章，他们指出网络理念两个方面。首先，突出品牌的营销地位，其次，发展品牌平台。一方面明确市场怎样认知你的品牌，包括价格、主线商品、质量和服务程度等；另一方面包含品牌的核心价值、个性、目标群体和网络经验。

8.5 网络品牌发展Ⅱ：建立品牌平台

在确定品牌识别或品牌理念之后，下一步就是建立一个坚实的品牌平台基础。品牌平台基础的四个关键方面（Lindstrom 和 Anderson，1999）包括目标、个性、成就和品牌支持。

网上零售商需要确定品牌目标，认识品牌如何改善人们的生活方式，提供功能性和感性的利益。这个观点和品牌本质相联系，确定什么是品牌概念，什么是品牌的核心价值。Libra 网站的突出价值是女性魅力和自信，与女性卫生用品（Libra 护垫）相联系。

品牌个性包括品牌的外在形象和感觉。对于网上购物者而言，将品牌和动物联系起来也是解决品牌个性问题的一个有效途径，如印度豹的速度。另一个途径是网上零售商根据典型消费者个性进行网站设计。

成就是品牌平台的第三个方面，指网上零售从品牌中获得的竞争优势。

品牌支持是品牌平台的第四个方面，要求网站具有信任度。宣言和承诺可以兑现吗？品牌值得信赖吗？

在结束本节之前回顾一下前文，网上零售商能够建立典型的消费者个性，并用它来指导网站个性的发展。但零售商要小心不要将个性变成一成不变的东西。尽管消费者有一些共同的需求，包括高预期、速度、娱乐需求和经常性的变更（Lindstrom，2001），研究已经表明没有独立的“青年个性”。还有一个有趣的问题，人们在与计算机交流的时候是否使用了“面具”，屏幕前的自己和真实社会的自己是不同的（Wallace，1999）。对

学习笔记：

于这类问题的研究只是刚刚起步，但是总体而言在设计网络品牌或者网上商店时，理想的个性基准还是很重要的。

8.6 网络品牌发展Ⅲ：通过品牌要素实施

品牌要素（Brand Element）是联系品牌和消费者的节点。横标广告、零售网站传递给消费者的种种符号、商品价格以及服务质量都是品牌要素的例子。网页氛围是另一个品牌要素，需要通过设计来影响品牌所要树立的形象、感觉和个性。同样，交流和互动性也是品牌要素。

广义地讲，品牌要素是网上零售组合或营销组合的所有要素。如果品牌理念设计和品牌平台被成功应用的话，就需要正确地控制调节这些品牌要素。设计正确的品牌确实重要且需要认真考虑。除非品牌要素在品牌平台上恰当组合，否则这是不会实现的。换句话说，明确树立品牌形象非常重要，但是通过品牌要素来执行品牌也同样重要。

8.7 网络品牌发展Ⅳ：信任度和互动性在建立强大的网络品牌中的特殊作用

前面三节讲了树立网络品牌基本特征的三个阶段框架，即品牌理念、品牌平台和品牌要素。

在品牌建设的任何传统书目和新书中都可以找到更多关于如何发展网络品牌过程的详细信息（Aaker，1991，1996；Kapferer，1997；Keller，2003），这些新书是专门讨论网站品牌建立的。Lindstrom 和 Anderson（1999），Moon 和 Millison（2000），Carpenter（2000），Lindstrom（2001）和 Braunstein 和 Levine（2000）；也可见 Accenture（2001），这些都是很不错的图书。

前文已经谈到信任度和互动性的潜在作用。当互动性认可为品牌要素之一并用来帮助执行品牌平台时，信任度则可以作为一种“支持”——品牌平台的第四个方面（可信性的需要）。尽管前文已提及这两个因素，仍然需要强调其特殊作用，即有利于建立网络品牌的力量。

前文已提及众多图书来全面论证网络品牌。互动性和信任度是所有图书中强调的两个最普遍的主题。Lindstrom 和 Anderson（1999），Carpenter

学习笔记：

(2000), Braunstein 和 Levine (2000) 尤其强调互动性。Moon 和 Millison (2000) 强调信任度，而 Lindstrom (2001) 强调信任度和互动性。Accenture (2001) 强调在线经历在品牌建设中的作用。所有图书都强调互动性和信任度，这并不是一种巧合。网上零售是经验化的品牌，消费者对网络品牌的印象被他们在网站上的经历所左右，而互动性则成为了这个经历的核心方面。

尽管互动性和信任度对网络品牌的建立至关重要，而且网络品牌图书的作者也不断强调这一点，但是我们需要提醒自己这些观点是建立在个人观点上的，而这些个人又恰恰倾向于学术研究。Merrilees 和 Fry (2002) 从经验化的专业研究角度阐述如何检验互动性和信任度的作用，检验其是否是成功网络品牌的关键要素。结果显示，在线网上零售商 CDNOW 是由互动性、信任度和导航性组成的品牌理念，信任度基本是由互动性推动并转换过来的。Merrilees 和 Fry (2003) 同样也支持这些关系的研究。

为了更清楚地展现这些联系，我们引入了图 6 - 4 中的模型。这个图代表网上商店设计的指导性途径，通过网页氛围和导航性发展互动性。导航性、网页氛围和互动性这三个内容现在可以延伸到另外三个内容，即信任度、品牌理念和品牌忠诚度。图 8 - 1 展示的是关于六方面内容的网络品牌模型。

图 6 - 4 显示出网上零售商如何通过导航性和网页氛围来发展互动性。而零售商同样利用互动性来建立消费者的信任度，零售商和消费者之间的更多联系和沟通使得网上零售商更乐意去回答问题和解决问题，进而产生更大的信任度。信任度建立在网上零售商和消费者之间坚实的关系基础之上。

这个过程的下一个阶段是品牌创建的关键。如图 8 - 1 所示，强大的品牌是由三个要素驱动的（按 CDNOW 网站上的重要性次序），即互动性、信任度和导航性。交易双方的对话越强（互动性），网上零售商就越重视，即有更强的品牌态度（Brand Attitude）。信任强化双方关系，并能够通过隐私和安全政策等适当地加以改进。

图 8 - 1 框架的最后一步是将品牌理念和品牌忠诚度联系起来。对网上零售商而言，拥有更积极的品牌理念的用户会更希望回到该网站重复购买。这种联系是网上零售商培育强大品牌的动力，紧密关注互动性和信任是其基本要求。

学习笔记：

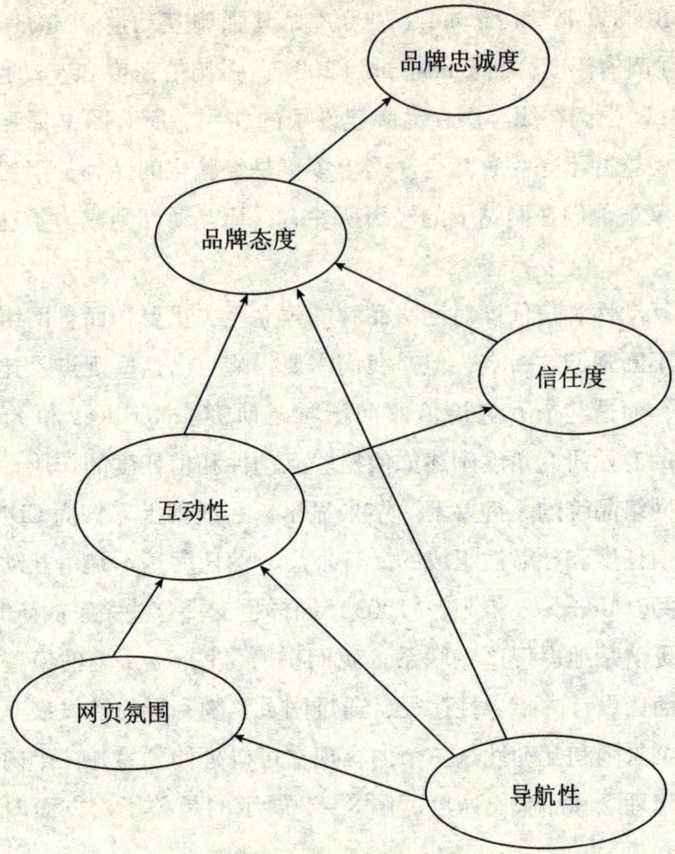

图 8-1 网络品牌的整体框架

来源：摘编自 Merrilees 和 Fry（2002：216）。

从网络品牌专家（Lindstrom、Anderson、Braunstein、Levine、Carperter 和 Moon）和专业调查的观点可以总结出，如果网上零售商希望建立强大的网络品牌，那么就需要在互动性和信任度上投资。

在这一章中我们借鉴传统品牌的建立框架，用互动性和信任度观点，分析品牌理念、品牌平台和品牌要素。网上零售组合和市场定位是传统途径，下面将就这两种途径进行讨论，从而进一步帮助网上零售商关注其营销活动。

学习笔记：

微型案例分析 8－1

两个最大的网络品牌：
Amazon 和 eBay

亚马逊和 eBay 是网上零售业两个最大的网络品牌。没有一个公司在相关的订购拍卖品类上是绝对的领导者，而它们在其相关领域却做得相当出色。

亚马逊是第一个明确使用消费者五步购买程序的公司，此举成为了大多网上零售商的基准。网站将消费者放在首位考虑，确保了消费者在线经历的满意度。五步过程之后加上“一次点击订购技术”（公司已获得专利），亚马逊成功提高了消费者满意度。后来亚马逊控诉 Barnes 和 Noble 侵权，导致评论家认为专利机构在进行认证时太过随意。每次消费者进行再次购买时，亚马逊强大的客户服务总会提供顾客化的问候回应，记忆储存消费者的姓名及兴趣爱好。亚马逊在安全性和送货方面同样做得出色，在澳大利亚图书零售的案例中，亚马逊的业绩超过了两个当地的网上零售商，尤其是在网上零售组合方面（参见图 8－2 蛇形图表）表现出色，这显示出亚马逊品牌强大的竞争力。在很多畅销图书中亚马逊经常被作为经典案例进行研究（Seybold，1998：123－138）。关于亚马逊商业模型更多的故事以及其发展历程请参看 Spector（2000）。

eBay 比亚马逊更年轻一些（不考虑其前身拍卖网），拍卖种类多为图书和 CD，在消费者回复比例和商品品类布置上做得尤为出色。其擅长使用的评定法是建立信任度的主要推动者，对于买卖双方建立长期关系至关重要。

我们可以从 Cohen（2002）中快速浏览 eBay 某年的主要活动。追溯到 1997 年，eBay 仍然只有不到 40 个雇员。随着其自身的变化，新鲜血液注入到 eBay 团队中来。当时营销和商业发展模式已经变得形式化，公司的有机增长不依赖于内部增长而是转向外部，与 Netscape 的广告协议提高了 eBay 的交易额。eBay 建立起一个主要的公共关系模式，即 CKS 互动，这是一个领先的 Silicon Valley 品牌专家，用来重新定位 eBay 品牌，重新进行网站设计。消费者调查显示，eBay 品牌传递了清晰的信息，明确了公司立志成为在线交易平台的未来发展目标，赢得了消费者的积极评价。

学习笔记：

eBay 当前的目标仍然是“提供一个全球化的交易平台，使每个人能够进行实际交易”。之后在 1997 年，eBay 必须和竞争者 Auction Universe 和 Onsale Exchange 进行艰难的竞争。eBay 的发展史请参看 Cohen（2002）。

eBay 创造出一种群体意识，这是一种更高形式的互动性，为 eBay 赢得了竞争优势，请参考第 6 章中关于互动性的讨论。浏览网络的目的不仅仅是进行交易，用户可以享受乐趣、四处购物、讨论兴趣主题、分享信息、理解并融入其中。这些都是很重要的。

拍卖网站如果要成功，就需要信任、安全和隐私。Davis 和 Benamati（2003）认为 eBay 在隐私和保护用户方面做得相当出色。Joines 等人（2003）也讨论到，使用类似于 eBay 此类网站的主要理由就是节省时间和金钱。

8.8 在建立品牌中网上零售组合的作用

第 1 章介绍了网上零售组合的概念，就像在传统的营销组合中有 4P 理论一样，在网上零售组合中也有各种内容。在第 1 章中，我们使用“7C”理论来简化网上零售组合的内容。

零售组合是传统零售业中的一个重要概念。如第 1 章所述，其内容包括顾客化服务、广告、店内促销、价格、视觉、商店设计的其他部分和定位等。零售组合类似于营销组合，零售商能掌握其中的一些内容并以此影响各种营销活动。如果零售商想要提高销售量，减少过剩库存，那就可以使用降价和促销这两种零售组合方法。零售商也可以通过提升商品视觉效果来改进自己的形象。总之，不同组合和方式的使用都依赖于零售目标的不同，零售目标决定零售组合和方式。

同样的原则适用于网上零售组合。网上零售组合是帮助网上零售商达到其营销目标的方法。第 1 章中强调的价格水平、特价和广告就是一种营销组合或传统零售组合，它们与标语、广告、置顶服务只是在形式上有所不同，其内容在本质上是一样的。零售组合与网上零售组合的对应部分内容一致，形式却相差甚远。传统零售业中强调的个人服务在网上零售组合中成了“互动性”；传统零售中的客户服务的其他形式在网上零售组合中也成为网络服务；商店设计中的视觉规划在网上零售中成为网页氛围；商店设计的另一个重要部分，在传统零售业中是店面设计，在网上零售组合

学习笔记：

中成为了版面设计和导航性；传统零售中的实体选址在网上零售中则变得没有国界，并依靠门户网站和电子邮件等走向全球化（见第9章）。最后，传统零售业中通过选址表现出来的便利性在网上零售业中同样非常重要。总之，传统零售组合中的要素在网上零售组合中同样有所体现，只是形式不同。

8.9　什么是全面网上零售服务

全面网上零售服务（Overall e-Retail Offer）是网上零售商提供给消费者的特定服务组合。一个网上零售商可以专攻二手书这个细分市场，并提供全面搜索服务。而二手图书受其专业性和特殊性的限制，选择范围的广泛性和价格的公平性显得尤为重要。因此全面的网上零售服务的重点放在网上零售组合的三个要素上，即商品特殊化、广泛搜索和低价，而不太关注网上零售组合的其他要素，如网上服务（交易过程和配送）和网页氛围。

网上零售服务代表网上零售商对消费者的价值建议，它代表一个网上零售因素的特定组合，而一个网上零售商有无数的网上零售组合进行选择，下一节将描述网上零售商如何选择最佳服务组合。

8.10　选择最佳网上零售服务框架

在为消费者选择最佳组合之前，网上零售商必须解决很多问题。

第一，必须进行权衡。有些因素的特性之间是不符甚至是互斥的，因此不能说网上零售商提供的所有东西都是最好的。公司不可能用最低的价格提供最好的服务。同样，一个具有高质量服务、高便利性的零售商需要相应的经济来源，这就很难成为最便宜的网站。因此，在便利性和低价之间要有一个平衡。网上零售商清晰的目标决定了权衡的结果，即是要强调便利性还是低价。

第二，明确组织的优势。好的网上零售服务应该强调并倾向于网上零售商的优势领域。网上零售商可能在物流效率方面具有相当优势，因此这也成为消费者价值组合的关键部分，强调快速可信的配送服务体系；如果一个网上零售商同时拥有大规模的实体店面，能够为消费者退货、换货提

学习笔记：

供方便，零售商同样可以对此进行强调；网上零售商也可以强调其很强的网络设计技术优势，为顾客提供更好的导航性和互动性服务。

第三，权衡问题并不只限定在高便利性和低价的范围之内，实际上它应用于所有网上零售组合要素。但即使企业拥有众多来源，也不可能同时向所有方向发展，更不可能同时关注所有因素。因此，利用稀缺资源专注于特定方向即可。

Michael Porter 建立了一个差异化和低成本（细分市场的集中化是第三策略）的权衡模型。Cravens 等人（2000）为战略选择提出了建设性的意见，为企业的战略初始化提供了四种可选择的一般性策略，即品牌化、创新、渠道管理和价格领先策略。

8.11 结论

创建网络品牌就是为消费者选择和提供特定价值组合，并为网上零售商提供竞争优势。文章开篇便明确指出创建品牌不是简单的命名（URL），必须关注其本质的东西，与商品、服务和形象联系起来。

创建品牌并不是很自然的事，如何成功创建一个好的品牌，传统零售商和网上零售商都面临巨大挑战。为了顺利完成这个过程，本书为零售商提供了一个三阶段的品牌发展框架。创建品牌第一个阶段是要明确品牌的内涵，第二个阶段就是要建立品牌平台，发展品牌理念中的细节，包括核心品牌价值、个性化、差异化和信任度。第三个阶段是要关注执行，需要将具有优势的品牌平台和品牌要素结合起来。

关注互动性和信任度，是建立强大网络品牌的关键。本书支持这个观点，同时此观点也得到了专业领域的认可。图8－1展示了这些内容是如何结合在一起从而推动品牌态度和品牌忠诚度的。

章节概要

创建网络品牌有很多途径。传统品牌创建者更多地使用战略化途径，并按照三阶段的步骤进行。品牌发展的三个阶段为：

- 品牌理念认知；
- 建立网络平台；

学习笔记：

- 通过品牌要素执行（包括互动性和网页氛围）。

网上零售组合也是创建品牌的途径，而网上零售服务是网上零售要素的特定集合。本章指导网上零售商为消费者选择最好的价值组合。

下一章我们将讨论网上购物中心如何发掘消费者潜力。

案例分析 8－1

三个澳大利亚的网上零售商
（www. dymocks. com. au；www. bookworld. com. au；www. amazon. com）

Merrilees（2001）创建出四类型的一般战略框架，并为这三个澳大利亚网上零售商进行指导。他认为亚马逊使用双重的品牌战略和渠道管理；Dymocks 主要使用渠道管理战略；Angus & Robertson 使用低价战略。Dymocks 的渠道管理战略建立在对消费者需求的快速回应、便利的退货政策和订购俱乐部规划的基础之上，不能培育消费者的忠诚度。

一般战略框架为网上零售服务组合的选择提供指导。网上零售商需要从四个一般性战略中进行选择，同样也可以选择双重策略（就像亚马逊网站的例子）。无论是普通策略还是双重策略，网上零售商一旦选定就必须严格执行。而即使选定同样的战略，执行也是有所差别的。亚马逊和 Dymocks 都使用渠道化的管理战略，但他们的执行却略有不同。

为寻找最佳的网上零售服务组合，零售商需要从地图上查明自己与竞争对手的市场地位。但大多数地图都是二维性的，因此市场地位的评判也仅限于两个因素的考察，而在实际中，影响市场地位的因素非常多。当存在四个、五个或是更多的关键特征时，二维性的地图就显示出其局限性，因此零售商必须寻找其他方法来进行比较，蛇形图就是一个很好的途径。如图 8－2 所示，从七个网上零售组合要素的角度对三个澳大利亚网上零售商进行地位评价，这七个要素包括低价、最新订购图书、宽泛的选择范围、快速配送、公平和简便的退货政策、购物经验和与顾客的紧密关系（Merrilees，2001）。以对用户调查数据为基础，读者能够利用此技术对网上零售商进行评定。

学习笔记：

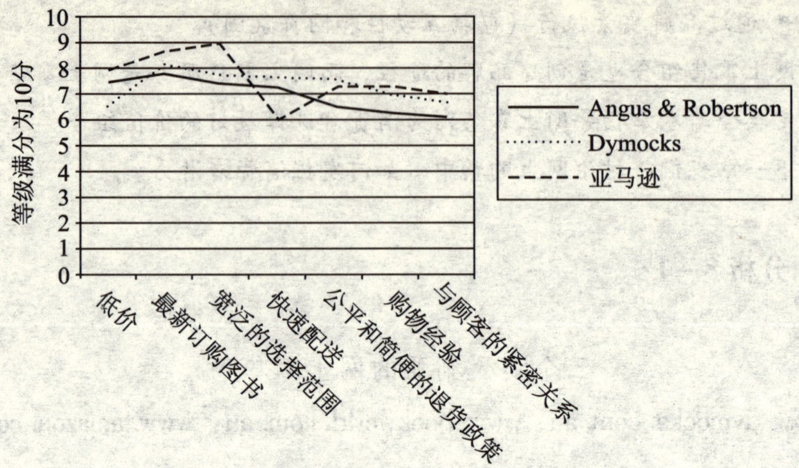

图 8－2　三个网络图书零售商的蛇形地位图

来源：摘编自 Merrilees（2001）。

思考题

问题 8－1　在品牌创建或是品牌理解中有一个普遍的误区，就是将其狭义地看成是一个标志、符号或是口号。这个途径的错误或不足在哪里？

问题 8－2　简要概括网络品牌的三个阶段进程。

问题 8－3　建立品牌平台的阶段需要进行品牌个性化的建设。选择一个特定的网上零售商，说明你们如何利用网页氛围来创建个性化品牌。

问题 8－4　本章强调了互动性和信任度在创建网络品牌中的重要性。为什么突出强调这两个方面？

问题 8－5　为什么亚马逊和 eBay 被认为是强大的网络品牌？

扩展阅读和参考文献

AAKER, D.. 1991. Managing Brand Equity, New York: Free Press.

ACCENTURE.. 2001. ‘Beyond the blur: correcting the vision of Internet brands’, www. cio. com/nd Equity, New York: Free Press.

AAKER, D.. 1996. Building Stresearch/ec/cc _ market. html.

BRAUNSTEIN, M. AND LEVINE, E.. 2000. Deep Branding on the Internet, Roseville, CA: Prima Venture.

CARPENTER, P.. 2000. E-Brands: Building an Internet Business at Bottleneck Speeds,

学习笔记：

Boston, MA: Harvard Business School.

COHEN, A.. 2002. The Perfect Store: Inside e-Bay, Boston, MA: Little, Brown and Company.

CRAVENS, D., MERRILEES, B. AND WALKER, R.. 2000. Strategic Marketing Management For The Pacfic Region, Sydney: McGraw-Hill.

DAVIS, W. AND BENAMATI, J.. 2003. E-Commerce Basics: Technology, Foundations & E-Business Applications, New York: Addison Wesley.

JOINES, J., SCHERER, C. AND SCHEUFELE, D.. 2003. 'Exploring motivations for consumer web use and their implications for e-commerce', Journal of Consumer Marketing, 20: 90-108.

KAPFERER, J.. 1997. Strategic Brand Management (2nd ed.), London: Kogan Page.

KELLER, K.. 2003. Building, Measuring and Managing Brand Equity, Upper Saddle Valley, NJ.: Prentice Hall.

LINDSTROM, M.. 2001. Clicks, Bricks & Brands, Melbourne: Hardie Grant.

MERRILEES, B.. 2001. 'Do traditional strategic concepts apply in the e-marketing context?' Journal of Business Strategies, 18 (2): 177-190.

MERRILEES, B. AND FRY, M.. 2002. 'Corporate branding: a framework for e-retailers', Corporate Reputation Review, 5 (2/3): 213-225.

MERRILEES, B. AND FRY, M.. 2003. 'E-trust: the influence of perceived interactivity on e-retailing users', Market Intelligence & Planning, 21 (2): 123-128.

MOON, M. AND MILLISON, D.. 2000. Firebrands: Building Brand Loyalty in the Internet Age, Berkeley, CA: Osborne McGraw-Hill.

SEYBOLD P.. 1998. Customers. com, New York: Random House.

SPECTOR, R.. 2000. Amazon. com, New York: Harper Buisiness.

WALLACE, P.. 1999. The Psychology of the Internet, Cambridge: Cambridge University Press.

学习笔记：

9 网上购物中心

本章学习要点

- 网上购物中心的特征
- 如何将传统购物中心转换成网上购物中心
- 探索购物中心的相同点
- 使用案例进行学习的价值
- 互动性和信任度的作用
- 在建立网上购物中心信任度中，互动性的重要性
- 在建立互动性中，购物中心设计（导航性）和租赁组合（质量）的重要性

9.1 传统购物中心

在大部分的西方国家中，购物中心已逐渐成为潮流。购物中心之间的竞争也越来越激烈，可以通过促销和娱乐活动等来提高市场份额（Sit 等人，2003）。与前文一样，我们同样从传统零售业入手，然后逐步了解和研究网上零售业。关键原则在传统购物中心的营销和管理中作用重大，因此，网上购物中心的研究也应该从关键原则开始。

想一想

在概括传统购物中心的原则之前需要思考一个问题：读者对网上购物中心了解多少呢？可以独立使用网上购物网站吗？假设多数读者不知道如何操作，那本章将会就购物中心的问题讲授很多知识。

虽说经常因为相互模仿而遭受批判，但传统购物中心不全都是雷同的，还存在一些不同之处。首先，购物中心的规模是不同的。和大型购物中心相比，中等传统购物中心和小型便利购物中心的规模都小得多。其次，购物中心也存在其他一些独特之处。加拿大 West Edmonton 购物中心和 Lego 商店有造波池，而在美国购物中心有很多的骑车项目。购物中心也具有差异化，并在格局上也有所不同。很多购物中心采用传统格局，设有家庭用品和食品等内容，同时也存在一些专业化购物中心，如动力中心（一些大型超级市场，满足家具、被褥、地毯、电子商品等大宗交易的需要）或厂家直销中心（以折扣价格销售 Wedgwood 和 Nike 等名牌商品）。同时，购物中心对于娱乐的强调程度也是不同的，一些购物中心强调时尚流行因素，而另一些则可能倾向于电子游戏经营。仔细选择租赁商，这同样有利于实现商业街的差异化，如果商业街聚集很多领先的流行设计师，这样商业街就能够实现差异化，树立时尚的形象。

澳大利亚的学术领域对传统购物中心进行了集中性研究。此研究证实塑造购物中心形象的四个主要领域包括：

- 商品（类型、质量、分类、价格）；
- 可获得性（到达中心和在中心内的便利程度）；
- 服务（包括标志、自动扶梯、休息室）；
- 氛围（包括周围环境、音乐、装饰）。

这四个领域在购物中心的研究中反复出现，对购物中心所有者和管理者而言，这些因素非常重要，相当于品牌创建的起点。同时，Sit 等人（2003）认为，专业研究还忽视了其他一些重要因素，包括娱乐、食品和安全问题，他们认为娱乐、食品等因素在区分购物中心上作用日益明显。

Dennis 等人（2002）对六个英国购物中心进行了研究，为传统购物中心的品牌研究提供了更翔实的资料。研究发现，消费者能够将个性和某个特定购物中心联系起来。一个购物中心如果被描述为"暗沉的、令人厌烦的、过时的、没有令人惊喜"，那消费者可能将其与猫或狗联系起来；如果购物中心被认为是"强壮的、令人震撼的、精彩的"，那消费者往往将它与老虎、狮子、孔雀等联系起来。Dennis 等人为购物中心总结出一些积极的品牌管理建议。首先，必须关注主要特征，如质量、服务、氛围和基础构建；其次，选择正确的市场定位，这对创造差异化非常重要；再次，内部的营销能够帮助发挥潜能；最后，良好的沟通能够提高信任度。

学习笔记：

如何在购物中心所有者和零售商租赁者之间建立良好的关系越来越受到学术界的关注（Howard，1997；Robert 和 Merrilees，2003）。Howard 认为过去房东将其过度视为一种经济投资，忽视了与租赁者的关系建立。Robert 和 Merrilees 的经验表明，房东和租赁者的合作关系越紧密（联合发展或进行联合任务计划）越能提高购物中心的绩效。作者同样指出，信任是租赁者愿意合作的前提。

想一想

如果将小型邻近购物中心（Neighbourhood Shopping Centre）包含在内，澳大利亚、英国、美国和其他西方国家的消费者则每两周至少去一次购物中心。有很多消费习惯甚至是社会生活方式都是建立在购物中心的基础上的，而网上购物中心的作用则不甚明显。为什么传统购物中心和网上购物中心的作用差别如此之大呢？为什么网上购物中心没有这样的普及呢？思考这个问题，简要写出答案。我们将在本章继续讨论这个问题。

9.2 传统购物中心对网上购物中心的启示

如何将传统购物中心的管理应用于网上购物中心？其中一个关键问题就是掌握在线房东与在线租赁商的 B2B 关系。网上购物中心的房东有必要与在线租赁商建立一个信任关系，而互动性或是交叉沟通可能是最好的途径，这和澳大利亚案例分析的根据是一致的。其他的购物中心管理问题还包括租借安排和政策问题。租约需要平衡租赁者和房东之间的需求，并尽可能帮助在线租赁商扩大交易。传统购物中心的另一个启示是：在线房东应该为网上零售租赁者提供合适的可信赖的服务。第一，房东需要提供一个设计合理的购物中心，进口和布局陈设等细节同样要设计合理。Deck（1997）突出了导航性和其他设计问题的重要性，他们能够帮助网上购物中心获得成功。第二，提供的服务包括装饰，确保每一个网上零售商有整洁干净的空间。装饰包括合适的“氛围”，这是大多购物中心研究强调的问题。第三，安全问题。做一个三方保证（网上购物中心管理者可能将这

学习笔记：

项服务外包给第三方），每一个网上零售租赁者在网上购物中心都有确保在线交易经济安全的工具。

传统购物中心还有其他启示。网上购物中心需要使用各种方式进行营销活动。营销活动一般通过广告进行，而广告可能是在线广告，也可能是促销活动（有10%属于离线交易）。营销工具关系到租赁组合的选择，而租赁组合并不是自然形成的，需要进行设计选择并服务于购物中心品牌形象的创建设计。购物中心形式多样，可以是超越市场、没有装饰、以娱乐为基础的，也可以拥有很高的专业化程度，如折扣店或是动力中心。网上购物中心所有者应该创建出特定的品牌形象，并在购物中心内保持一致，这是购物中心营销的一个基础方面。氛围可以视为一种营销工具，支持网上购物中心树立和维持品牌形象。

最后，结合最新学术研究，第8章已就网络品牌进行了深入探讨。互动性和信任度在创建网络品牌的重要作用是研究网上零售品牌的主要发现。

9.3　网上零售商的多重分类

尽管分类并不严格，意义却重大。亚马逊就是多重分类的典型案例，通过多重零售分类来销售图书和CD等商品，类似于一个在线百货公司，而实践中这种百货公司却并不多见。澳大利亚的D-store以前就是拥有20个部门的在线百货公司，但现在却改变了经营路线。多重分类的网上零售商对网上购物中心有很强的启示。Merrilees（2001）从单一品类（书）角度而不是多重品类角度对亚马逊进行了研究，此研究就存在一些缺陷。当前很多知名网上零售商都已经开展多元化经营。同时需要明确的问题是，网上购物中心在搜索和购物时具有多大的便利性呢？又有多少用户在亚马逊网站一次购买不同品类的商品呢？

想一想

那么消费者究竟会不会在亚马逊网站一次购买不同品类的商品呢？当前学术界尚缺乏对此类问题的研究。进入亚马逊网站，体验下购买两种以上品类商品是否便利，并试图提出一些可用性建议来改善网站的便利性和亲切度。你认为那些将亚马逊网站看作是百货公司的用户满意吗？

学习笔记：

9.4 购物虫：智能购物助理还是虚拟购物中心

购物虫（Shopping Bot）是帮助网上购物者确认、定位并对网上零售商进行比较的工具，其中包括消费者或零售商的预期（Rowley，2000：298）。购物虫也是网络搜索工具，与在线字典和搜索引擎相似。

我们能够将网上零售商预期中的购物虫概念化，并与购物虫的比较对象（如房主）形成契约式关系（如租赁者）。从这个意义上说，购物虫可以看作是一个虚拟购物中心，帮助网上零售商将商品推向公众、推向市场（Roeley，2000）。

从商品品类的角度来看，购物虫可以是综合的也可以是专门的，这根据商品品类来确定（书、音乐、CD 或礼品）。Rowley（2000：300）列示出大约 20 种购物虫，下表是购物虫的概况列表：www. smartbots. com。

品类搜索（Category Search）通过购物虫来进行。Storesearch 引导消费者选择一家百货公司，然后展示百货公司的所有商品品类，最后消费者选择一个品类，查看该品类的展示情况。

Rowley（2000）指出消费者在使用购物虫进行选择时存在困难。一些购物虫是专门性的，易于搜索却很难普及。购物虫同样也存在一些陷阱，需要使用正确的特征和规格等来进行搜索。搜索者可能同时指定作者和书名，但可能根本搜索不到匹配的结果，这就说明购物虫数据库的设置方法存在问题。有趣的是，如果消费者只输入作者或只输入书名则可以得到满意的搜索结果。但在某些情况下，购物者输入“跑步鞋”却比输入“鞋”或是“运动鞋”能得到更满意的搜索结果。购物虫受外界因素影响不大，个人购物经历和评价或许能够改善购物虫的搜索选择功能。更多的学术研究将会帮助我们更好地了解购物虫。

9.5 门户和其他类型的网上购物中心

上文已经提及，购物虫可以看作是一种特殊的网上购物中心。我们同样应该关注另一种类别的网站，即第三方网站，拥有众多附加的网络列表、搜索工具、媒介以及其他，雅虎就是此类网站的代表。同样，网络中还存在很多类似于网上购物中心的其他类型。本节对此进行了简单的介

学习笔记：

绍，更多内容将等待研究者的进一步探讨。

9.6　网上购物中心实例

网上购物中心（e-Mall）也称为计算机购物中心或虚拟购物中心。它将很多独立的网上零售网站聚集起来，组成了一个虚拟社区，独立的网上零售商像实体购物中心一样给中心支付租金。www. indigosquare. com 就是一个典型的网上购物中心。

www. fashionworld. com 是美国一家小型的网上购物中心，聚集了大约100 个流行商品的网上零售商。中心按层分类，同时拥有商业街、专卖店和特卖场（Hill，2000）。

www. ozeshopping. com. au 和 www. sofcom. com. au 是澳大利亚的两个出色的网上购物中心。

从中心系统下载优惠券等活动能将消费者引向实体购物中心，而网上购物中心不应受到此类活动的干扰和影响。此活动可以参看网站 www. myshoppingcenter. com。

澳大利亚的实体购物中心也拥有此类网站，网站之间有相似的订购标记、促销公告并且提供各购物中心租赁商的相关信息，例如 www. westfield. com. au 和 www. harbourtown. com. au。澳大利亚南部政府采取稍有不同的措施，在线超级购物中心（Mega-mall）依据不同品类对网上零售商进行分类列表：www. sacentral. sa. gov. au/shopping/online。

我们的研究仅限于提供一些网上购物中心的例子，但不同国家之间的情况有所不同，读者可能会发觉本书所举的例子与自己国家的实际情况并不相符。

微型案例分析 9－1

对澳大利亚网上购物中心的调查研究

（www. ozeshopping. com. au；www. sofcom. com. au）

本章和其他章节有所不同，没有很多的小案例，仅对澳大利亚购物中心的大型案例进行深入分析。

学习笔记:

9.7 对两个澳大利亚网上购物中心的研究

作者设计了一份调查问卷，研究影响网络用户态度的因素以及用户对网上购物中心的态度。问卷要求回答者熟知这两个澳大利亚网站（www. ozeshopping. com. au 和 www. sofcom. com. au），探索其相关特性并回答 Likert 系列问题。

这两个网站的总体形象存在一定差别。Ozeshopping 很接近于传统意义上的实体购物中心，主店是一个在线百货商店，拥有 30 多个租赁商，其中包括 Sanity 和 Strathfield 等澳大利亚知名的“鼠标加水泥”网上零售商。网站拥有良好的组织架构，看上去像一个高级的大中型购物中心。而 Sofcom 则拥有完全不同的形象，其大多数租赁商具有很强的澳大利亚旅行者形象，是拥有很高点击率的纯粹网上零售商组成的小型商店。

在进行调查之前，让我们先来回顾一下前文对于网络使用和品牌创建的研究。此调查问卷也包含诸多因素，包括品牌态度、网络互动性、网络信任度、导航性和零售服务质量等。在 1 ~ 7 的范围内对每个要素进行衡量，从强烈表示不同意的 1 度到强烈表示同意的 7 度。

网上购物中心的互动性和网络信任度如何影响品牌态度呢？其潜在作用又是什么呢？前文对互动性和网络信任度的研究都是从一个特定的网上零售网站开始，然后逐步展开，本节对于网上购物中心的研究仍然沿用此法。

此项研究的调查样本为 116 名澳大利亚营销专业本科生，广泛分布于澳大利亚各个地区。考虑到研究的性质，参加调查的学生必须熟悉并经常利用互联网进行信息搜索，年龄段在 18 ~ 25 岁，是网络买方市场的主力军。由于此项研究关注的是购买动力而不是实际的购买力，因此被调查者不需要网络交易经验。所有被调查者都有浏览网页的经历，平均年龄 21 岁，男女人数相同。

9.7.1 网上购物中心品牌态度的决定要素

此项研究对网上购物中心品牌态度的多种决定性要素进行回归。其中每个网上购物中心都是独立的，进行单独考察。表 9 – 1 展示了回归分析，解释网上购物中心的品牌态度。调整的判别系数分别为 0. 66 和 0. 57，从统计学的角度来看，此项研究拟合得不错。

学习笔记：

表 9－1　两个澳大利亚网上购物中心品牌态度的决定要素

变　量	Ozeshopping 购物中心	Sofcom 购物中心
常数	－0.37（1.10）	－0.20（0.60）
网络信任度	0.54（6.06）**	0.54（6.69）**
互动性	0.32（3.62）**	0.29（3.62）**
调整的判别系数	0.66	0.57
F 检验	106.30**	71.80**

注：* 表示在 5% 显著性水平上的 t 值或者 F 值

** 表示在 1% 显著性水平上的 t 值或者 F 值

从表 9－1 中看出，互动性和网络信任度是这两个澳大利亚网上购物中心品牌态度的关键决定要素。网络信任度变量标准化的 Beta 系数是 0.5，意味着网络信任度每增加 2 个点（在 7 点的范围内）网上购物中心积极的品牌态度就增加 1 个点。同样，互动性变量 Beta 系数的最大值是 0.33，意味着互动性上每增加 3 个点（在 7 点的范围内），网上购物中心积极的品牌态度就增加 1 个点。这两个变量在 1% 的显著性水平上都是显著的，有很高的 t 值。在统计上没有其他变量对品牌态度有显著影响了。

9.7.2　网上购物中心信任度的决定性要素

对网上购物中心信任度进行统计，分析结果显示只有一个显著性变量，即互动性（如表 9－2 所示）。这两个网上购物中心网络信任度的互动性有很高的 Beta 系数。也就是说，互动性的水平越高，网络信任度在 1% 的水平上就越显著。

表 9－2　两个澳大利亚网上购物中心网络信任度的决定性要素

变　量	Ozeshopping 网上购物中心	Sofcom 网上购物中心
常数	1.30（4.31）**	1.81（5.30）**
互动性	0.78（12.98）**	0.62（8.26）**
调整的判别系数	0.60	0.38
F 检验	168.40**	68.30**

注：* 表示在 5% 显著性水平上的 t 值或者 F 值

** 表示在 1% 显著性水平上的 t 值或者 F 值

学习笔记：

9.7.3 网络互动性的决定性要素

表9-3为回归结果。从表中得知，在每一个网上购物中心中，互动性能在很大程度上被网站互动性和零售组合质量所解释。

表9-3　两个澳大利亚网上购物中心互动性的决定要素

变　量	Ozeshopping 网上购物中心	Sofcom 网上购物中心
常数	1.25 (3.02)**	1.28 (4.57)**
导航性	0.49 (5.15)**	0.55 (6.88)**
零售组合质量	0.21 (2.21)*	0.26 (3.23)**
调整的判别系数	0.42	0.50
F检验	40.50**	55.80**

注：*表示在5%显著性水平上的t值或者F值

**表示在1%显著性水平上的t值或者F值

9.8 澳大利亚网上购物中心案例的启示

调查显示，网络信任度（e-Trust）和互动性（Interactivity）是两个澳大利亚购物中心品牌态度的决定性要素。与前面调查的结果相一致，起关键作用的要素同样是网络信任度和互动性，它们对每个网上零售网站品牌态度的形成都起着关键作用（Merrilees和Fry，2002）。因此，网络信任度和互动性是解释很多“B2C”商业模型网站品牌态度的基础。

网上零售商和网上购物中心的品牌态度中也存在细微差别。对于网上零售网站而言，互动性是品牌态度最重要的决定要素，而网上购物中心中网络信任度则更加重要。对于更复杂的多重零售网站，信任度的问题也更加复杂，在多个零售商中建立信任度非常困难；如果信任度高的零售商与信任度低的零售商并列，问题将会更加复杂。

信任度是建立公司信誉的关键要素，因为它是公司从消费者利益出发并维护其利益的一种保证，而且它不是针对某种商品的保证，而是一种广泛意义上的保证。信任度在网上零售的环境下更加重要，尤其是对于网上购物中心更为重要，大部分消费者更关心信用卡安全和处理私人事务的方

学习笔记：

式。而这些信任度安全方面的措施又可能阻碍互动性的完成，当不同网站拥有不同安全和隐私政策时更为明显。

比较表9－2中两个网上购物中心的结果，进一步探究网络信任度问题。Sofcom网站与Ozeshopping网站不同，它没有很多知名品牌零售商，更多的是小型零售商和纯粹网上零售商。这些特点使Sofcom很难取得用户的信任。这就是为什么Sofcom的常数项大于Ozeshopping的原因（Sofcom为1.81，而Ozeshopping仅为1.30）。

这项研究开辟了在网上购物中心环境下解释品牌态度的新领域。网上购物中心品牌态度的两个重要驱动力是网络信任度和网络互动性。两者具有很强的相关性（回归的Beta系数很大），而且在统计上具有很高的显著性水平（在1%水平上）。模型表明，网络信任度和互动性是网上购物中心网站成功打造网络品牌的两个关键要素。

相对于个体网上零售网站而言，信任度对于网上购物中心品牌态度的建设更加重要。这是因为网上购物中心的环境具有复杂性和多样性，其中既有小型零售商，也有纯粹网上零售商，信任度建立的难度更大。因此，网上购物中心的所有者和管理者都需要充分重视信任度的重要性，并制定出相应的总体策略，颁布各种明令法规，帮助消费者和其他利益相关者（Stakeholder）树立信心并建立信任。同时，要求网上购物中心的所有者仔细选择在线租客（Online Tenant），尽力将信任渗透到网上购物中心每个消费者的心中。最后，网上购物中心也要注意提高互动性，因为互动性是网络信任的基础，与信任度具有高度正相关性，而且有利于与顾客建立长期关系。

9.9　网上购物中心是新兴业务的入口：租赁前景

前文我们是站在网上购物中心所有者的角度上的，并从这个角度引出一系列问题：为了吸引网上租赁商，为了吸引网上购物中心的潜在消费者，网上购物中心应该如何设计呢？而当我们站在租赁者的角度上时，又将产生一系列不同的问题：我需要进入网上购物中心来扩展业务吗？如果需要的话，什么样的网上购物中心比较合适呢？我应该成为哪一种租赁商呢？

问题的答案与网上购物中心的顾客评价直接相关。前文中对网上购物

学习笔记：

中心案例的分析就是建立在消费者反馈和评估的基础上的。如果消费者给予网上购物中心很高的评价，那这是网上零售商考虑进入该网上购物中心并成为潜在租赁商的积极暗示。但找出最受欢迎的网上购物中心并做出决策并不是一件简单的事情，因为最受欢迎的网上购物中心的租金往往也是最高的。一个潜在的租赁商可能想租用一个高浏览量、高销售量的网上购物中心，但又可能支付不起高额的租金。麦当劳喜欢高流量的网站，但它需要为此支付高额费用。在一个传统购物中心中，不同摊位的租金根据交易量的不同而不同。这个原则也同样适用于网络空间。

租赁商应该如何进行选择和决策呢？Hill（2000）和 O'Hara 进一步讨论了这个问题。

继续从租赁商的角度探讨问题。网上购物中心能够为网上零售商提供很好的平台（Hof，2000），其中快速发展的网上零售商成为主要玩家。Hof（2000）对 Indianapolis-based National Wine & Spirits Inc. 进行了研究。公司希望进入网上领域，但并不急于成为租赁商，而是成立了自己的购物中心，成为饮料生产商、渠道商和销售商。Hall（1998）和 Strom（1998）认为，网上购物中心是一个有效途径，不仅能促进网上零售商的发展，而且能够在一定程度上重塑零售商。所以说一些网上购物中心提供的服务就是塑造网上零售商。

9.10 结论

网上零售商希望扩大网络覆盖面，网上购物中心为他们提供了广阔的平台。实体购物中心的存在极大地方便了传统购物，而且逐渐成为购物方式的主导。而网络世界的情况却完全不同，网上购物中心正面临着严峻的考验。为什么会出现这种情况呢？因为网络世界存在大量网上购物中心的替代网站，包括门户、搜索引擎和购物虫等。主要品类的网上零售商业类似于虚拟的百货商店，因此，亚马逊和 eBay 实际上也是网上购物中心的替代网站。

是否有必要建立多品类、多所有者的购物中心呢？问题的答案并不明确，尚需进一步研究。尽管实体购物中心已非常普遍，消费者可以随意挑选面包、牛奶、报纸、碟片等商品，但这是否说明网上购物中心也存在相同的环境，消费者又是否有必要到网上购物中心获得同样的购物经历呢？

学习笔记：

大多数消费者的答案可能是否定的，当然也有一些例外。

另一方面，市场对特定品类的大型网上零售商（如亚马逊或 CD-NOW）和提供多种品类的（如亚马逊或 eBay）零售商有很高需求，对于专业化和单一品类的网上购物中心的需求也很高，如 Fashion. com（Hill，2000）和 Defence. com（O'Hara，2001）。根据这个观点我们推测，当前网上购物中心主要倾向于专业化和单一性。网上购物具有快速和持续性满意的特性，强调直接需求而不是直接消费。我们应该正视网上消费的潜在标准，关注礼品、时尚、网络杂货等品类的商品，同时也要正视消费者很少在一次网上购物经历中购买所有品类商品的消费习惯。

最受欢迎的类型是集中型的和专业化的网上购物中心，如何更好的设计这样的网上购物中心呢？在选择正确的租赁组合、商品、质量、服务和支持方面，可以从传统的实体购物中心中借鉴很多。关系营销和管理也是一个大问题。尤其是通过对两个澳大利亚的案件研究学习发现，互动性和信任度是建立网上购物中心品牌的最重要方法。这与我们在第 8 章中讲到的个人网上零售商建立品牌方面是一致的。

如何在网上购物中心提高信任度呢？案例分析给出了进一步的建议和解释。信任度的建立对所有网上购物中心都是极大的挑战，因为这不仅需要消费者对购物中心充满信心，同样需要消费者对每个网上租赁商建立信任。这对于拥有大量纯粹网上零售商的购物中心具有极大的难度。表9 –2 显示：互动性是在网上购物中心建立信任度的主要方法。然而，这个方法在 Sofcom 网上购物中心失效了，这说明这个购物中心拥有大量纯粹的在线租赁商，单靠互动性很难建立起信任度，必须要依靠更大的努力来建立信任度，并最终建成一个强大的品牌。

最后，网上购物中心的所有者如何发展互动性，如何与消费者建立更紧密的联系呢？这就需要依靠更多有效的导航性（网站设计）与零售质量组合（租赁组合）的结合。

下面这些问题对于 fashion. com 这样大型的网上购物中心而言尤为重要，但却没有找到确定的答案。网页氛围对于网站的价值能起到什么作用呢？处理安全和个人隐私的最好方法是什么？处理退货的最佳方案是什么？网上购物中心国际化的范围是什么？读者可能会有自己的解决方法和途径，但仍需要进行进一步的研究探讨。

学习笔记：

章节概要

和其他章一样，本章从传统零售业的实践和原则开始，以此为基础设计合理的网上零售（网上购物中心）系统。传统购物中心的营销启示是：需要通过租客组合、商品质量、服务、氛围以及建立良好的房主—租赁商关系来创建和维持品牌形象。

同样的原则稍加变通就可应用于网上购物中心领域。仔细挑选租赁商和控制商品质量是很重要的，建议不要把太多的纯粹网上零售商招作租客，实体和虚拟网上零售商之间需要保持合适的比例，这样能够提高顾客对网上零售商的熟悉度，并有利于在网上购物中心建立更大的信任。

网上购物中心与网上零售商没有本质区别，但同时存在一定的特殊性。当考虑到网上购物中心的接受度问题时，就会产生更大的差异性。网上购物中心的信任度与熟悉度的缺乏、网上购物中心的标准以及用户知识水平的限制相关。像亚马逊发明的五步模型一样，网上购物中心同样需要对购物经历进行简单的操作模拟。信任度和互动性是网上购物中心品牌力量的主要影响因素。

在下一章中，我们将研究商业模型如何在网上零售中应用。

思考题

问题9－1　管理传统购物中心最重要的是什么？

问题9－2　如何将管理传统购物中心的原则应用在网上购物中心中？

问题9－3　购物虫可以被看成是智能助理或是虚拟购物中心吗？为什么？

问题9－4　为什么网上购物中心没有传统购物中心那样具有支配力呢？

扩展阅读和参考文献

DECK, S.. 1997. ‘Ease of navigation key to successful e-malls’, Computerworld, 14 July: 4.

学习笔记：

DENNIS, C., MURPHY, J., MARSLAND, D., COCKETT, W. AND PATEL, T.. 2002. 'Measuring image: shopping centre case studies', International Review of Retail, Distribution and Consumer Research, 12 (4): 353 –373.

DONG, X. AND SU, L.. 1997. 'Search engines on the World Wide Web and information retieval from the Internet: a review and evaluation', Online and CD-ROM Review, 21 (2): 67 –81.

HALL, E.. 1998. 'Viaweb store 4.0 makes i-commerce setup simple', InfoWorld, 2 February: 47.

HILL, S.. 2000. 'To de-mall or e-mall? Shaping Web shopping', Apparel Industry Magazine, February: 36 –37.

HOF, R.. 2000. 'e-Malls for business: the new web rush is from companies forming electronic marketplaces', Business Week, 13 March: 32 –34.

HOWARD, E.. 1997. 'The management of shopping centres: conflict or cooperation?' The International Review fo Retail, Distribution and Consumer Research, 7 (3): 249 –261.

MERRILEES, B.. 2001. 'Do traditional strategic concepts apply in the e-marketing context?' Journal of Business Strategies, 18 (2): 177 –190.

MERRILEES, B. AND FRY, M.. 2002. 'Corporate branding: a framework for e-retailers', Corporate Reputation Review, 5 (2/3): 213 –225.

O'HARA, C.. 2001. 'Defense e-mall changes hands', Federal Computer Week, 19 February, 15 (4): 1.

ROBERTS, J. AND MERRILEES, B.. 2003. 'Managing the mall relationship: does trust lead to cooperation?', ANZMAC Conference Proceedings, Adelaide.

ROWLEY, J.. 2000. 'Shopping bots: intelligent shopper or virtual department store?' International Journal of Retail & Distribution Management, 28 (7): 297 –306.

SIT, J., MERRILEES, B. AND BIRCH, D.. 2003. 'Entertainment-seeking shopping centre patrons: the missing segments', International Journal of Retail & Distribution Management, 32 (2): 80 –94.

STROM, D.. 1998. 'Building your online storefront', InfoWorld, 2 February: 45, 47.

学习笔记：

10 网上零售模式

本章学习要点

- 网上零售商业模式的分类
- 用来评定网上零售商品适宜性的网上购物测验
- 评定组织目标与可利用的商业模式二者的匹配性

10.1 什么是商业模式

尽管“商业模式”这个术语已被互联网和电子商务著作多次引用，但它至今还没有统一的定义。本节我们将对互联网商业模式做如下定义：

互联网商业模式（Internet Business Model）指的是组织为了产生顾客导向的价值陈述而制订的战略商业系统。这个商业系统是由一个到多个指定的顾客部门、硬件软件系统、组织商品供应、商业伙伴以及要求用于完成组织目标的相关资源组成的。

正如 Eduard（2001）所述，许多零售商是通过“商业环境中五种零售参与群体的影响力”来实现交易的。图 10－1 展示了这五种群体。

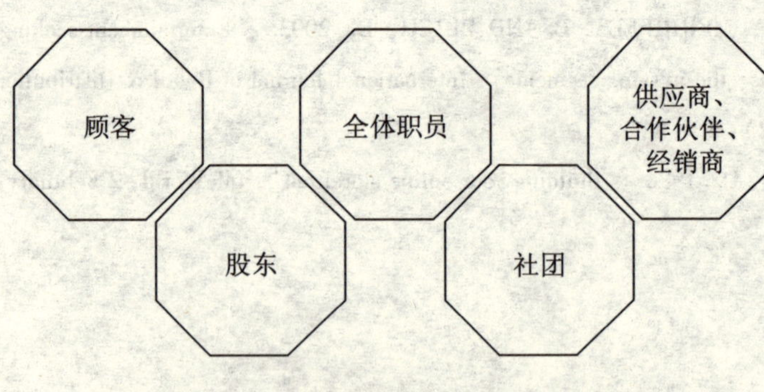

图 10－1 商业环境中的五种零售参与群体的影响力

来源：摘自 Eduard（2001）。

学习笔记：

10.2 零售商环境下的零售参与群体

10.2.1 顾客

顾客是零售商营销概念的核心。为了满足顾客的需求和欲望，一个组织必须理解与之相关的顾客基础的本质。将分散的顾客转变成逻辑群体，按地域、购买频率等进行划分，这对于实现目标具有积极意义。

10.2.2 全体职员

互动性要求顾客能够与职员进行沟通交流而不是简单地利用机器解决问题。通信技术的发展和可用性的增长使得这种沟通交流越来越多，而且不需要双方见面或听取对方发言。通信操作程序上的改变减少了零售商的交易成本，但前提是需要及时跟进职员操作培训。

10.2.3 股东

股东需要了解公司运营信息和组织战略以便监控投资情况。在互联网时代来临之前，股东往往只能通过纸质年度报告、年度大会、信件以及电话询问零售商等方式来获取信息，信息的获取因而受到极大限制。互联网产生之后，股东可以通过监控零售商网页、发送电子邮件、在线新闻群体等方式与零售商以及其他股东进行沟通交流。

10.2.4 供应商、合作伙伴和经销商

零售商的经营行为并不是孤立的，同时需要供应商、股东、合作伙伴等提供商品供应、财政支持、物流、法律建议以及辅助业务。互联网和电子数据交换系统的出现大大提高了效率，使得供应商、合作伙伴、股东等能在最短的时间内行动，使延迟时间最小化，从而得到更快的反馈和反应效率。

10.2.5 社团

社团不仅由新老顾客和潜在消费者组成，还包括能够极大影响零售商运营环境的个人和群体。伴随着环境、道德和社会福利问题的出现，商业

学习笔记：

运营给予了社团更大关注。社团成员努力收集零售商行为和对环境的消极影响（比如包装的处置问题）信息，并利用互联网信息技术进行公共关系交流，鼓励企业保护环境的行为，并对破坏环境的行为进行坚决抵制。根据五种零售参与群体的相互作用，零售组织可以定量或定性地进行预测。企业环境中的定量结果与销售量、收入、投资回报以及公司股价直接相关。定性预测也是衡量企业运行状况的重要依据，其中客户忠诚度、客户满意度、雇员忠诚度、公司形象和供应商信心等都是定型预测的重要指标。

想一想

客户忠诚度等定性分析指标非常重要，一些理论研究也对此给予了高度关注，但为什么这些指标没有像销售收入和存货成本那样受到普遍重视呢？

10.2.6 网上零售商业模式的分类

为整合五种零售参与群体的需求，适应商品组合的要求并与业务目标保持一致，网上零售商需要从众多的商业模式中进行选择。最初，网上零售商业模式是根据分销渠道来分类的，即根据顾客如何获得零售商的商品组合进行分类。同时，商业模式也可以根据收入来源来进行分类。

10.3 分销渠道

零售商物流运作的目的是为了建立与顾客的联系，完成商品支付，其实并不要求实体店铺的存在。除了实体的“砖瓦加水泥”店铺外，零售渠道还可以通过直销和虚拟零售商的在线零售来完成。

10.3.1 虚拟零售商（Virtual Retailer）

商业介入网络之后出现了一种新的零售形式，即基于网络的零售商（Web-based Retailer），同样也称做“虚拟零售商”或“纯粹经营的网上零售商”（Pureplay e-Retail）。亚马逊是最知名的虚拟零售商，从1995年

学习笔记：

开始在网上销售图书。虚拟零售商可以让互联网用户从实体书店的局限中解放出来，提前参与到零售行为中去，可以使用一种更快、更方便的方式进行商品与价格比对并进行在线支付。

10.3.2 “砖瓦加水泥”零售商（Bricks and Mortar Retailer）

随着虚拟零售商的出现，传统零售商需要重新命名以适应这样的电子商务环境。保持实体商店形式的零售商称为“砖瓦加水泥”零售商，它与虚拟零售商最大的区别在于：支付并离开商店之前消费者能够查看所购买的商品。

10.3.3 直接经销商（Direct Retailer）

“直接经销商”利用多种分销方式来向顾客提供零售空间。自从19世纪以来，直接零售已经有所发展，Sears的目录营销、门对门销售、20世纪60年代开始的雅芳营销模式、20世纪70年代开始的电话购物、Lands End（www.landsend.com）、20世纪80年代开始的24小时电视购物以及QVC（www.qvc.com）都属于直接营销。

10.3.4 混合型零售商分类（Categorizing Hybrid Retailer）

当今市场并非只有“砖瓦加水泥”、直接与虚拟的零售种类。在这些种类之间还存在着三种混合的零售形式：“鼠标加水泥零售商”、“目录零售商”和“数码零售商”。

1. “鼠标加水泥”零售商（Clicks and Bricks Retailer）

“鼠标加水泥”零售商通常拥有消费购物的实体店面，并通过网络进行操作。这些零售商最初以“砖瓦加水泥”的实体零售形式进行交易，然后再通过网络扩大业务范围，像Harrods就是这样的扩展过程。其他案例中，像Dell电脑这样的直接或虚拟零售商，通常会有实体零售店面以向潜在的顾客提供检验商品的机会。因此，此类零售商克服了网上购物的一个主要缺陷：在购买前不能够亲自检验商品。

2. 目录零售商（Catalogue Retailer）

以门户为基础的目录营销公司在满足营销与销售目标方面已经取得成功。目录公司发展网络站点，并以此取代印刷册和纸质目录，可以在不用更换或忽视邮政客户的情况下扩大分销网络。这种做法可以降低分销成

学习笔记：

本、扩大潜在客户基础并快速进行顾客反馈。

3. 数码零售商（Digital Retailer）

消费者进入互联网为商品的分销和交易提供了广阔的平台。当前，最畅销的网上零售品类是音乐唱片和电脑软件。用户浏览一个数码零售商的网页，在进行购买决策之前可能希望进行试听音乐或测试软件，一旦对测试结果满意，用户就会进行全面下载并进行支付。

10.4 收入来源

以顾客为中心的网上零售商业模式按网上零售商的收入来源进行分类，包括基于广告、商品销售、交易费用和订金四种。

10.4.1 基于广告的网上零售（Advertising-based e-Retailing）

此类零售商在网站上销售广告空间从而赚取收入。雅虎就是此类型的代表，向在网页上刊登广告的第三方和点击广告的访问者收取平台费及相关费用。以第三方网页的“点击”而闻名的 Double Click（www. doubleclick. com）通过 Cookie 文件来监控网页浏览量，并把该数据信息提供给进行营销决策的网上零售商。几年前这种服务引起了网络用户关于侵犯个人隐私权的争论，于是 Double Click 公司做出回应，修改了相关隐私政策，以平息负面评价并维持网站的竞争优势。

10.4.2 商品销售网上零售（Merchandise Sales e-Retailing）

与传统“砖瓦加水泥”的实体零售商相比，这种商业销售模式以在网上销售商品来获取收益，Sanity（www. sanity. com. au）就是此类网站，进行唱片音乐的销售。

10.4.3 交易费用网上零售（Transaction Fee e-Retailing）

与佣金的概念相似，零售商为面向顾客销售商品而向第三方支付费用。eBay（www. ebay. com）是最成功的利用交易费用运营的网上零售案例，一旦投标人使用 eBay 在线技术成功地完成了拍卖，eBay 就会作为拍卖中间商从中收取一定的费用。

学习笔记：

10.4.4 订金网上零售（Subscription e-Retailing）

订金网上零售收入模式是直销模式的变型，在网络环境下通过订单方式允许顾客获得商品，如网上《纽约时报》（nytimes. com）档案新闻故事。

想一想

> 许多网站提供免费服务，或依靠广告收入来降低成本。此类网站需要使用 Cookie 等装置来监控并记录网页浏览量。如果网站访问者可以获得免费服务，为什么还有许多人如此反对监控他们的网站使用情况呢？

10.5 组织目标与可利用的商业模式二者匹配度的评定

在选择与零售业务相适应的商业模式时，零售商一定会首先根据三种主要的零售渠道来评估他们的营销目标："砖瓦加水泥"的实体零售、直接零售和虚拟零售。这些目标根据五种零售参与群体在表10 - 1中用五个等级来评价：5 分制代表每种零售渠道的潜在水平，1 分最低，5 分最高（数据来源仅仅是样本，零售商真实特定的环境可能要求从表中增加或删除样本）。

表 10 - 1　　评估零售商满足顾客目标的零售渠道

零售商目标	零售渠道		
	实体	直接	虚拟
介绍商品细节及特性	5	3	4
展示商品特点	5	1	2
通过对零售商有用性和商品品类的沟通来刺激消费者的兴趣和需求	5	3	4
向顾客公布零售商的业绩（如销售水平、奖金情况等）	3	5	3
跨区域商品的可获得性（国内和国际）	2	4	5
零售渠道总分	20	16	18

学习笔记：

10.5.1　为零售商的顾客目标打分

用1～5五个等级来对满足顾客个人目标的零售渠道打分，从表示最低潜力的1级到最高潜力的5级。表10－1根据样本测试情况对每种零售渠道打分，满分为25分。

每种零售渠道都可以为目标顾客提供特定信息进行沟通，并对顾客的感官起到一定的刺激作用。在信息沟通方面，实体店面的面对面沟通能更好地调动顾客的视觉、听觉、触觉、味觉和嗅觉。因此，在表10－1中实体渠道得到了25分中的20分。

由于缺少音频和视频手段的帮助，直接零售商受到一定限制，不能向顾客提供新商品的动态形象或触觉感受，在测试中只得到了16分。研究同时表明，直接零售渠道营销宣传效率比较高，能让消费者记住零售商的营销相关信息，而且直接零售商的消费者比其他渠道的消费者更注重零售商业绩等一些常被忽略的细节信息。

计算机的软硬件设备不断改进，不断增加音频、视频等功能，但即便如此仍然不能替代沟通和店面环境的直接影响。与直接零售相比，虚拟零售则具有一定优势，不断改善移动视频和网络搜索能力，能一定程度上模拟实体环境的沟通和店面环境，具有更好的示范能力。因此，虚拟零售商得到了18分。

由互联网创造的全球化扩大了市场空间，使许多原来受国内市场限制的零售品牌走向世界。一些零售商曾试图在海外市场建立实体零售店，而物流成本和海外场址的独特需求却使某些零售商蒙受损失，甚至最终退出海外市场。

直接零售商几十年来一直使用邮政快递系统。当前许多直接零售商已经开始接受和处理海外订单，并将投递任务外包给DHL（www.dhl.com）或FedEx（www.fedex.com）这样的快递公司，负责运送货物、输出文件、报关、最终投递以及支付清理工作。对于小型直接零售商而言，全球化的销售业务能够提高销售业绩，而物流外包又能避免因建立专业化国际运输机构而进行过大的投资。但直接零售的海外拓展也同样存在劣势，不易被其他国家的潜在顾客所认知。通常情况下，很多人都通过电话目录来寻找供应商，而如果没有世界各地的电话目录又该怎么办呢？互联网和搜索引擎就是最好的答案。互联网可以让任何人在任何地方与任何零售商在线联

学习笔记：

系，其中亚马逊的迅猛发展就是强有力的例证。借助互联网的力量，亚马逊从仅面向小区域内读书人群的小型零售商发展成为全球专业图书和视频零售商。整个世界与互联网的联系越来越密切，Lands End 作为一个知名直接零售商，借助互联网建立了复杂有序的站点群，并将零售营销与投递工作和网站联系起来。

10.5.2 为零售商的职员目标打分

满足对职员目标的零售渠道潜力是由 1 ~ 5 五个等级来评估的，从表示最低潜力的 1 级到最高潜力的 5 级。运用表 10 – 2 中的系列目标，为每一种零售渠道打分，满分为 15 分。

表 10 – 2　　评估零售商满足员工目标的零售渠道

零售在员工方面的目标	零售渠道		
	实体	直接	虚拟
培训：员工向潜在顾客提供零售商的相关政策信息（如退货和隐私）	5	5	5
培训：让职员知道如何回应潜在客户的质疑，包括零售商政策适宜性以及商品是否符合顾客需求的质疑	5	5	5
支持：向职员提供支持系统，以维持销售系统（以店面为基础，以及网上购物车系统）的正常运作，进行 24/7（每周 7 天 24 小时无间断服务）服务以及数据搜集工作	5	5	5
零售渠道的总分	15	15	15

表 10 – 2 显示，对职员目标的评定中，每种零售渠道都得到满分 15 分，这是为什么呢？这是因为，不管选择哪一种营销渠道，职员必须在所选渠道的约束与优势条件下提供尽可能好的服务。而无论是实体零售、直接零售还是虚拟零售，当顾客询问交易政策和情况时，通常会得到“不知道，但我会询问一下，等会儿给您答复”的消极回答，问题往往得不到解决。因此，质量支持系统在零售渠道中也发挥着至关重要的作用，当网站或订单等出现问题时，员工可以利用该系统进行顾客抱怨的处理。

学习笔记：

10.5.3 从满足股东目标角度为零售渠道打分

从满足股东目标的角度为零售渠道的潜力打分，从 1 ~5 五个等级来进行评估，从表示最低潜力的 1 级到最高潜力的 5 级。运用表 10 -3 中的系列目标，为每一种零售渠道打分，满分为 15 分。

表 10 -3　　从满足股东目标角度评估零售渠道

零售商为实现股东利益而设立的目标	零售渠道		
	实体	直接	虚拟
股东有权知道与投资相关的最新财务数据信息	3	3	5
及时告知股东相关信息，包括年度会议、临时会议、支付方式的变更情况	3	3	5
告知股东行业投资回报、新商品线和媒体回应等情况	3	3	5
零售渠道总分	9	9	15

虚拟零售商具有独特的优势，能够借助网络提供全天候和直接回应的服务，为股东提供详细的报告信息和全天候的网络评估服务，而且不同于传统年度报告和财务商业信息，借助网络还可以将互动的图表及视频结合起来，从而给股东产生更大的影响力。因此，虚拟零售商在表 10 -3 中得到了满分 15 分。

实体零售商和直接零售商则存在相应劣势。首先，并不是所有股东都是零售顾客，因此，零售商很难与所有股东进行沟通。其次，他们使用传统纸质印刷材料和电话方式与股东进行沟通，虽然也具有一定的影响力，但费用较高，信息储存量受到限制，而且具有时滞性。因此，实体零售商和直接零售商在表 10 -3 中只得到了 9 分。

10.5.4 从供应商、合作伙伴和经销商角度为零售商目标打分

满足供应商、合作伙伴和经销商目标的零售渠道潜力由 1 ~5 五个等级来评估，从表示最低潜力的 1 级到最高潜力的 5 级。运用表 10 -4 中的系列目标，为每种零售渠道打分，满分为 15 分。

学习笔记：

表 10－4　从满足供应商、合作伙伴和经销商目标的角度评估零售渠道

零售商为供应商、合作伙伴和经销商设立的目标	零售渠道		
	实体	直接	虚拟
保证零售商和供应商及时的信息接触	2	3	4
追踪财务交易信息	4	4	5
建立精确的数据恢复系统（对零售商和第三方供应商）	3	3	4
零售渠道总分	9	10	13

零售商与供应商、合作伙伴和经销商之间的同步数据记录有力地避免了以下错误：

- 订单的遗漏或重复；
- 对个人情况或地址变更情况的记录不及时；
- 不符合法规（如政府报告时间表）；
- 遗漏目标（月度总结或销售数据）。

直接零售商使用记录系统来记录销售和相关数据，一旦顾客或供应商与其发生争执，就可以检验相应的电子和人工记录数据。直接零售商在满分 15 分中得到了 10 分。实体零售商同样非常重视每日的财务交易结算，但数据不可能根据实际情况及时修改，也不能从顾客的角度出发，因此只得到了 9 分。而虚拟零售商则可以依靠互联网及时更改数据资料进行自动化记录。如果经常更换合作伙伴，就需要采用虚拟零售渠道，利用互联网来记录相关数据。因此，虚拟零售渠道得到了 13/15 的高分。

10.5.5　从社团角度为零售商的目标打分

满足社团目标的零售渠道潜力是由 1～5 五个等级来评估的，从表示最低潜力的 1 级到最高潜力的 5 级。运用表 10－5 中的系列目标，为每一种零售渠道打分，满分为 15 分。

表 10－5　从社团目标角度评估零售渠道

零售商对社团的目标	零售渠道		
	实体	直接	虚拟
随时告知零售商社会活动的进展	2	3	5
为慈善机构捐款	3	3	5
推进培训和雇用计划	3	3	5
零售渠道总分	8	9	15

学习笔记：

零售商必须随时告知社团自己的方向和意图，这也是现代营销的一部分。每个零售渠道都会选择适当的宣传媒介将信息传达给相关社团。实体零售渠道和直接零售渠道通常选用纸质印刷和电视广播等传统媒体，尽管覆盖面宽，但仍然无法覆盖社团中的每一个个人，由于受到此限制，两种渠道分别得到 8/15 和 9/15 分。在与社团沟通上，虚拟零售比其他两种零售渠道更具有互动优势，网上零售商可以借助网络更好地处理信息，因此得到了满分 15 分。以下是网上零售商的网络设施：

- 与相关网页的超级链接；
- 视频（流媒体）；
- 文件存储（如 Adobe Acrbat）；
- 互动游戏；
- 电子邮件。

如上所示，无论实体、直接还是虚拟渠道，都不同程度地满足组织目标。将每种目标的得分相加，零售商就可以根据总分多少选择最好的零售渠道。

值得一提的是，五种零售参与群体的目标评估是就样本而言的，不能反映所有零售商的实际情况。表 10－1，表 10－2，表 10－3，表 10－4 和表 10－5 的结果反映了零售渠道的一般情况，每个零售商的具体情况可以根据其结果添加或删除某些目标项目。将各项分数加总，直接零售渠道最终得分 59/85，实体零售渠道最终得分 61/85，而虚拟零售渠道得分最高，为 76/85，是五种零售参与群体样本的最佳渠道选择。当然，零售商并不局限在单一零售渠道上。随着网上购物者接受度的提高，传统零售商逐步向零售渠道的多样化转化。为了做到这点，并尽可能满足多重目标的零售商，渠道的选择必须根据得分顺序进行，首先是虚拟零售渠道，其次是实体零售渠道，最后是直接零售渠道。

让我们将注意力集中到虚拟零售商身上，然后评估下该特定零售渠道是否适合商品销售。

10.6 使用 DE KARE-SILVER 网上购物“ES”测试评估网上零售商品的适宜性

de Kare-Silver（2000）的书中提供了一个框架，用来评估网上零售商品和服务的适应性。“ES”（网上购物）测试使用三个因素来同时评估适应性：①商品特点；②熟悉度和自信度；③顾客特征，如图 10－2 所示。

学习笔记：

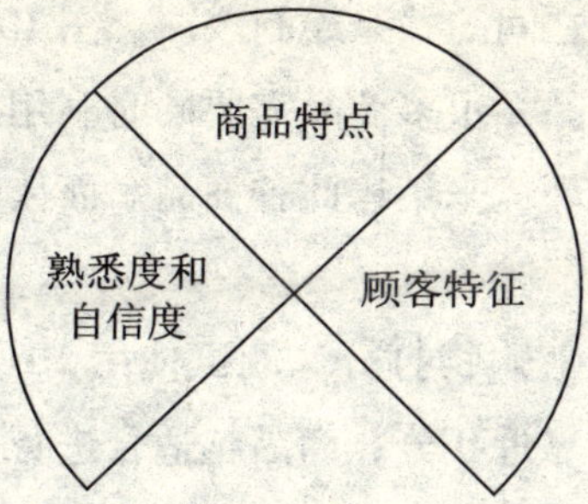

图 10－2　网上购物"ES"测试

来源：摘自 de Kare-Silver（2000）。

10.6.1　商品特点

某些商品的销售需要使用看、听、闻、尝、摸这五种感官中的一种或多种。从这个角度来讲，实体零售具有得天独厚的优势，而需要进行实体接触的商品适合选择实体零售渠道。有些商品则主要依靠视觉和听觉，这些商品则最适合网上零售环境。除了依据感官进行判断，人们还可以使用 de Kare-Silver 的测试来评估商品和服务的网上零售适宜度。图 10－3 将商

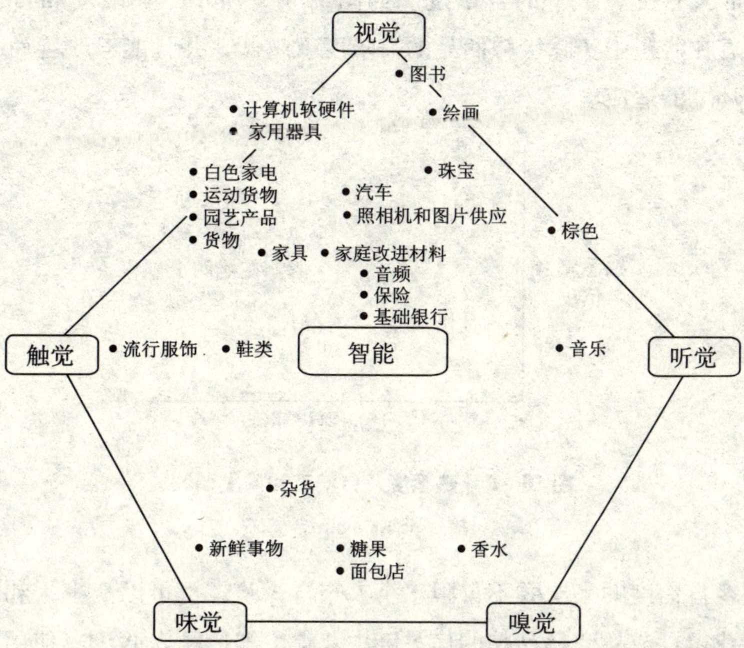

图 10－3　商品特征与五种感官

来源：摘自 de Kare-Silver（2000）。

学习笔记：

品选择与五种人体感观之间的关系绘制成图。图 10－3 中很少有纯粹依靠触觉、味觉、嗅觉的商品，很多商品需要同时利用视觉和触觉，因此，必须营造一种类似的实体环境来销售此种商品。而依赖于视觉和听觉的商品则更适合进行网上零售。

根据商品特征给网上购物打分。测试使用 10 分制，商品越倾向于适合实体渠道，结果就越靠近 0 分；商品越适合进行网上零售，分数就越接近满分 10 分。具体见图 10－4。

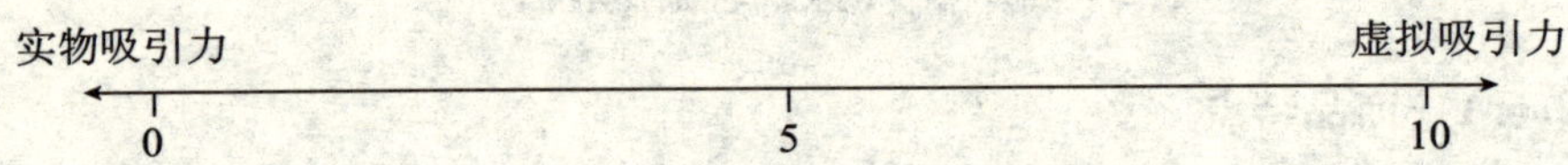

图 10－4　给商品特征打分

来源：摘自 de Kare-Silver（2000）。

10.6.2　熟悉度与自信度

“ES”测试的第二项是检测顾客对想购买的商品或服务的熟悉度与自信度。如果顾客曾经购买过该商品或该类商品，就会对它具有一定熟悉度，同时具有更高水平的自信度。如图 10－5 所示，熟悉度和自信度越高，顾客在购买中实际接触商品的需求度就越低，并且能够改善商品与网上零售环境的适应度。

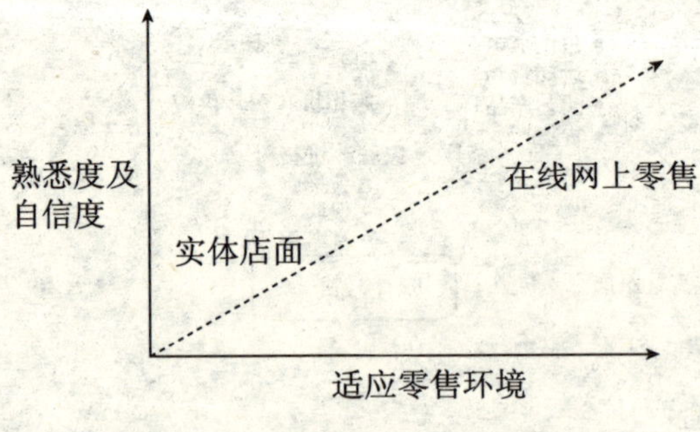

图 10－5　熟悉度及自信度和网上购物

来源：摘自 de Kare-Silver（2000）。

顾客自信度的来源并不仅限于个人亲自体验，也可以从家人和朋友的评价中获得，或从商品品牌的信誉度中获得。即使顾客并没有使用某个品牌的某个特定商品，顾客也可以通过感知价值维度来识别该品牌。品牌的社会地位和质量取决于品牌的声誉，顾客的决定取决于尝试新事物的相关

学习笔记：

体验。一个强调普遍品牌识别的网上零售商并不满足于吸引自信的网上购物者，同时也会吸引缺乏网上购物经验的潜在消费者。

根据熟悉度和自信度给网上购物打分。使用10分制进行评估，网上购物环境的熟悉度及自信度分数更高，而且有持续提高的趋势。这种熟悉度及自信度由三个因素决定：以往所购商品的满意度、使用商品后增加的满意度以及对品牌的熟悉度。打分情况如图10－6所示。

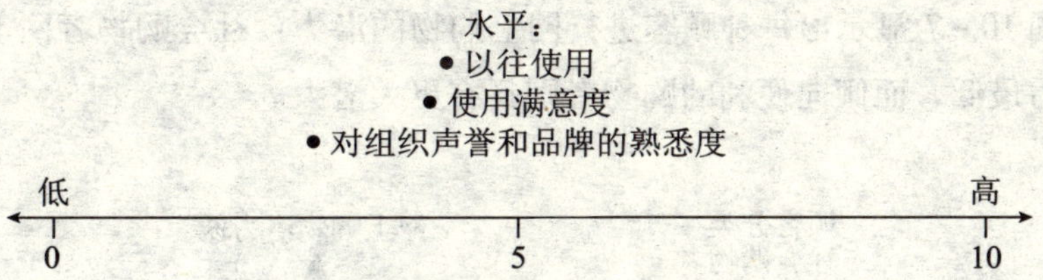

图10－6　给熟悉度和自信度打分

来源：摘自 de Kare-Silver（2002）。

10.6.3　顾客特点

商品或服务的体验本身并不是消费者零售环境的唯一决定因素。20世纪90年代末期，许多网上零售商失败了，其教训就在于他们错误地认为网络本身具有充足的吸引力，具有绝对的营销优势。传统零售商深入研究其消费者的特点和行为，网上零售商同样应该借鉴此经验，需要识别顾客特点、购物动机和购物出发点。

有些学者试图对个人网上购物水平进行分类。Nielsen将网上零售渠道的顾客分为六类，如下所示：

• 社会购物者。此群体喜欢借鉴他人的购物经历，可能因为朋友或家人对购物经历的描述而产生愉快购物经历的设想，从而选择某家商店。

• 试验购物者。此群体愿意尝试新的店面和购物方式，如网上购物或移动购物。

• 倾向便利的购物者。此群体侧重于节约购物时间，并且尽量避免实体购物的时间推延，如寻找停车场或结账的排队等候等，他们偏爱网上购物，认为此渠道可以删除“不便利”的购物步骤。

• 习惯一成不变的购物者。此群体做任何事（包括购物）总是使用一成不变的方式。他们不是技术爱好者，不喜欢使用计算机，甚至从未尝试过网上购物，因为没有先例。

学习笔记：

• 价值购物者。此群体不但追求成本的节约，通常综合考虑商品质量、服务效率和货币成本等因素。在相同服务水平、相同质量的情况下，网上购物的成本更低，因此具有更高的价值。价值购物者倾向于进行网上购物。

• 道德购物者。此群体规模虽小但增长迅速，不关心购物渠道的选择，而更重视社会和道德问题，如商家是否雇用童工，是否负起了降低包装浪费和污染的社会责任等问题。道德购物者通常选择那些能够实现信任度并且符合道德规范的零售渠道。

图 10 - 7 显示出每种顾客进行网上购物的潜力：社会购物者网上购物的潜力最低，而倾向便利的购物者则具有更大潜力。

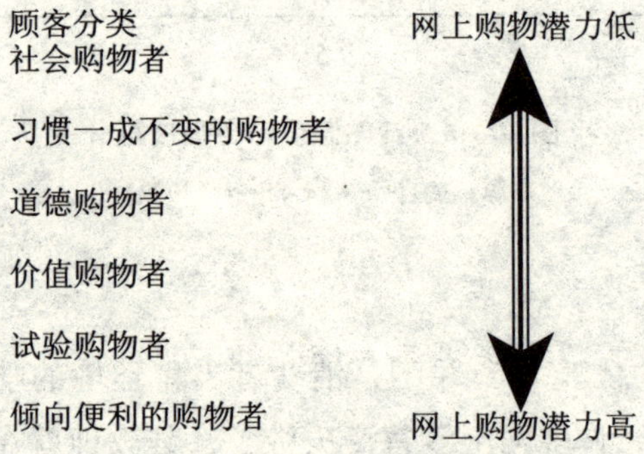

图 10 - 7　顾客种类和网上购物潜力

来源：摘自 de Kare-Silver（2002）。

根据顾客特点给网上购物打分。受到网上购物因素的重要影响，顾客特点的总分超过 30 分（满分 30 分）。ES 测的第三步为评估各类顾客（如社会、道德、便利购物者）所占比重，然后评估哪类顾客在市场中占主导地位。最后，判断占主导地位的顾客种类是否拥有足够大的规模，能否维持网上购物的目标市场，即该群体的回报是否大于组织营销资源的支出？图 10 - 8 显示出对顾客特点的评估。

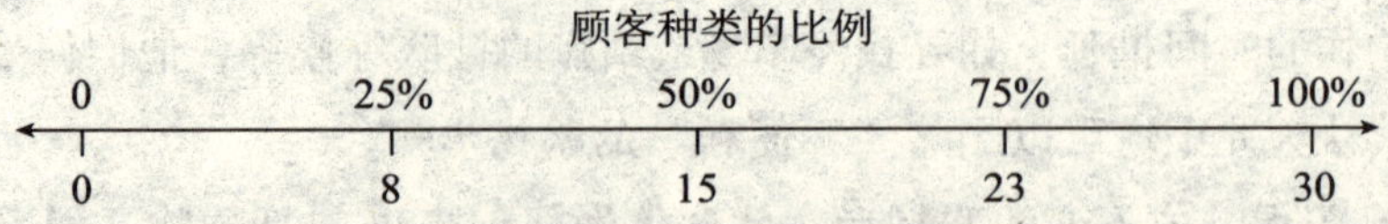

图 10 - 8　评估顾客特点

来源：摘自 de Kare-Silver（2002）。

学习笔记：

de Kare-Silver 的测试从三个角度来评估网上购物，将分数进行加总，ES 测试的满分成为 50 分，如下所示。

商品特点	10
熟悉度和自信度	10
顾客特点	30
	50

为了进一步说明 ES 测试，表 10－6 对一系列商品和服务进行了评估。表 10－6 的结果显示，某些商品和服务在网上购物方面具有很大潜力。为凸显此结论，表中对新款香水和传统香水进行了比较。首先，两者具有相似性，都以嗅觉为主导购物驱动因素。而传统香水具有持久性，依靠品牌的恒久渗透，在信任度方面占据一定优势，而新款商品的宣传力度大，渗透性高，因此与传统香水具有相当的熟悉度。两种香水在 ES 测试中最重要的区别是顾客特点因素。新款香水更适合进行网上零售，在计算机和网络中其目标市场具有更高的知名度，网上购物者对新款香水的网上零售也不存在反感，因为此渠道的价格更低，而且不会因为广告促销等花费而降低股价。而传统香水的市场则更加成熟，不需要过度依赖网络媒介，因此也不适合进行网上零售。同时，新款香水的上市又会吸引时尚一族，由于实体商场更具有互动性，可能会聚集到香水柜台处进行体验，这样又会降低消费者（主要为女性）的网上购物倾向。总的来说，在 ES 测试中新款香水比传统香水的得分更高（分别为 29 和 15）。

表 10－6　　网上购物（ES）测试的实例分析

商品或服务	商品特点（0～10）	熟悉度与信任度（0～10）	顾客特点（0～30）	总分（0～50）
新款香水	1	8	20	29
传统香水	1	9	5	15
宏基电脑	5	6	21	32
国内航班预订	10	8	15	33
杂货	4	8	15	27
书	8	7	23	38
DVD 电影	8	6	25	39
汽车保险	10	6	9	25

学习笔记：

章节概要

网上零售远比建立网站来得复杂。网上零售商需要选择商业模式，以便更好地满足其自身目标和顾客期望。顾客、员工、股东、供应商、合伙人和经销商以及社团这几种零售群体有助于商业模式的选定。商业模式最初根据分销渠道进行分类，后来又根据收入来源进行划分。为评估选定的商业模式与特定网上零售商的匹配度，需要从顾客、员工、股东、供应商以及社团角度对零售商目标进行评估。本章使用 de Kare-Silver 的网上购物（ES）测试对此进行评估。

并不是每种商品都要在各个分销渠道中获得成功。本章通过识别零售市场构成因素，并使用 ES 测试来分析商品的网上零售适宜度，从而提高网上零售的效率。

下一章我们将从移动购物的角度来探讨购物中存在的问题。

案例分析 10－1

Extrastock

企业家总是瞄准被忽略的市场，eBay 就是瞄准细分市场，覆盖全球并从中获利的经典案例（见案例分析 4－1）。澳大利亚的 Extrastock 公司（www. extrastock. com. au）选择了这种成功的商业模式，利用互联网来提供拍卖环境，处理库存积压。与传统的 eBay 交易不同，该公司并不采用让顾客自己在线拍卖、让潜在顾客进行投标的方式（即“C2C”），而是利用 eBay 平台来进行拍卖，采用商家对顾客的形式（即“B2C”）。

在不需要软硬件、不需要支付行政管理费用的情况下，Extrastock 以互联网为杠杆，不仅享受到虚拟零售渠道的优势，同时还笼络到大量客户资源（eBay 以 100 亿美元资产争取的 5500 万注册用户）（Arnold，2003）。Extrastock 的目标是为零售商、分销商和制造商提供战略分析和全方位的营销管理服务，为目标顾客进行网上零售活动提供存货数据库、支付系统和运营系统等技术支持，以期提高效率，节约时间，提高利润。Extrastock 的收入来自于最终价格拍卖委托，希望在任何拍卖中获得可能的最高价

学习笔记：

格。为了实现这一点，由 Extrastock 所提供的服务必须满足供应商和在线拍卖顾客的要求，否则投标将会受到限制，最终价格也会过低。这种结果对最终投标人是有利的，但对 Extrastock 和拍卖商来说则意味着损失。

Extrastock 有效地为客户提供各种商品，包括手表、酒、厨卫用具、家庭影院、照相机及配件、计算机及办公软硬件设备。Extrastock 的客户包括：

- Pepper Tree Wines，一个获奖的澳大利亚葡萄酒商标；
- Scale Leathergoods，一个高档皮革商品制造商。

即使此模式以前未被市场所接受，但 Extrastock 的案例表明零售商可以运用成功的网络商业模式打入新兴市场。

思考题

问题 10－1　零售商环境中的零售参与群体是怎样帮助渠道中介最小化的？

问题 10－2　如果目录和网页都是二维性的，而网页同时还包括生动的音频和视频，为什么许多顾客仍不愿意网上购物呢？

扩展阅读

GOLICIC，S. L.，DAVIS，D. F.，MCCARTHY，T. M. AND MENTZER，J. T.. 2002. ‘The impact of e-commerce on supply chain relationships’，International Journal of Physical Distribution & Logistics Management，32（10），851－871.

KINDER，T.. 2002. ‘Emerging e-commerce business models：an analysis of case studies from West Lothian，Scotland’，European Journal of Innovation Management，5（3），130－151.

OSMONBEKOV，T.，BELLO，D. C. AND GILLILAND，D. I.. 2002. ‘Adoption of electronic commerce tools in business procurement：enhanced buying center structure and processes’，The Journal of Business and Industrial Marketing，17（2），151－166.

参考文献

ARNOLD，S.. 2003. Extrastock Company Overview. www. extrastock. com. au/company. htm［accessed November 23 2003］.

DE KARE-SILVER，MICHAEL.. 2000. The Electronic Shopping Revolution：Strategies

学习笔记：

for Retailers and Manufactures (1st edn), London: Macmillan Press Ltd.

EDUARD, T.. 2001. 'Adding clicks to bricks', Consulting to Management, 12 (4), 10 – 23.

网站链接

www. avon. com　网络信息与订单工具为这个成功的直销化妆品零售商支持顾客、分销商和投资者。

www. dhl. com　在线控制物流、追踪货船。

www. doubleclick. com　专业化网站，可以跟踪和评估网站登录者的交易。这些信息对某些网站尤其重要。根据“点击率”收费。

www. ebay. com　最成功的网上拍卖商。

www. fedex. com　在线控制物流、追踪货船；为电子商务提供硬件和建议。

www. landsend. com　领先的服装、行李箱和鞋类行业零售商，并为顾客提供分销渠道。

www. nytimes. com　知名网上日报。该网站与购物网站、相关媒体（如 BBC）、慈善团体和每日财经信息等进行链接。

www. qvc. com　美国专业的电视购物渠道，提供零售商品清单，并及时告知顾客最新的时间表和电视节目表。

www. sanity. com. au　销售音乐碟片、数字电话及 DVD 等。

www. sears. com　基于品类，向零售商提供网页信息和订单系统。

www. yahoo. com　网络门户的元老，向浏览者提供网站内容、搜索引擎、分类网站目录、消息服务、购物、免费邮箱、求职搜索、软件链接等用户化服务。

学习笔记：

11　移动购物

本章学习要点

- 如何确认购物者的移动购物动机
- 学会按照移动购物的标准将商品和服务进行分类
- 如何认识移动购物的发展状况

11.1　远程购物发展的新阶段：移动购物

在近200年间零售方式层出不穷。如图11－1所示，购物者通过各种各样的渠道进行购物，包括传统店面、邮件订购、门对门配送、电话订购、电视购物、网上购物以及新兴的移动购物。移动购物更多的是一种销售手段，突破了购物时间和地点的局限性，为消费者提供了更大的灵活性。如果说网上购物的优势是没有时间限制，移动购物的优势就在于可以让消费者随时随地地购买商品。

早在网上购物刚刚兴起之时移动购物的名词就已出现，如Mobile Commerce，m-Commerce，m-Business，Mobile Shopping和m-Shopping。移动购物（m-Shopping）是所有通过移动通信终端完成的交易，如通过蜂窝电话接入无线网络进行的消费，大多数情况下这些交易都是借助网络媒介完成的。

传统购物必须在实体店面完成，网上购物必须在计算机面前完成，而只要消费者在无线网络的覆盖范围之内，他就可以完成移动购物。

学习笔记：

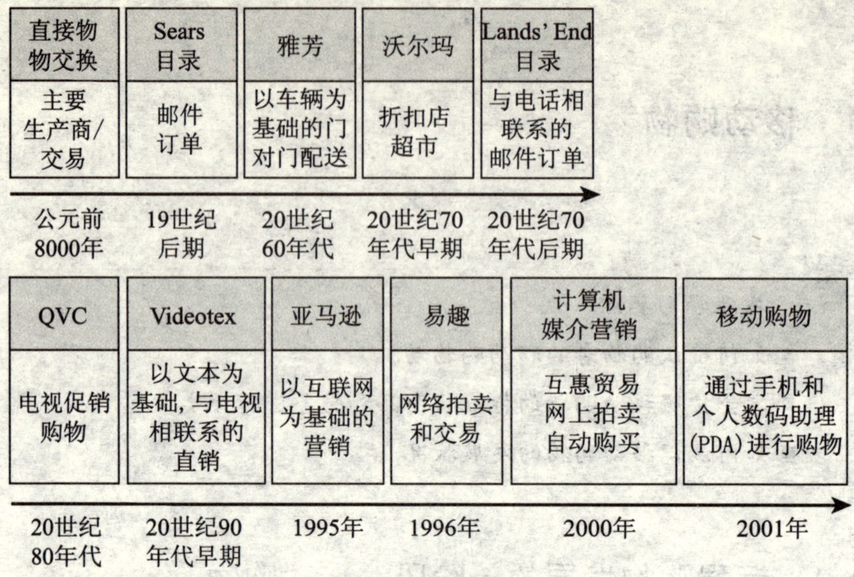

图 11－1　零售业的发展变革

来源：摘编自 Fenech（2001）。

11.2　移动购物的由来

在不到 10 年的时间里，互联网迅速从一个传递信息的工具发展成为交流和娱乐的媒介。在新用户的增长速度出现明显回归（如图 11－2 和图 11－3 所示）之前，互联网的应用情况一直是呈几何级数增长的。

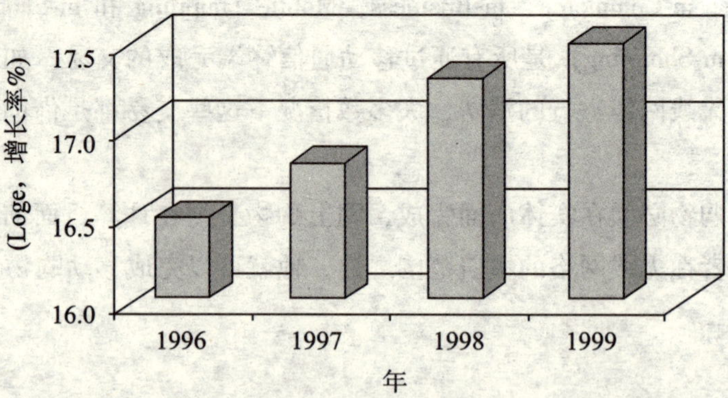

图 11－2　互联网增长率

学习笔记：

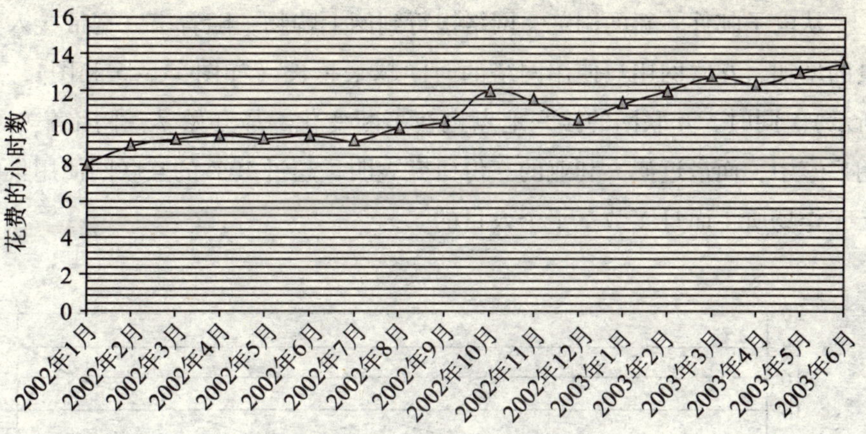

图 11－3　花费在网络上的时间

而增长速度的减慢可以从 Rogers（1971）的曲线中得到解释，早期的创新派迅速成为互联网的追随者并逐步壮大。数据表明，增长速度的减缓并没有影响到互联网应用的广泛性，像范德鲁赫在 2003 年所指出的，在 2001～2003 年，人们在互联网花费的时间几乎翻了一番（如图 11－4 所示）。

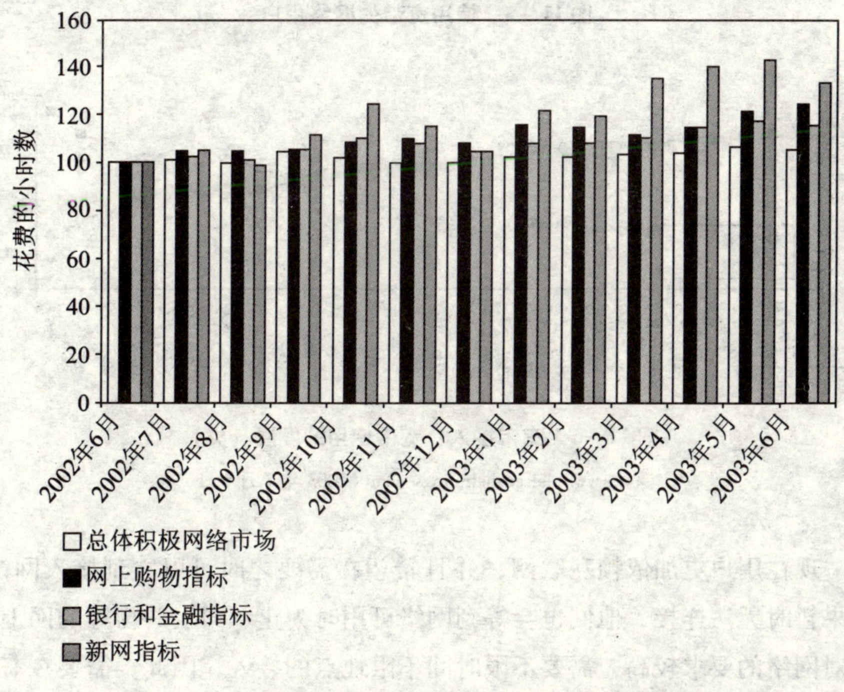

图 11－4　以 2002 年 6 月为基准，比较每种网站的浏览者

学习笔记：

从电子邮件、新闻浏览、网络银行到网上购物，随着家庭宽带接入数量的增加，互联网用户使用网络的时间越来越长（如图 11－5 和图11－6所示）。同时，互联网的接入地点也在不断变化。最开始私人网络集中于用户家中，而最近澳大利亚的一份研究表明，超过40%的互联网使用集中于工作场所，而且多数基于个人目的。

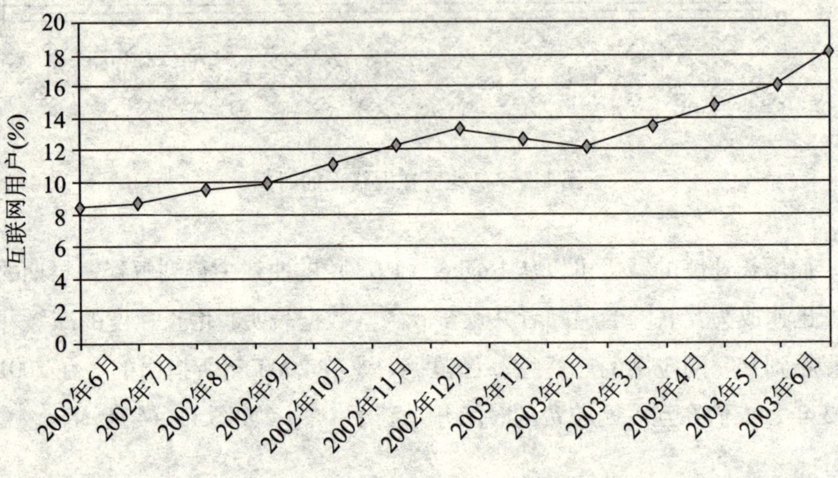

图 11－5　使用宽带的网络用户

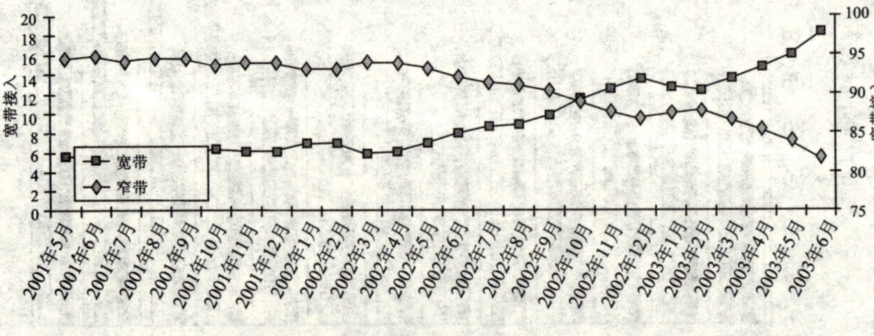

图 11－6　宽带接入：宽带使用的发展（%）

来源：www. nielsen-netratings. com（2003 年 7 月 8 日）。

现在用户更加依赖互联网，并且希望在需要之时可以立刻接入网络，如果暂时无法连接，他们也会等到网络可用时为止。网上购物等的网上服务对网络的要求较高，需要不限时间不限地点的接入，因此，需要在有线网络接入的基础上发展无线网络。

11.3 实现移动购物需要什么条件

与互联网一样，移动网络同样需要特定的平台设施。要构建移动购物的环境，最基本的平台设施是网络系统和无线通信设备。

11.3.1 网络系统

假设你在饭店举行会议，并需要安排之后的相关事宜，如预订机票和宾馆房间，你就可以通过互联网来进行预订，但如果不能通过电话上网或接入局域网上网，这些就无法实现了。而移动网络就可以解决这个问题，将笔记本电脑与手机连接起来，然后通过手机接入 GPRS 或 GSM 网络，使笔记本电脑接入互联网。这种接入方式的缺点是速度比较慢，从 9600bps 到 64Kbps 不等；而且移动运营商资费较高，因此这种接入方式并不实惠。当前 Wi-Fi 网络是一种更好的选择，其应用也在不断增长。美国、欧洲及亚太地区的主要电信运营商 Telstra（www. telstra. com. au）和 Sprint（www. sprint. com）等开始在酒店、快餐连锁店和机场候机室设立发射 Wi-Fi 信号的“热点”。与传统互联网计费方式相似，接入 Wi-Fi 同样采取订购方式，按照小时收费，而且其费用要高于传统有线网络。运营商也可以在无线网络区域提供廉价或免费的 Wi-Fi 接入，用于收发邮件、购物、游戏等。

11.3.2 无线通信设备

如果你的电脑只支持有线网络，即使进入无线网络覆盖区域，也无法从中获益。进入无线网络连接并进行移动购物所需的通信设备如下：

1. 支持 Wi-Fi 功能的个人电脑，同时需要连接到网络服务商（ISP）的网络：

- 电脑制造商在笔记本电脑中加入无线网络技术，如戴尔公司的 Inspiron 500M 电脑就采用英特尔迅驰芯片；
- 正如添置调制解调器就可以拨号上网一样，电脑用户可以借助无线网卡进行无线网络接入（如图 11 -7 所示）。

学习笔记：

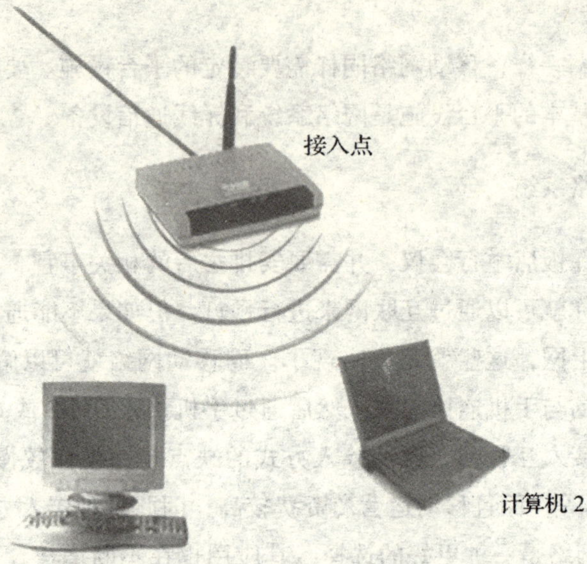

图 11－7　无线网络硬件

来源：D-Link。

2. 具备 Wi-Fi 或者蓝牙功能的个人数据助理（PDA）。蓝牙能够实现手机和电脑的无线连接，采用与 Wi-Fi 类似的技术，但传输距离等功能不如 Wi-Fi。具备蓝牙功能的 PDA 具备以下任一条件就可以接入互联网：

- ISP 网络；
- 接入到互联网的电脑；
- 接入到 GSM 网络的手机。

3. 具备 Wi-Fi 或蓝牙功能并接入 GSM 网络的手机（如图 11－8 所示）。

学习笔记：

图 11－8 电话功能的升级：网络连接、
音乐和录音重放以及计算机功能

来源：www. nokia. com/nokia/0，8764，47563. html（2003 年 11 月 5 日）。

想一想

以上服务是否具有网络接入费用高、用户数量少、使用地点受到限制等共同点？你是否会认为此类服务过于专业化而难以推广？这就像在 20 世纪 90 年代中后期互联网服务向大众推广时期的情况一样，当时，随着最终用户（消费者）数量的增加，以及供应商和从事网上零售的站点不断地扩展，互联网接入的费用和相关硬件（例如计算机和调制解调器）的价格都有了相应下降。我们同样可以期待 Wi-Fi 技术的推广也会沿着这样的适应性曲线进行。

11.4 区别移动商务和传统电子商务的一些特征

尽管是电子商务的一个部分，移动商务还是有它自己独特的特征：

1. 移动性（Mobile）：移动商务并不受到互联网光缆的限制，也不受接入点的限制，用户可以随身携带手机、PDA 等移动通信设备随时随地进行购物（要有无线网络覆盖）。

2. 无处不在性（Ubiquity）：移动技术可以让用户在任何具有移动通

学习笔记：

信信号覆盖的地方获取信息。

3. 个性化（Personalization）：移动硬件有存储容量上的限制，内置软件可以更好地帮助用户进行信息存储和分类，以满足用户的需求。

4. 灵活与便捷（Flexibility and Convenience）：移动通信设备的便捷性表现在用户可以不受时间地点的限制进行购物。不论用户忙于旅行、工作还是其他活动，都可以通过手机和 PDA 互相交流，也可以单向接收信息。

5. 传播性和本地化（Dissemination and Localization）：零售商或其他信息编写人都可以通过无线网络向部分或者全部进入这个区域的移动商务用户发送特定信息。

了解了这些特征以后，我们可以设想一个场景：一个本地餐馆推出午餐素菜（顾客化）特惠活动，然后可以通过发送信息的方式将信息传播到附近的几个街区（传播性），所有在这个区域内的移动商务用户都可以收到这条信息，即使他刚刚驾车（灵活性）离开这个区域（无所不在性）也可以收到。

11.5　推动移动商务增长的因素

移动商务具有自己独特的特征，但这并不能保证它可以完全适应市场需要。以下其他因素能够推动移动商务的增长：

1. 手机和 PDA 应用的增长

- 芯片制造技术的进步。英特尔公司早已将无线网络模块融入迅驰电脑芯片组（www.intel.com/products/mobiletechnology/index.htm）。电脑（笔记本电脑和台式电脑）的无线网络调制解调器的价格已经明显下调，并且开始成为有线网络的替代品；
- 移动通信设备的地位在文化上已经得到巩固。手机已经从昂贵的商务工具发展成为可以传送声音和文字信息的交流工具［文字短信（SMS）和多媒体信息（MMS）］。同时，为了加快手机融入市场的速度，诺基亚和西门子这样的公司还开发了一系列的时尚手机，这时手机已经从通信设备逐渐成为时尚物品。

2. 网络资费的降低

- 电信运营商所面临的竞争压力和生产系统效率的提高使得通信设备和信息传输的成本都有所降低。

学习笔记：

3. 电信运营商对用户的激励措施

- 通过降低通信设备的价格来鼓励网络使用；
- 通过降低网络资费来鼓励网络使用。

4. 公平对待用户

- 有交流障碍的潜在用户，在使用移动通信设备进行移动购物时，同样可以使用声音辅助系统或进入音频导航网站。

微型案例分析 11 - 1

AvantGO

AvantGO 是英国最大的电信运营商之一，为手机和 PDA 用户提供全面资讯，以及来自超过 200 个供应商的购物信息，包括图书、CD/DVD、电脑、旅游、电子商品以及服饰等。从 1999 年起，总部设在加利福尼亚、拥有 350 名员工的 AvantGO 开始为移动通信用户提供互联网信息服务。PDA 的销售增长迅速，平均每年在欧洲的销量超过 700 万台。AvantGO 公司的服务信息不断更新，其金融信息主要来自彭博（Bloomberg）和《金融时报》（Finanical Times），新闻来自 BBC 和《每日电讯报》，其他相关内容还包括体育信息和地图导航等。AvantGO 的收入主要来自于离线服务商，同时享有部分广告收入，而消费者通过付费方式来获得相应资讯服务。

英国 PDA 购物的目标顾客为年轻男性，具有高学历、高收入的特征，而 AvantGO 则专为手机和 PDA 用户提供网络资讯服务。PDA 的使用者可以在任何时间任何地点下订单进行购物，在旅行过程中没有网络的时候同样也可以进行订购，当下次 PDA 接入有线网络或无线网络的时候，订单会自动发送出去。此系统提供了极大的灵活性，使得移动商务摆脱了实时在线的限制。同时，使用 PDA 和手机上网的用户具有很高的忠诚度和互动性，点击率要比一般的网络促销方式高 10 ~ 20 个百分点。根据 AvantGO 的数据，带有电子条形码的特价商品有高达 5% ~ 8% 的回头率。图 11 - 9列出了最畅销的商品品类。

学习笔记：

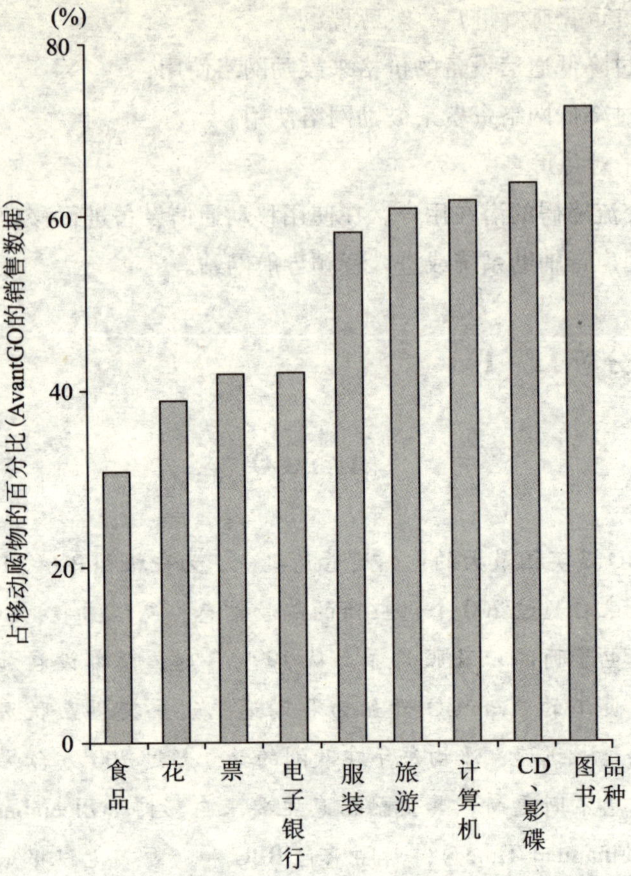

图 11－9　移动消费者购买什么（移动电话网络和 PDA）

来源：AvantGo Demographic Survey。

11.6　移动商务的支付

通过移动通信设备进行的支付一般属于小额支付方式。借助移动通信设备和本地网络，消费者可以用以下的一种或几种方式进行小额支付：

1. 短信（SMS）支付

消费者在购买商品时，输入特定商品对应的号码并发送，商品的价款就会自动从手机费用中扣除。可口可乐的饮料自动售卖机支持传统的投币方式，同时也支持短信付款方式，机身就标有短信订购方式的短信对应号码。需要购买饮料的消费者在手机中输入相应号码并发送信息，机器就会接收到消费者发送的信息，然后消费者就可以选择想要的饮料了，而饮料费用将会显示在下个月的短信账单上。

学习笔记：

2. 直接通过移动设备相关账户进行支付

当前移动通信技术不断发展，移动通信设备可以绕开电话而直接与电脑等类似设备连接，进行一定距离内的数据传输。帮助移动通信设备实现此功能的配件包括红外线、蓝牙以及 Wi-Fi 传输。移动通信用户可以像往常一样采购商品，然后到柜台结账。不同的是，结账的方式既不通过现金或信用卡，也不通过转账，而是使用移动通信设备的相应账户，通过数据传输方式进行付款。

与短信购买可口可乐类似，印度 BPL 移动公司的用户可以将自动售卖机液晶屏上显示的信息发送至 2233，自动售卖机就会确认用户的手机号码，然后询问用户喜欢什么样的巧克力并指导消费者完成交易。最后，用户会收到一条确认此次交易的短信。交易费用可以从预付费中扣除，也可以直接计入用户每月的手机账单之中（Hindu Business Line，2003）。

3. 通过清算机构结算

借助中间媒介或支付机构来代表消费者进行支付。移动支付服务联盟是一个由西班牙移动通信（Spain's Telefonica Moviles SA）、德国 T-Mobile、英国 Orange 移动通信和沃达丰电信联合成立的集团，广泛地提供支付服务。通过移动通信设备进行的支付通常是小额支付。

小额支付（Micropayment）

如上所述，移动购物技术允许消费者通过各种各样的方式进行支付，方式分类如下：

- 无人销售设备（Unmanned Point of Sale Equipment）。例如，食品和饮料售卖机、停车计时器、公共交通购票系统（Editor，2003b）；
- 人工销售柜台（Manned Shopping Counter）。例如，快餐和饮料供应商；
- 实时的手机支付（Full-time Cellular Phone Merchant Connection）。例如，短信息和 WAP 站点都可以自动从消费者的手机账户中扣取费用，免除了烦琐的信用卡信息输入步骤。

小额支付对零售商的益处包括：

- 将账户与移动通信设备相连接。例如，手机的收费并不会动用信用卡里的资金；
- 减少了自动售卖机向消费者找零的需要；

学习笔记：

- 欺诈性支付减少。当用户的移动通信设备被盗时，运营商便会停止该设备的网络接入服务，使得这台设备无法再进行支付；
- 增加了低价值商品的冲动性消费。

小额支付对消费者的益处包括：

- 减少了对现金和信用卡的依赖性；
- 消费记录会体现在进行小额支付的账户上，例如，手机账单。

11.7 描述一个移动购物用户

目前，移动商务环境正处在新兴阶段，零售商正在逐步完善，消费者也正在逐渐适应。零售商正面向移动购物用户的需求进行自身调整，本节将对接受移动购物方式的消费者和仍未接受的潜在消费者进行描述。笔者与研究机构 Fenech（2002 年，2003 年）合作，做出以下描述：

1. 购买行为

这类消费者非常节俭，喜欢购物，并且易于接受新鲜事物。其特点为：

- 具有购物冲动；
- 对购物的便利性有较高要求；
- 喜欢购物的创新性；
- 对无店铺交易持积极态度；
- 对购物持乐观态度；
- 对价格敏感；
- 追求多样性。

2. 移动通信技术的应用

这类消费者已经很好地利用了手机的各项功能，喜欢频发短信。

3. 购物和通信环境

这类消费者对于自己在消费过程中做出的贡献非常自信并且渴望移动购物的便利性。

其特点如下：

- 渴求手机购物的便利；
- 享受手机购物的乐趣；
- 对在线支付的金融风险关注度低；

学习笔记：

- 对来自 ISP 的隐私风险关注度低；
- 对移动通信运营商满意度高。

网上零售的概念于 1996 年首次提出，当时很多人还觉得难以接受。如今，远离电话和实体零售店面的移动购物虽然也没有完全普及，但我们早已见证了网上零售的成功历程，它的成功也将明显缩短移动购物的适应过程。

章节概要

有些人认为销售行业一直无所创新，但零售业却有所不同。零售业已经从最初的实体店面交易发展到无店面购物，现在又出现了移动购物方式，借助无线网络环境和设备的支持，购物者可以进入无线网络进行浏览和购物。移动购物设备不但能够帮助消费者随时随地下订单，而且也可以进行移动支付，省去了使用现金或信用卡进行结算的麻烦。

移动购物不会取代网上购物，两者可以相互促进共同发展。移动购物设备的广泛使用推动了移动购物的进一步推广，可以帮助潜在消费者去接触这项服务，但同时也要求那些极度昂贵的网络系统供应公司降低资费，为移动购物的发展创造条件。当前购物的一个突出的问题就是“弃车综合征”，而如果将购物与手机联系起来就会降低“弃车”行为的发生，从而减少零售商的损失。购物者在获取购物车之前必须向手机输入相应代码，如果购物车遭到遗弃而没有及时归还，损失将会从手机中扣除。零售商们逐渐开始使用此项技术，既可以迎合当前的发展趋势，又能便于管理，减少损失。

最后一章我们将继续探索（网上）零售业的未来发展趋势。

案例分析 11 -1

麦当劳：“你愿意在用餐时使用 Wi-Fi 吗？”

麦当劳的故事被奉为市场营销的经典案例，甚至成为公司成长、特许经营和销售业绩的标杆。故事始于麦当劳两兄弟在 1940 年创建的餐馆，并于 1954 年首次开展特许经营。由于与两兄弟的理念以及公司名称相一

学习笔记：

致，雷·科洛克收购了麦当劳兄弟的公司，之后于1965年带领麦当劳公司上市，成长为在100多个国家拥有超过30000家连锁店的全球连锁餐饮业巨头（www. mcdonalds. com）。

令无数人惊奇的是，麦当劳在2002年首次公布季度亏损，数百家分店关闭。与2001年同期27.2亿美元的利润（Editor，2003a）相比，2002年第三季度麦当劳的亏损额高达34.4亿美元。公司所面临的形势因为持续增长的竞争压力、欧洲的牛肉危机，以及服务质量投诉的增加（Comitex，2002）而雪上加霜。不光是来自外界的困难，连锁店自身的问题也开始浮现出来。全球各地的总加盟商在业务上显得并不稳定，并且多次与总公司对簿公堂（Smith，2001）。公司开始通过创新来应对严峻的问题，向新千年的消费者提供新颖的产品和服务，但要赢回往日的声誉和利润还需要更大的努力。

每个麦当劳餐厅都引入了Wi-Fi无线网络服务。所有来到麦当劳餐厅的顾客，只要携带了拥有Wi-Fi配置的笔记本或移动通信工具（例如手机和PDA）就可以接入网络。顾客可以使用信用卡付费，接入费用大约是每小时5美元。此类覆盖无线网络热点的餐馆通常都有@符号标记，顾客可以以此来进行辨认。

图11－10　很多新型电话能够进行Wi-Fi

麦当劳快餐连锁店在全球25个国家进行了无线网络热点实验（Techweb News，2003）。为什么呢？麦当劳总公司的副总裁费尔·格雷（Phil Gray）这样解释："这是一种高科技创新与便利性的结合，我们想要通过此项服务告诉我们的顾客：'麦当劳将会成为他们生活中的一部分'。"（Kewney，2003；McDonald's，2003）麦当劳的首席执行官盖依·卢索（Guy Russo）认为他的多数目标顾客都是忙碌的商务人士，对移动数据需

学习笔记：

求量大："事实上每个社区都有我们的餐厅，通过设置无线网络的接入服务，我们已经在业界处于领先地位，并且能够很好地满足顾客的未来需求。"（Russo，2003）麦当劳在每个地区只选择一家无线网络运营商，以便给加盟店提供统一简便的 Wi-Fi 接入服务。在芝加哥，他们选择了东芝公司的 SurfHere 高速无线网络。这种统一性意味着想要去麦当劳餐厅上网的顾客不需要事先调查周围有没有可用的无线热点（Shim，2003）。如同以前人们在饥饿时会想到麦当劳一样，现在的麦当劳可能会成为人们在办公室和家庭以外上网的第一选择。根据朱庇特研究中心（Jupiter Research）的朱莉·阿斯克（Julie Ask）的分析：

我认为麦当劳的无所不在性与其出售食品的主业同等重要。如果麦当劳的店面无处不在，并且全部覆盖无线网络热点，麦当劳将建立一个重要的 Wi-Fi 覆盖区域。而此区域的热点不是公共的，而是麦当劳的（Singer，2003）。

除了美国本土，麦当劳计划在日本的连锁餐厅中覆盖多达 4000 个无线热点，同时，麦当劳希望和澳大利亚最大的电信运营商 Telstra 合作，并利用 Telstra 已有的覆盖了澳大利亚全国大部分候机室和连锁酒店的无线网络（Russo，2003；Singer，2003）。

然而，麦当劳在美国的所有 Wi-Fi 服务都在亏损，甚至还有几家破产（Kessler，2003），麦当劳的 Wi-Fi 服务在短期内无法收回成本，而且很难断定顾客去麦当劳餐厅就餐的目的是否与无线网络服务有关。麦当劳的公司文化是吸引顾客，为顾客提供食物，然后顾客离开，这一切都是基于快节奏的。顾客在麦当劳逗留或将食物外带的习惯与麦当劳顾问雷·科洛克的设想相去甚远。批评者认为在计算机前工作和吃快餐绝不是很好的搭配（Mohney，2003）。莫尼（Mohney）在他的文章中写道："我喜欢他们的鸡蛋饼和腊肠，但像大多数美国人一样，除非是时间紧急，否则我是不会进去吃饭的。"（Mohney，2003）

麦当劳正在成长并且设施齐备。最初，科洛克为麦当劳服务的速度所惊讶，当他接手之后，他把麦当劳的服务扩展为提供便宜的汉堡包以供家庭外出食用。麦当劳也推出驾驶快餐甚至是滑雪时可以食用的快餐，不断满足顾客的需求。同样，麦当劳提供无线网上服务也是一种尝试，为了满足顾客正在改变的生活方式，满足顾客对随时上网收发邮件、聊天、搜集信息、文档处理以及移动购物的需求。

学习笔记：

思考题

问题 11－1　电脑用户从认识到认同网络经过了漫长的时期，五年之后人们才普遍使用网络来获取信息并进行网络购物。移动购物也同样需要经历漫长的认知和接受阶段。那么零售商是否有必要从现在开始就利用手机和 PDA 进行宣传呢？

问题 11－2　很多人外出就餐就是为了摆脱工作环境，而像麦当劳和星巴克一样设立 Wi-Fi 热点服务会不会疏远这部分人？

扩展阅读

BALASUBRAMANIAN, S., PETERSON, R. A. AND JARVENPAA, S. L. 2002. 'Exploring the implications of m-commerce for markets and marketing', Journal of the Academy of Marketing Science, 30 (4), 348－361.

GORDON, C. BRUNER Ⅱ AND KUMAR, A. (in press) 'Explaining consumer acceptance of handheld Internet devices', Journal of Business Research.

IRVINE, CLARKE Ⅲ.. 2001. 'Emerging value propositions for M-commerce', Journal of Business Strategies, 18 (2): 133－149.

参考文献

ANONYMOUS. 1996. A Brief History of McDonald's. 2003, mcspotlight. www. mcspotlight. org/company/company _ history. html [accessed 26 November 2003].

COMITEX. 2002. McDonald's CEO Defends Revival Plan, Associated Press, www. licenseenews. com/news/news79. html [accessed 25 November 2003].

EDITOR. 2003a. McDonald's Posts First-ever Loss, BBC, www. news. bbc. co. uk/l/hi/ scotland/3229217. stm [accessed 25 November 2003].

FENECH, T.. 2002. 'Exploratory study into WAP (Wireless Application Protocol) shopping', International Journal of Retail and Distribution Management, 30 (10), 482－197.

FENECH, T.. 2002. 'Factors Influencing Intention to Adopt Wireless Shopping', in J. E. Lewin (ed.) Proceedings of World Marketing Congress, Perth, Western Australia: Academy of Marketing Science, pp. 729－734.

HINDU BUSINESS LINE. 2003. Now You Can SMS For A Chocolate: Cadbury, BPL Mobile, E Cube Tie-up for Venture, www. allaboutvending. com [accessed 20 November 2003].

学习笔记：

KESSLER, M.. 2003. Small Firms Get in Position for Wi-Fi Boom, USA Today, www. Usatoday. com/tech/news/2003 - 07 - 07 - wifi-quirky _ x. htm [accessed 26 November 2003].

KEWNEY, G.. 2003. News-Burger-surfing: McDonald's Announces 'Biggest WiFi Move Yet' in Chicago, Newswireless, www. newswireless. net/articles/030813 - buiger. html [accessed 25 November 2003].

McDonald's. 2003. McDonald's Announces Largest Wi-Fi Launch to Date, www. McDonald's. com/countries/usa/whatsnew/pressrelease/2003/08122003/.

MOHNEY, D.. 2003. McDonald's Wi-Fi Overcooked?, Breakthrough Publishing, www. Theinquirer. net/default. aspx? article = 82883 [accessed 25 November 2003].

RUSSO, G.. 2003. McDonald's Nets Telstra Wireless, Hospitality Magazine, www. Hospitalitymagazine. com. au/articles/aa/0c0154aa. asp [accessed 26 November 2003].

SHIM, R.. 2003. McDonald's Shakes Out Wi-Fi, Silicon. com, www. silicon. com/ etworks/wifi/0, 390246639, 36639, 00. htm [accessed 25 November 2003].

SILICON. com. 2003. Leader: Wi-Fi: Right Time, Wrong Place?, www. silicon. com/comment/0, 39024711, 39116650, 00. htm [accessed 25 November 2003].

SINGER, M.. 2003. McDonald's Serves Up Wi-Fi in SF, Jupitermedia Corporation [accessed 25 November 2003].

SMITH, T.. 2001. Brazil FARANCHISEES Sue McDonald's, Associated Press, www. Mcspotlight. org/media/press/meds/associatedpress0712011. html [accessed 25 November 2003].

STRUTT, S.. 2003. 'Fun on the net…at the boss's expense', Australian Financial Review, 18 July: 5.

TECHWEB NEWS. 2003. Race for McDonald's Wi-Fi Business, United Business Media, www. techweb. com/wire/story/TWB20031028S0009 [accessed 25 November 2003].

VON DER LUEHE, M.. 2003. Overall Growth is Steady in Internet Connections, but Broadband Increases by 36% in Past 6 Month, Nielsen-netratings, www. nielsen- netratings. com [accessed 18 August 2003].

网站链接

www. csd. toshiba. com/cgi-bin/tais/hs/hs _ home. jsp SurfHere 是一个高度公共无线网络，由东芝公司提供，支持 Wi-Fi 802. 11b 技术。

www. inte. com/products/mobiletechnology/index. htm 迅驰技术由英特尔公司推出，为个人电脑用户提供综合无线通信能力，改善移动技术，延长电池使用寿命，使电脑

学习笔记：

变得更加轻薄。

www.mcdwireless.com　麦当劳在芝加哥、纽约、旧金山和加拿大的超过100家连锁店提供高速无线上网服务。2003年3月，麦当劳进行了在线促销，并且对东芝笔记本电脑和掌上电脑等提供免费样品促销。

www.sprint.com　美国电信组织提供远程电话服务、拨号上网、宽带上网服务以及移动通信设备。

www.telstra.com.au　澳大利亚最大的电信传输工具，承载着绝大部分互联网和移动电话信号的传输工作。

www.weca.net　非营利性组织，建于1999年，用于保证基于IEEE 802.11规格的无线局域网的通信能力。

学习笔记：

12　多渠道的成功和网上零售业的未来

本章学习要点

- 零售业原则在市场上有多成功
- 消费者如何利用网上零售的技术进步来改善自身的服务环境

12.1　介绍

1966 年 6 月 6 日，参议员 Robert F. Kennedy 在南非开普敦大学讲演时提到："中国有个谚语叫生不逢时（May he live in interesting times），不管你是否高兴，你就是生在这个时代。"此谚语的来源还有待进一步调查，它可能起源于西方而不是中国（Editor，2002），但对网上零售业而言，现在的确存在着生不逢时的情绪，并将持续下去。零售媒介从实体向电子网络进行转换，但消费者并没有及时地跟上市场的步伐，在需求和购物方面存在滞后性。受到网络泡沫破裂的冲击，很多网上零售商也纷纷破产，这说明我们对消费者的了解不够深入，理解匮乏，并没有建立起很高的忠诚度和信心。对消费者的研究需要从网站与其的潜在互动入手，考虑消费者和网上零售商的需求。Huarng 和 Christopher（2003）建议，通过传统消费者购买决策过程的互动性来检验网上零售项目的可行性。

12.2　顾客购买决策过程

潜在顾客的购买决策过程要经过认知需求、信息搜索、信息评估、购买决策和购买后行为这几个阶段。

12.2.1　认知需求（Need Recognition）

网上零售网站是传统展示窗口、信息平台、展示内容、情绪、促销等的集合体，其中推销人员可以激发消费者的消费热情。网上零售网站需要从网站访客中得到认知需求的回复。新顾客或回头客可以看做是四个基本营销要素的结合——价格（如特价、打折、无赢利阶段）、商品（如新商品、清货、季节性商品、流行时尚商品）、促销（如销售、季节性商品、消费者活动）和分销渠道（如免费送货、存储、安装），这强调了消费者自身的认知需求。如 Cookie 文件等网站技术，通过分析访客反馈的数据、接受访问的信息以及了解消费者的需求信息，使网上零售商进一步加强与网上购物者的关系。这些数据挖掘可以提高消费者忠诚度，鼓励他们去网上零售网站再次浏览并重复消费。

想一想

> 我们经常固定地进入某个网上零售网站而不是随意浏览，这说明我们已经处于认知需求状态了吗？

12.2.2 信息搜索（Information Search）

改进的电信技术和访问网络的大体人数已经将用户的可获得性转换成为对大批信息的定制和领悟。与实体零售商不同，网上零售网站有将大量的信息进行定制化的工具，从而满足处于认知需求阶段的网上购物者的直接和潜在的需求。没有个人的阻碍或是询问陌生人（如售货员）的自觉性，这可能是一个很明显的或是很愚蠢的商品相关问题，网上零售网站的访客可以通过网上零售商电子邮件系统的专业化信息如在线的商品小册子、商品比较、FAQ、商品使用建议、清洗和修复信息以及有效的搜索引擎技术等来获得。

12.2.3 信息评估（Information Evaluation）

潜在消费者通常会依据家人、朋友或曾经使用过该商品的人所讲述的经验来对商品和服务信息进行评估。网上零售也给消费者提供了相应平台，帮助消费者对信息进行认证和定制。很多以往的消费者在测试和对零售商的个性评估中扮演专家的角色，因此有经验的网上零售商鼓励新老消费者之间的互动，通过：

- 在线讨论平台；

学习笔记：

- 建议消费者对商品进行评价；
- 建议消费者对服务进行评价，并在线交换经验。

控制在线讨论平台和消费者评论能为零售商提供很多宝贵经验，并且可以对促销起到限制作用。同时，网上零售商还可以通过特殊渠道得到市场调查的免费信息。

12.2.4　购买决策（Purchase Decision）

消费者可能找到了他们感兴趣的商品而最终却没有购买。通常，网上零售商推荐某种特定商品，消费者将其放入网上购物车中，但随后消费者可能中断交易过程而选择离开网站。这种行为称为“弃车综合征”（Davis，2001；Berry 等人，2002；Fenech，2002）。从对弃车综合征的研究中，Fenech（2002）列出了影响的主要因素（按影响高低排列）：

1. 更低的水平教育；
2. 网站购物的更高频率；
3. 更关心在线数据风险和欺诈；
4. 网站服务出现问题的更大频率；
5. 将购物作为是看望家人朋友的工具；
6. 考虑很多关于网上零售商的追踪数据；
7. 更年轻的消费者；
8. 缺乏激励的消费；
9. 浏览之后购买的更高频率；
10. 更高程度的流行意识；
11. 网上搜索商品信息的更高频率。

尽管无法复制实体商店的互动优势，网上零售商仍可减少消费者的弃车行为。订购过程的流水线化就可以改善零售商与消费者之间的互动：

- 改进网上零售网站的导航性；
- 改善链接与互动工具的结合，进而激发消费者的流行意识；
- 提供所需商品的信息；
- 更好地使用在线帮助工具和屏幕提示；
- 建立聊天室和在线讨论平台，与家人、朋友和新认识的人分享经验；
- 改进保证（交货、数据安全、30 天试用期）；

学习笔记：

• 离线联系细节（电话号码、传真号码、地址）。

12.2.5 购买后行为（Post-purchase Behaviour）

不管是实体还是网上零售商，其生存和成功的关键在于产生重复购买行为。如果消费者进行重复购买，说明他对零售商充满信心；但如果消费者不断抱怨或零售商从不对在线问题进行反馈，那这种信心就很难建立。根据 Cho 等人（2002）的研究，由于疏远消费者、没能满足消费者预期而导致的抱怨的多是关于：

• 商品服务；

• 网上零售的页面技术（包括但不局限于网站），它结合了技术的有用性及没能产生作用的技术；

• 网上零售商的信息来源；

• 支付/结算问题：协议条件（包括交货时间）。

为了减少消费者需求未能得到满足的情况，网上零售商提供比在实体环境中更多的信息细节。Cho 等人（2002）提出需要提供的信息细节，包括：

1. 商品服务

尺寸选择、颜色变化及其他所有尺度。提供真实的颜色样本以减少由于计算机控制器的不同而导致的色彩误差。

2. 网上零售商的网页技术（包括但不局限在网站）

• 提供相应技术来满足购物高峰期（如情人节、母亲节）的需求；

• 系统有误时保证有充足的支持；

• 提供潜在订购工具，消费者对此可能感到反感，也可能喜欢这种服务；

• 为非专业性的计算机用户提供改进的便捷的使用工具。如更大的字体显示，声音识别命令，网页中的语音回复及页面描述（为那些看不到图片的用户提供阅读识别）；

• 网上零售网站给用户的提示，包括商品的未知影响、脱销商品的补给及订单的完成情况；

• 这些提示通过电子邮件、短信服务、自动传真或其他方式告知用户。

3. 网上零售商的信息来源

• 详细的、正确的、即时的（不是过时的）信息；

• 在网上零售网站上容易寻找；

• 链接到相关网站的服务不仅使零售网站成为一个购物网站，也成为一个网站入口或门户。网站建设者要努力将网站建成一个受欢迎的网站入口；

• 交易完成后持续维持客户关系：使用电子邮件或其他工具及时更新相关服务信息（例如，顾客购买了微波炉以后，他每月都可以收到一份烹饪秘籍）。这种做法能够保持与顾客的联系，并维持消费者满意度；网络空间可以卖给进行促销的零售商。

4. 支付（Payment）、结算（Settlement）问题

• 不是所有的消费者都想将他们的个人细节和活动信息透露给网站。为了争取这些潜在的消费者，网上零售商要使消费者在消费中的危险最小化。在澳大利亚，Wishlist（www.wishlist.com.au）的消费者可以选择将在线购买的商品寄到当地的 BP 石油服务站而不是自己家中。这样消费者既能挑选保护个人地址信息的网站，又能在线消费中意的商品。

• 与网上零售商合作的大多数快递机构（如 DHL 和 FedEX）在配送过程中为购物者提供追踪商品的工具。网上零售商可以提供商品“正在途中”的信息，顾客可以在任何时间监测所购商品的方位。

想一想

对于零售商而言，传统的广告沟通服务涵盖很多内容，如印刷册、Logo、货架标志；新型零售商广告沟通服务则包含短信和网站服务。如果零售商努力更新所有的广告沟通服务设施，为什么我们还认为网络信息服务超前呢？

12.3 混合零售商——未来零售业中可能的最大赢家

如第 10 章讨论的，无论是实体模式还是直接虚拟模式都不存在绝对的优势或劣势，因此零售商往往选择混合商业模式（Hybrid Business Model）。在多渠道零售商看来，混合零售商可能最有机会获得网上零售的最大优势。

学习笔记：

Haeberle（2003）对多渠道零售商进行了研究。文章证实多渠道零售商2002年的销售额占网络销售总额的72%，比2001年增长5%，比2000年增长18%。将利润作为衡量指标的话，多渠道零售商和品牌零售商在市场中的影响力最大。Haeberle（2003）研究发现，2002年多渠道零售商有92%是赢利的。相比较而言，纯粹实体零售商的赢利率仅占80%，纯粹网上零售商仅有50%。

当John Lewis成功收购英国的Buy. com，此举壮大了收购方的实力，同时也提高了Buy. com这个昔日的实体零售巨头的经济信任度（Editor，2001）。网上零售商收购实体零售商的做法屡见不鲜，但这是网上零售商使用管理资本持续经营的一个早期案例。零售舞台上新的参与者正面临着巨大的压力，一方面是保持价格竞争力的降价压力，另一方面是使投资者从互联网泡沫的恐惧中走出、恢复投资信心的压力。

零售商的适应性：生存和发展的关键

实体零售商不能简单地依靠网络技术而转为网上零售商。为了推动与消费者的关系，零售商必须适应新的支持实体商店的电子化系统。美国的Sears（www. sears. com）就采用“在线消费、商店取货”（Buy online, Pick up at the store）的系统，消费者在Sears网站下订单并使用信用卡支付，然后到Sears实体商店取货。当商店没有足够的商品存货时，商店会使用电子邮件提醒消费者，并及时通报订单库存状态和补货时间信息。

忽视市场定位的力量将会导致零售商的失败。即使新分销渠道具有适应性也并不能保证未来一定会取得成功。美国零售商Egghead（www. egghead. com）在20世纪90年代早期就已有很高的市场地位，250个分店遍布全国，有坚实的品牌形象并一直处于赢利状态。比大多零售商要早，Egghead在1994年为技术消费者创建了一个在线平台。这个做法非常有效，新的分销渠道使得Egghead成为了第一批多渠道零售商之一。但遗憾的是，如Lightfoot（2003）所描述的，Egghead并没有协调好它独特的多渠道地位。它于1998年决定放弃所有的离线商店，集中精力进行在线交易而成为一个纯粹的虚拟零售商。随着公众化问题的出现以及网络泡沫的破裂，Egghead网站的顾客忠诚度降低，内部管理也相应出现一系列问题，于2001年申请破产（Thornton和Marche，2003）。Egghead的品牌和客户资产出售给了亚马逊，这对消费者来说可能是一个好消息，因为亚

学习笔记：

马逊继承了 Egghead 的客户隐私政策："请注意，如果你是 Egghead. com 的老顾客，Egghead. com 将不会向亚马逊透露任何您的有关信息，所以您需要重新填入必要信息来完成交易。亚马逊将把这些信息存入公司信息，请参看亚马逊的隐私注意事项。"（Amazon，2003）

12.4 你希望在网上零售中看到或听到什么

随着消费者教育背景的不断提高、信息可用性的增强以及立法的不断完善，逐步形成了一种新的客户类型。此类型的顾客需求层次更高、期望值更高，而且在和零售商的服务中有持续的对抗性。零售商鼓励新老顾客以及潜在顾客之间的交流，这样可以提高互动性，能为零售商起到积极作用。Metro 专为零售商提供营销系统、合理化建议和技术支持，使消费过程具有更大的个性化、可靠性和便利性（Metro Group，2003a）。

12.4.1 更大的个性化（Individualization）

客户对特定颜色、字体和内容都具有一定偏好，零售商店应该深度挖掘和追踪记忆这些信息并与自己的服务联系起来，创造更大的个性化。如果消费者是商店会员，或通过个人 RFID 标签与商店保持联系，电子个人消费助理（Electronic Personal Shopping Assistant）技术将记录这些消费者对商品特性、送货方式（如送货上门，包裹取送）和支付方法的偏好。为了节省消费者的时间，系统预先提醒消费者相关信息，并且提供库存信息和商品未决功能的提示。

12.4.2 更高的信任度（Reliability）和便利性（Convenience）

新技术将帮助零售商提高信任度。当消费者挑选了某种商品并放入购物车中，EPSA 将阅读商品的 RFID 标签，通过视频购物车向消费者展示商品细节。因此，货架价格混乱或并不醒目将不再是极其重要的营销问题。使用通过 ESPA 认证的 RFID 标签，消费者可以尽快得知商品和订购过程的每一个细节，如果价格信息缺失，零售商系统可以及时搜索或计算价格。

学习笔记：

图 12－1　未来消费者将使用会员卡来向零售商证明自己的身份

来源：www. future-store. org。

此项技术为零售商提供支持，在商品放入购物车而未结算之时，虽然商品未从存货系统中移除，但已经显示出存货减少的相关信号，提醒该商品处于低库存或脱销状态。

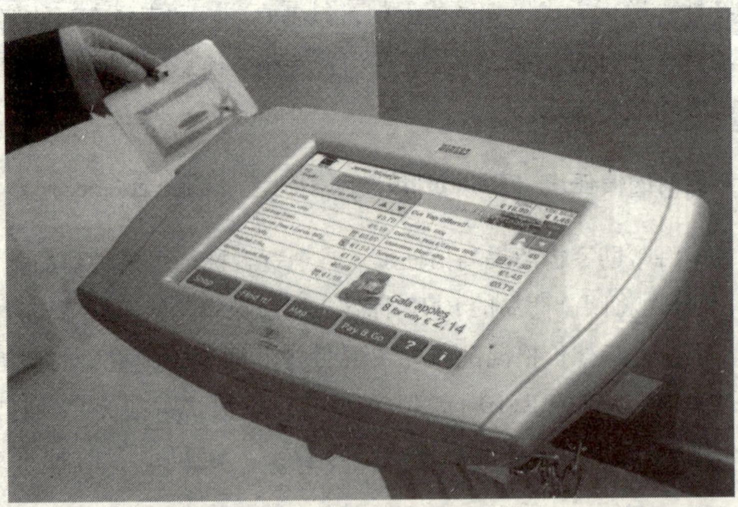

图 12－2　新型购物车——记录所选商品的每个细节（价格、运费等）并提出建议

来源：www. future-store. org。

学习笔记：

用户使用货架图（Planogram）来确定特定商品的位置及存货情况。消费者对经常光顾的商店已经非常熟悉，但当新品上架时，他们又会做何反应呢？这时就需要个人指导或由 EPSA 来引导，就像全球定位系统（GPS）引导汽车行驶路线一样。

12.4.3 商品跟踪（Merchandise Tracking）

交货问题是阻碍网上购物发展的主要因素（见第 7 章），而商品跟踪可能是解决此问题的有效途径。实体零售的早期发展印证了 Bernard Silver 和 Norman Woodland 在 20 世纪 50 年代早期的研究，条形码（Bar Code）也已成为追踪和记录零售商品的世界标准（Anonymous，2003）。一个标准的条形码由黑白相间的竖直条组成。阅读条形码时，一束光扫过，黑条就会发光，而白条宽度的大小也会相应产生影响，然后扫描仪将光束转换成由数据记录的脉冲。

条形码商品认证系统非常实用，但它存在一个明显的缺陷，即必须要通过扫描才能记录存货状态。如果条形码没有进行扫描，即使存货移入或移出也无法进行相应记录，同时也无法追踪商品信息。解决方法就是让存货自己来进入零售商的电子存货管理系统，但存货本身是不会说活的，需要借助微型 RFID 标签技术。

图 12-3 条形码

图 12-4 RFID 标签

来源：摘自 www.rsasecurity.com/rsalabs/staff/bios/ajuels/publications/blocker/RFIDprivacy.ppt。

学习笔记：

RFID 标签个头很小（大约是一平方毫米的四分之一），可以储存 64 或 96 位的信息，有至少十年的寿命。标签价格低廉，可以通过扫描仪发出的无线电波激活，也可通过电池激活。传导器激活之后，RFID 标签将信息传到零售商的存货系统之中。RFID 标签应用广泛，麦当劳（www. mcdonalds. com）和肯德基（www. kfc. com）已进入试用阶段；美国国防部应用 RFID 标签来改进存货管理；诺基亚将 RFID 标签应用于手机；主题公园将 RFID 标签放在表带上来确认孩子们的位置；欧洲中央银行正在考虑将 RFID 标签置于欧元内来减少纸币的违法印制和流通。

一些实体零售商已开始使用 RFID 标签，但出于隐私的考虑，沃尔玛（www. walmart. com）和贝纳通（www. benetton. com）放弃了标签的追踪（Gengler，2003）。RFID 的使用者也许只是希望查看商品位置，但 RFID 同样可以跟踪挑选这些商品的顾客，为隐私问题埋下了隐患。在超市、商店、购物中心、商场等地方，商品的 RFID 标签发出的电波信号能够探测到商品的位置，跟踪消费者如何从一个店面移动到另一个店面，以及在每个点停留时间的长短，这将引起道德困境。尽管有争议，Tesco（www. tesco. com）等零售商还是推荐使用 RFID，用来追踪商品和获取信息。下面我们将进一步探讨此问题。

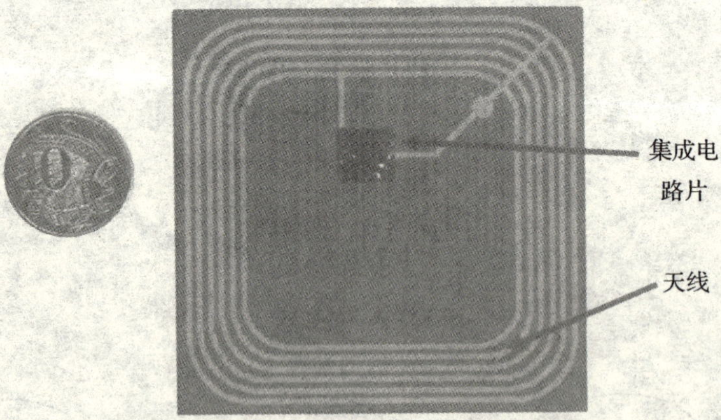

图 12－5　RFID 标签

来源：摘自 www. rsasecurity. com/rsalabs/staff/bios/ajuels/publications/blocker/RFIDprivacy. ppt。

学习笔记：

图 12－6　RFID 标签样本

来源：来自 www. rsasecurity. com/rsalabs/staff/bios/ajuels/publications/blocker/RFIDprivacy. ppt 中 Ari Juels 的文章。

随着 RFID 的广泛应用，零售商希望实现的管理和营销目标为：

1. 减少零售欺诈

RFID 标签将追踪服装、杂货、电子商品、音乐等商品，从而减少缺货带来的风险。

2. 供应链控制

RFID 标签能够追踪商品在码头和仓库的运转情况，同时还能记录在途销售的商品，如购物车中未结算的商品。

3. 存货控制

RFID 标签可以传递存货的相关信息，如价格、密码、财产项目和商品品类、尺码、颜色等信息。

4. 智能包装

在运输途中和商品发生损坏时，RFID 标签能够连接到任何受损商品的传感器上。损失可能是由非故意的损坏错误造成的，如食物的存储温度超出了所需范围。同样，传感器会发现第三方的恶意行为，如私自打开瓶盖放入商品以次充好的欺诈行为。

消费者能从使用 RFID 标签的零售商那里得到的利益：

1. 节省时间

RFID 与智能购物车结合，可以使消费者的购物完全自动化，购物车可以阅读每个商品的 RFID 标签并进行计算，消费者只需支付即可。

学习笔记：

2. 安全

生产商把 RFID 标签放入最终商品中，如果商品被盗就可以实行追踪。小偷经常从汽车中盗取零件，过去的控制板无法对其追踪，而 RFID 就可以实现。

3. 跟踪

“汽车钥匙搁哪里了？”RFID 标签阅读器可以存储消费者想要存储的商品信息，像经常遗忘的汽车钥匙，RFID 标签可以进行方位跟踪。

4. 提示和警告

RFID 同样具有提示和警告功能，防患于未然：

- 对于有害源——应个人健康要求而生的家庭健康系统。标签囊括商品的所有内容，甚至是复杂的化学公式，可以及时预警潜在危害家人健康的有害源；
- 对于服饰——RFID 标签会对不能机洗或只能干洗的衣物发出提示；
- 对于冷冻食品——RFID 标签会对冰箱里快要或已经过期的食品发出提示；
- 对于要烹饪的食品——RFID 标签将食物烹饪说明传给微波炉或烤箱，可以避免烹饪时间过长或是不足。

12.4.4 店内互动式电子亭（In-store Interactive Electronic Kioks）

多渠道零售商并不只销售实体商品，也可以销售虚拟的信息服务。通过互动式电子亭的使用，零售商能够提供的服务如下：

- 详细的商品信息；
- 价格比对；
- 商品使用建议；
- 票务；
- 自助服务；
- 个性化和目标化的促销；
- 相片冲洗服务——这是不断壮大的细分市场，可以插入消费者的相机存储卡，通过电子亭进行自助冲洗；
- 网络入口；
- 消费者忠诚度计划；

学习笔记：

- 银行和金融服务；
- 地图和导航服务；
- 人力资源服务，如招聘。

互动亭可以产生额外收入，由于采用自助服务模式，各种服务交易是在没有增加人员和费用的情况下进行的。

图 12－7　多种形式的互动亭

来源：www. meridiankiosks. com/Kiosk. asp。

12. 4. 5　电子化支付的更大用途

支票的出现能够刺激消费者超额消费。消费者只需填入支付金额，发行支票的金融机构就会为零售商支付。为了提高支票的柔性（Flexibility），使用金融机构的资金进行消费（以协议条件为限），商店和银行的信用卡成为支票之外的流行选择。

信用卡消费需要零售商得到支付许可、消费者签名或是个人认证码（PIN），此过程需要一定时间，而且零售商为此需要提供相关的专用设备。而消费者使用手机等移动设备（见第 11 章）就可以加快交易验证过程。如第 11 章所述，消费者可以给特定号码发送短信来进行支付。手机能通过红外线传输（IR）再次向零售商确认交费金额，然后由消费者支付或进行手机账户支付。

为扩大无线设备支付的使用，Royal Philips Electronics 和 Visa 宣布联合开发不需与其他设备进行实质性接触的芯片技术。应用这项技术，消费

学习笔记：

者只需将智能卡在感应器前晃动即可进行支付（Shim，2003）。此项技术能够减少支付迟延并提高消费者满意度。

主要信用卡发行商进一步开发了一种叫“Pay-as-You-Go”的新型支付方式，使得没有信用渠道的消费者也可以进行网上购物。

12.4.6 音频视频购物车

就像信任度和便利性一节中所讲到的，电子个人消费助理（EPSA）在和实体商店谈判时更倾向于消费者，这种倾向将为网上零售商和网上购物者提供更长远的利益。连接到购物车的接触屏，EPSA可以为消费者提供关于商品、店内活动、样本测试和商店特色等一系列信息。

音频视频购物车将作为双向购物数据媒介为消费者和零售商带来收益。消费者使用链接EPSA的购物车的好处是：

- 不喜欢购物经历的消费者能够快速购物；
- 商品服务和相关信息的顾客化；
- 记录经常购买的商品，防止遗漏；
- 减少询问商品位置的尴尬；
- 在去特定商店购物之前发出订单来减少延迟，如在肉类部购买特定部位的肉块；
- 提供特价信息或杂货专用信息。

图12－8 带有EPSA技术的音频视频购物车

来源：www. future-store. org。

EPSA连接的购物车同样能改进管理，通过对存货问题的认知来更好

学习笔记：

地进行控制和管理。未来网上零售商的优势是：

- 实时掌握存货情况；
- 更好地理解消费者的购物习惯；
- 使用交叉营销和向上营销来提高销售规模；
- 专用或是季节性商品的促销将引导消费者更喜欢进行消费；
- 改进零售商商品信息的反馈、日常流量类型以及货车显示情况；
- 在特殊情况下给予提示，如结算处排队情况的提示。

网上零售业的道路并不确定，但未来一定是光明的，网上零售将最终取得成功：当零售商和消费者互相充分了解之时，网上零售将会产生更大的销售额和利润。因此，零售商需要采用合适的技术来满足消费者的需求。

章节概要

技术的发展将提高零售商的投资决策成本。为了降低技术选择失误的可能性，网上零售商必须注意购买决策过程的阶段，即认知需求、信息搜索、信息评估、购买决定和购买后行为。缺乏对网上消费者购买决策过程的理解会促使“弃车综合征”的出现，甚至使网上零售商面临倒闭威胁。为了克服实体商店的不足，网上零售商要通过改进信息交换来帮助在线消费者做出购买决策，如新闻组合和FAQ网页。实体零售商同样可以进行技术改进，采用先进支付系统和RFID标签。因此，多渠道零售商正在引导零售业潮流，纯粹虚拟零售的竞争力正在减退。

本书在前文已描述了Matthew Wall（英国《星期日泰晤士报》记者）作为一个网上购物者的个人经历。Matthew认为网上零售时代已经来临，其需求形式也更加多样化，甚至是最忠诚的网上购物者也仍然喜欢在实体店面消费，信赖品牌和实体购物中心。消费者对实体消费的忠诚度确保主要购物街将不会被网上零售所替代，越来越多的实体零售商将采用多渠道策略。

案例分析12－1

Metro的特殊未来商店

2003年4月，杜塞尔多夫的Metro公司开了一家名为“未来商店”的

学习笔记：

零售店来测试零售技术。Metro是世界第五大零售商，在26个国家有2300个分店，销售额在2002年达到了51.5亿欧元。零售店适用的技术包括电磁频率认证、智能货架、电子货架标签、电子亭、个人消费助理、防骗入口、便携式个人扫描仪和自助结算。33000平米的未来商店由无线LAN（WLAN）覆盖，以Wi-Fi 802.11b的标准进行新购物技术链接。

参加未来商店开业仪式的有德国政府官员和各零售公司以及被授予第一位顾客头衔的德国模特Claudia Schiffer。Metro主动合作的40个伙伴中包括Chep，Cisco，Coca-Cola，Gillette，Hewlett Packard，Kraft Foods，IBM，Intel，Mettler Toledo，NCR，Oracle，Procter and Gamble，Symbol technologies和Wincor Nixdorf。

据Metro公司的Zygmunt Miedorf透露，公司对零售技术的应用具有很高的预期，认为新技术能够提高销售水平、降低成本、提高顾客满意度、提高服务的个性化和购物的便利程度。“未来商店”RFID的使用可同时看做对麻省理工、牛津、马萨诸塞州开发的Auto-ID技术的测试。Auto-ID技术采用EPC（电子化商品符号）——商品包装好的商品组中96字节的芯片认证器。接入RFID标签的“防骗入口”设在“未来商店”的出口，“自助结算”也安装了RFID阅读器。对没有RFID标签的商品，结算处使用条形码扫描仪。作为智能货架应用的一部分，RFID标签阅读器识别商品的移动状况。如果货架商品存量过低，需要在脱销状态发生而造成缺货损失之前进行补给，标签则会发出警告，PDA则会通过Wi-Fi将该警告传送到商店配送中心。员工可以通过接入无线网络的PDA检验存货，如果库存过低，就可以使用商品管理系统重新订购商品。未来PDA可以加入电话功能，员工能够利用PDA进行通话、信息发送和数据下载。

“未来商店”的下一个工具是个人购物助理（PSA），可以在接触屏显示智能购物车。PSA能够帮助消费者进入购物列表并进行查询；PSA的计算机软件同样可以对消费者进行导航。作为信息支持工具或广告媒介，PSA屏幕能够显示商品从货架上取下的录像或PSA购物车附近的商品。进入到商店支付系统，在到达结算处之前PSA就能帮助消费者扫描附有条形码或RFID标签的商品，并将商品细节和价格数据无线传送给结算处，缩短了支付时间。如果消费者选择自助支付，则又可以省去与结算人员沟通的麻烦。

PSA可以显示移出货架的商品的相关信息。“未来商店”同时在店内

学习笔记：

大量安装电子亭，展示商品的视频信息（如供应商、成分、存货等情况）。

Metro使用电子货架标签和广告展示，员工可以通过无线网络更新商品价格等信息，并通过商品管理系统进行改进，然后员工会收到一条信息回复。此项服务由RFID阅读器的智能货架提供，对数量很少或接近过期的货物进行预警并提醒进行更新。

波士顿顾问公司对“未来商店”进行了研究，发现新技术为大多数消费者积极接受。Metro公司“未来商店”的项目经理Gred Wolfram博士解释说：“消费者对一些创新技术很有热情。”商店使用的新技术提高了顾客光顾频率，为此项研究提供了事实依据。

在“未来商店”的新技术中，名为Veggie Vision的照相机受到了大力追捧，超过2/3的客户对此给予了关注。Veggie Vision能自动识别水果或蔬菜的品类并进行称重、显示价格。长期以来，人们一直认为技术应用与年龄成负相关关系，而在“未来商店”的测试中，年纪大的消费者也对新技术给予了高度关注，60岁以上的客户中有56%尝试了新技术。图12－9和图12－10显示了新技术的应用水平。

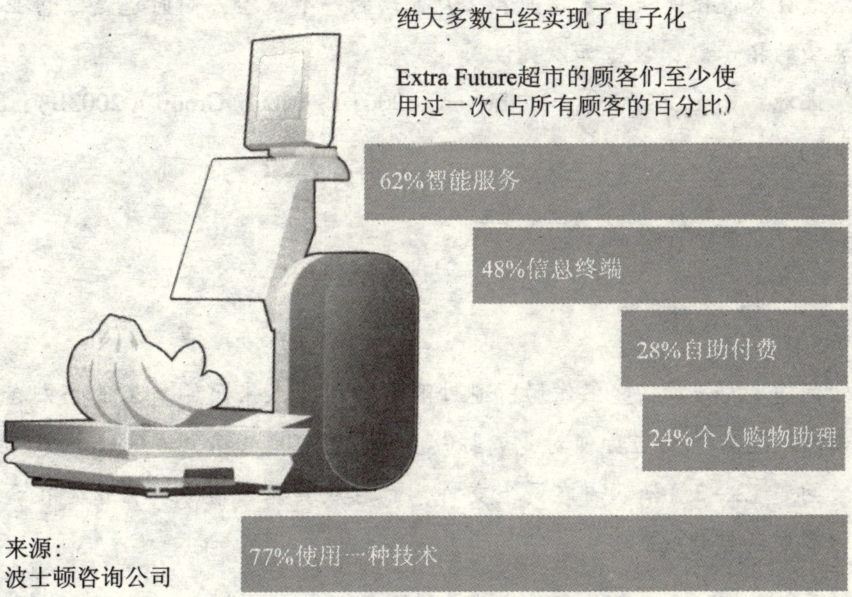

图12－9 “未来商店”的技术使用评估

来源：www. future-store. org。

学习笔记：

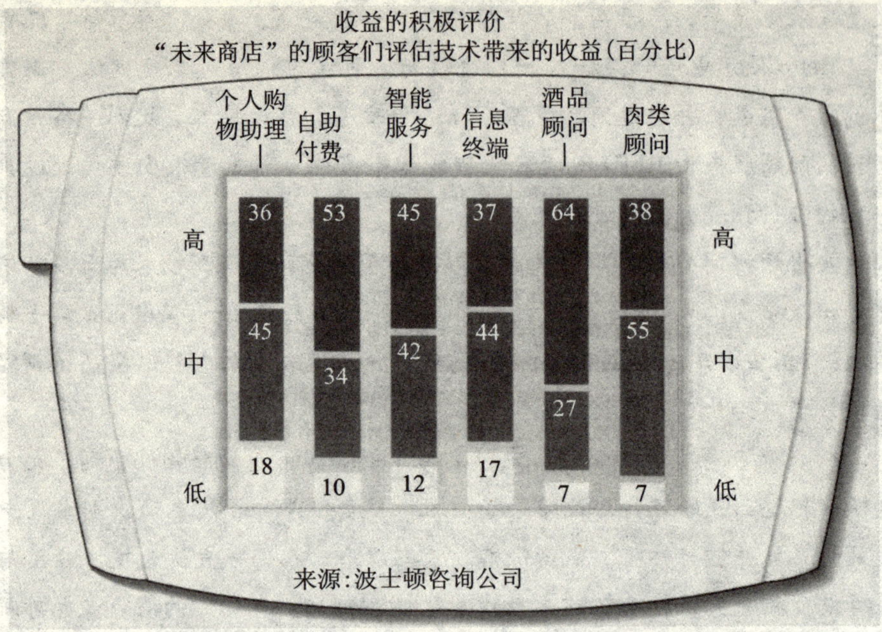

图 12－10　对未来商店新技术的积极评价

来源：www.future-store.org。

这并不仅仅是未来零售业和客户互动的一个试验，同时也是零售业未来展望的指示器，应当加以关注。

来源：Blau（2003）；Mathieson（2003）；Metro Group（2003b）；SN（2003）。

思考题

问题 12－1　一些工作场所通过限制网络接入来限制员工的个人在线活动，网上零售商应如何对此威胁做出反应？

问题 12－2　消费者在网上支付，然后从实体商店取货，这是在调配实体商店的销售吗？

扩展阅读

KAUFMAN-SCARBOROUGH，C. AND LINDQUIST，J. D.. 2002. ‘e-Shopping in a multiple channel environment’，Journal of Consumer Marketing，19（4）：333－350.

学习笔记：

OMWAND, H. K. , FAVIER, J. , VAN TONGEREN, T. AND MÉNDEZ, M. À. . 2003. Smart Multi-channel Grocery Retail Strategies, Forrester Research, www. forrester. com/ER/Research/eport/Summary/0, 1338, 16718, FF. html.

REH, F. J. . 2003. Pareto's Principle: The 80 – 20 Rule, Abiut Inc. , www. management. about. com/library/weekly/aa081202. htm [accessed 2 December 2003] .

SCHOENBACHLER, D. D. AND GORDON, G. L. . 2002. 'Multi-channel shopping: understanding what drives channel choice', Journal of Consumer Marketing, 19 (1): 42 – 53.

参考文献

AMAZON. 2003. Egghead Orders and Policy Info, Amazon. com, www. amazon. com/exec/obidos/tg/browse/ – /776128/102 – 7635508 – 9796126 [accessed 19 November 2003] .

ANONYMOUS. 2003. A Brief History of Barcodes, www. geocities. com/SiliconValley/Campus/8351/page1. htm [accessed 19 October 2003] .

BERRY, L. L. , SEIDERS, K. AND GREWAL, D. . 2002. 'Understanding service convenience', Journal of Marketing, 66 (3): 1 – 17.

BLAU, J. . 2003. Supermarket Tunes into Wireless, IDG, www. computerweekly. com/Article124242. htm [accessed 29 November 2003] .

CHO, Y. , I. , HILTZ, R. AND FJERMESTAD, J. . 2002. 'An analysis of online customer complaints: implications for web complaint management', Proceedings of 35th Hawaii International Conference on System Sciences, IEEE: Hawaii, pp. 1 – 10.

DAVIS, G. . 2001. Just Windows Shopping, The Standard, www. europe. thestandard. com/ articles/display/0, 1151, 15414, 00. html [accessed 16 May 2001] .

EDITOR. 2001. Traditional Retailers Eye Online Future, BBC News, www. news. bbc. co. uk/2/hi/business/1155860. stm [accessed 26 September 2003] .

EDITOR. 2002. The Quote 'May You Live in Interesting Times', BBC, www. bbc. co. uk/dna/ h2g2/alabaster/A807374 [accessed 26 September 2003] .

FENECH, T. . 2002. 'Antecedents to web cat abandonment', Proeedings of Australian and New Zealand Marketing Academy Conference (ANZMAC 2002), Gold Coast, Queensland/Melbourne, Victoria.

GENGLER, B. . 2003. 'Priacy problems for RFID', The Astralian, 22 July.

HURNG, A. S. AND CHRISTOPHER, D. . 2003. 'Planning an effective Internet retail store', Marketing Intelligence & Planning, 21 (4), 230 – 238.

KENNEDY, R. F. . 1966. May You Live in Interesting Times, Cape Town, SA: University of Cape Town.

学习笔记：

LIGHTFOOT, W.. 2003. 'Multi-channel mistake: the demise of a successful retailer', International Journal of Retail and Distribution Management, 34 (4), 220 - 229.

MATHIESON, R.. 2003. Shopping for Insights at 'The Store of the Future', HP-mpulse Magazine, www. cooltown. com/impulse/0803-supermarket. asp? print = yes [accessed 27 November 2003].

METRO GROUP. 2003a. Future Store Initiative, METRO Group, www/futurestore. org/servlet/PB/menu/1000372 _ 12/1066514206871. html [accessed 19 October 2003].

METRO GROUP. 2003b. Store of the Future Passes First Field Test, www. futurestore. org/servlet/PB/menu/100456 _ 12/1064707754311. html#7 [accessed 29 November 2003].

SHIM, R.. 2003. Wireless Credit Card in Development, CNET, www. news. zdnet. co. uk/software/developer/0, 39020387, 2135361, 00. htm [accessed 27 November 2003].

SN. 2003. 'Metro AG Future Store', Supermarket News, 12 May.

THORNTON, J. AND MARCHE, S.. 2003. 'Sorting through the dot bomb rubble: how did the high-profile e - tailers fail?' International Journal of Information Management, 23 (2), 121 - 138.

网站链接

www. beetton. com　贝纳通是第一批将 RFID 标签应用于追踪存货的厂商之一。

www. dhl. com　在线控制物流、追踪货船。

www. egghead. com　现在，部分亚马逊的业务在 www. amazon. com/exec/obidos/tg/browse/ - /776128/102 - 7635508 - 9796126 (19/11/2003) 上。

www. fedex. com　在线控制物流、追踪货船；为电子商务提供便利、提出建议。

www. kfc. com　肯德基使用 RFID 标签来控制存货项目。

www. mcdwireless. com　麦当劳在芝加哥、纽约、旧金山和加拿大的超过 100 家连锁店提供高速无线上网服务。2003 年 3 月，麦当劳进行了在线促销，并且对东芝笔记本电脑和掌上电脑等提供免费样品促销。

www. sears. com　为普通品类以及鼠标加水泥零售商提供网络信息和订单服务。

www. walmart. com　世界最大的零售商，曾尝试过多种技术来管理库存，其中一种就是 RDIF 标签。

www. withlist. com. au　网上购物网站，顾客可以安排将购买的商品寄往指定的 BP 服务站中去。

学习笔记：

思考题答案

1 网上零售世界

问题1-1 可能由于投资的高准备成本、经营成本以及知识和技术水平的需求而拖延了网站的建立。

问题1-2 地点不重要；大小也不重要；顾客量大。

问题1-3 如果其他银行的网上购物者获得了更好的交易，消费者可能认为他们没有被公平对待。

问题1-4 比起4P理论，7C理论有更多的顾客导向，更强调消费者的便利；客户价值和利益；顾客成本；沟通和客户关系。同时7C还包括比4P更多的零售细节，即计算和品类管理问题；客户特许；客户关注和服务。因此，7C比传统零售组合的低标准化模式更容易记住。

2 实践中的网上零售

问题2-1 在de Kare-Silver“ES”测试中得分很高。在三因素方面的特征为：

商品特征：属于低接触商品，便于邮寄。

熟悉度和自信度：客户通常明确知道他们在订购的是什么。

客户特征：客户群很年轻，有良好的教育背景，具有更高的社会经济地位。

问题2-2 在de Kare-Silver“ES”测试三因素的得分都很低。其特征如下：

商品特征：在挑选时高度感性（视觉的、触觉的和嗅觉的），属于高接触商品，容易腐烂，不能邮寄。

熟悉度和自信度：没有包装的商品（水果、蔬菜）易于在特征和质量上进行区别。

学习笔记：

客户特征：客户群年龄偏大，受教育程度低。

问题2－3 最初的英国网上零售商品之一Tesco致力于提高客户满意度，使用操作简单、性价比高的网上零售系统。

问题2－4 改进网页氛围，更有吸引力；互动的网站设计和版面设计，更顾客化和定制化。

3 组织中的网上零售整合

问题3－1 本章突出强调传统零售与网上零售进行整合的优点和缺点。例如，消费者可能在实体商店有经验积累，但对网络却可能一窍不通。文中知识链接1－1和知识链接1－2有更详细的介绍。

问题3－2 网上购物是受价格驱动的，在网上容易进行比价；与传统的实体店面相比，网上购物存在很多劣势，缺少实体店面的面对面互动。

问题3－3 公司必须保持品牌的一致性，不仅要关注商标、颜色和字体的一致，还要在价值和信息等方面保持一致，这样在价格和退货政策上才不会有冲突，而多渠道零售在这些方面存在障碍。

4 理解并与网上购物者沟通

问题4－1 为了获得消费便利和利益，以及其他一些原因。包括享受购物过程以及与其他人进行社会化的沟通。

问题4－2 实体购物和网上购物是不同的，有证据表明，网上购物不能像实体购物一样满足消费者的购物乐趣需求。但成功的网上零售商能够最大化满足顾客的享受和社会化的目的。

问题4－3 能通过提供社会经验，为具有相似兴趣的人建立交流平台，以及通过建立虚拟群体等途径实现。

问题4－4 例如，提供聊天室和公告板，提供商品评测工具、意见箱以及个性化服务。

5 网络信息搜索

问题5－1 创建具有吸引力的主页，有标题、相关信息，没有框架，

学习笔记：

提供商品和服务导航等。

问题5－2 改变内容！人们对相同的旧的内容感到厌倦，可以及时更新信息供人阅读。

6 网上商店设计：互动性、导航性和网页氛围

问题6－1 尽管设计问题对离线零售商很重要，但它们只是零售组合的一部分内容。而设计问题影响了网上零售的所有内容，包括导航性、互动性、关系和氛围。

问题6－2 我们必须对导航性的各个方面进行打分。如果你觉得网站在某个特征上表现得好或是不好的话，按照1～10的范围进行打分。如果浏览者在某个网站中很清楚自己所在的方位，其导航型得分可能为9/10，如果很难搞清所在方位的话，可能其得分仅为4/10。

问题6－3 如果你能找到一种方法来衡量每一个方面，就能清楚地理解哪些方面在起作用而哪些没有。使用指标进行衡量，如果结果表明某方面做得并不好（如只得到了4/10），则需要对网站进行再设计。这将会提高顾客满意度。

问题6－4 互动性发生在网站和用户之间。网站是一个运行实体，有提供服务、销售商品、处理货币的能力，每天提供24小时不间断服务，不受情绪影响。第6章介绍了互动性的7项范围，包括“帮助浏览者参与、学习和实践”以及“与用户建立紧密的顾客化关系”。指标衡量的方式与导航性类似。

问题6－5 沟通是建立各种关系的基础。网络互动性以沟通为基础，对于关系的建立非常重要。

问题6－6 这取决于读者对案例的选择。网上杂货零售等更多地使用网页氛围，这是由基本信息推动的。在线时尚购物有更大的需求和潜力使用网页氛围。

7 网上服务

问题7－1 宏观观点是关于网上服务的广义观点，在此观点下，网上服务和电子商务的意义相近。而微观观点则从特定网站为目标顾客提供的

学习笔记：

特定服务的角度来思考问题。

问题 7－2 Moon 和 Frei（2000）认为自我服务会陷入一种放任状态，让消费者通过自我服务解决所有问题，是网上零售商采用的一种懒惰的方式，这会使很多（但不是全部）消费者感到挫败，所以他们提倡用更合作化或是协同生产类型的方式来提供网上服务。

问题 7－3 在第 7 章中的关键事件研究中表述的要素是有很大不同的。互动性和信息是提高网上服务水平的有效方法，而降低网上服务水平的主要因素却是糟糕的送货或退货服务。起积极作用的因素可以看做是“激励因素”，而不能满足消费者需求、降低服务水平的因素可以看做是“保健因素”（见激励—保健双因素原理）。

问题 7－4 本题与问题 6－2 和问题 6－3 解答途径相似。事实上没有一个最好的衡量方法。可以在 1～10 的范围内进行打分（定量分析），也可以进行定性分析，只对关键事件做出“是”与“不是”的判断。你更喜欢哪一种呢？第 7 章的两节将网上服务指标看做为一种执行工具。

8 创建网络品牌

问题 8－1 很多人都进入了这个误区。符号和标语的使用是创建品牌的开始，它是品牌创建过程的一部分。但如果存在此误区，则可能错失建立和维持更强有力品牌形象的机会。更多地考虑品牌价值、内涵和本质，品牌建设将会更加成功。

问题 8－2 三个阶段为品牌概念（什么是品牌的基本思想）、建立品牌平台（包括个性、目的、不同点和品牌背景）和品牌要素的执行（要素是网上零售商与客户保持联系的所有的点），详见第 8 章。

问题 8－3 答案依赖于所选的网上零售商。第 6 章详细介绍了网页氛围，其关键是根据品牌的特征来选择合适的氛围。氛围和品牌之间的匹配是一个关键的品牌原则，能够证明氛围选择的正确性。

问题 8－4 第 8 章对此进行了详细阐述。其关键点在于，网上零售商需要通过互动性来更好地创建和发展品牌。同时，网上购物只需要通过点击鼠标就可以完成支付，存在很大的信用风险，因此，信任度也非常重要。

问题 8－5 这两个网上零售商在各自领域都做得非常出色，扮演着领

学习笔记：

导者的角色，在创新和网上零售的探索方面做出了众多努力和贡献，一些图书和报刊经常将其作为经典案例进行分析。希望读者能更深层次地对这两个公司进行研究。

9 网上购物中心

问题9－1 最重要的是管理租赁关系，如质量、服务、氛围和基础设施，还有在市场上确立合适的总体形象和地位。本章正文有更多的细节。

问题9－2 原则相同，应用时有细微差别。在网上购物中心中，租赁组合仍然是关键，过多小型纯粹网上零售商会对网上购物中心的信任度造成威胁。大型知名实体零售商不存在这个问题，但也不能有过多的www. clickandtrustme. com这样的零售商。

本章重点对互动性和信任度进行了研究，尤其是信任度，对于发展和建立网上购物中心至关重要。

问题9－3 第9章中Rowley（2000）的研究表明，可以从不同角度、通过各种方式来解释购物虫。这章主要从虚拟购物中心的角度来理解，但同时也可将其看成是智能购物助理。这种灵活的解释要求我们对第6章的概念进行重新定位，重新考虑导航性和信息搜索问题。

问题9－4 这个问题非常重要，涉及网上零售的所有基本原理。本章在结论一节中已讨论了很多作者的观点。网上购物中心在其生命周期的初期属于后进入者。在20世纪50年代，购物中心还是新兴事物，之后就迎来了快速增长期。大多网上购物经历都关注特定品类，专门的网上零售商和关注细分市场的网上购物中心因此得以发展。而一次进行多重品类采购的消费者更愿意到实体购物中心进行采购，因此传统的购物中心更具优势。

10 网上零售模型

问题10－1 通过和供应商、合作伙伴等的沟通协商，网上零售商认为分销渠道问题的处理不利于建立渠道成员之间的关系。

问题10－2 长久形成的购物习惯是重要原因。人们往往拒绝改变，“如果没有坏的话，就不要修理它”。目录用户习惯了以往的购物方式并乐

学习笔记：

在其中，他们认为网络技术也没有带来什么特别的好处。另外，目录定期、经常地发放，用户可以随时阅读，非常便利，而且查看商品时也不需要使用个人电脑。

11 移动购物

问题 11－1 WAP 手机已经投入使用，却没有预期的那样成功。使用中间设备，网络供应商将终端用户的信息聚集起来，并在手机中显示出来。这些信息移除了一些视觉细节，不需要像网页那样把信息做得丰富生动。随着移动通信技术的发展，屏幕日益清晰化，音效质量也不断提高，移动通信设备也能很好地显示计算机信息。

问题 11－2 Wi-Fi 并没有将商务人士排除在外。互联网提供了很多聊天和电子邮件功能，能加强脱离办公室的感觉。当用餐或喝茶时，Wi-Fi 又为商务人士检查文件和日程表提供了便利。

12 多渠道的成功和网上零售业的未来

问题 12－1 在不相关的工作场所工作。这不是一个新的概念，工作场所的社会俱乐部经常能够享受到零售商群体提供的特权待遇，从而刺激相关消费。管理人员和员工受到网上零售商的鼓励（如折扣、免费送货等），会选择与工作管理冲突较少的时间进行网上购物。

问题 12－2 这使得实体和虚拟店面之间的调配成为可能，而且会更好地提高销售额，尤其是当人们没有时间浏览实体商店，或者想要避开拥挤的人群时。

学习笔记：

术 语 表

Adobe Acrobat：Adobe 发展的 PDF 是电子文件转换的一种格式，保持文件的完整性，所以文件能够在各种计算机平台上浏览和打印，如 MS Windows，Linux，Apple Mac 和掌上电脑。

氛围（Atmospherics）：在实体零售商店中，零售商为提高销售额，从视觉、听觉、触觉和味觉等方面进行设计，以期对消费者产生感官刺激，从而产生下意识的情感反应。

条形码（Bar Code）：是一个图像化的商品认证标签，由黑白条束组成，通过扫描来进行信息记录。

招揽顾客的人（Barker/Spruiker）：叫喊特价的促销人员和吸引潜在消费者注意的零售商。

蓝牙（Bluetooth）：能够进行音频连接，并在小范围内可以进行设备数据连接的芯片技术，能够应用于手机、计算机和 PDA。蓝牙的创办成员有爱立信、IBM、因特尔、诺基亚和东芝。

品牌发展（Brand Development）：是一个三阶段的过程，包括品牌认知、品牌平台发展和品牌要素执行。

实体店/砖瓦加水泥（Bricks）：见商业街零售商。

鼠标加水泥（Bricks and Clicks）：见多渠道零售业。

宽带（Broadband）：连接互联网的一种方式，比拨号上网快得多。宽带能够节省下载音频和视频等文件的时间。这里对于速度没有一个明确的定义。

B2B：企业与企业之间的电子商务。

B2C：企业与消费者之间的电子商务。

品类管理（Catogory Management）：零售商、供应商管理品类的过程（像战略业务单位），通过强调提供顾客价值来提高绩效。

点击（Clicks）：见网上购物。

点击次数（Click Through）：衡量从其他网站链接进入的效率。例如，pages. britishlibrary/net/~cdennis 中标有亚马逊网站的链接地址，亚马

学习笔记：

逊每月都统计由此链接进入亚马逊网站的次数。

Cookie：包含用户标识的文件，通过网站服务器安装在用户浏览器上，允许用户和网站进行互动。尊重对用户的承诺，网上零售商通过Cookie使网站与用户的沟通顾客化，提高网上服务质量，使会员不需密码即可浏览网站；记录受欢迎的链接；进行人口统计；跟踪访客搜索偏好。

顾客特许（Customer Franchise）：顾客从形象、信任度和品牌等角度对网上零售商进行的评价。

客户关系管理（Customer Relationship Management） 目的是与老客户建立和保持良好的客户关系，立足于留住已有客户而不是吸引潜在消费者。此管理系统以计算机为基础，将客户信息与其他信息相结合。

目录（Directory）：网页有一系列的网站URL，通常以分级的方式进行管理。雅虎就是一个典型的目录网站。

脱媒（Disintermediation）：精减供应商数量。

网络泡沫破灭：投资者丧失信心，信息行业（尤其是新兴网络公司）的股价下跌。

两次选择进入（Double-opt-in）：在消费者寻找进入邮件列表之后，需要发短信确认他们真正要的是什么，保证了选择的正确性。

DVD：数字视频碟片。数字化数据的格式类型，与CD类似，具有更大存储量。DVD电影的视频和音频（需要有一个好的扩音器和话筒）与电影院播放的质量相近。因此，用户可以在家中建立自己的家庭影院。

网络品牌（e-Branding）：品牌原则的使用是为了建立一个网上零售商的品牌形象。见网络品牌模型。

高效消费者回应（Efficient Customer Response）：与准时制相似，关注总体供应系统而非个人效率。ECR的目的是减少总系统成本、存货和实体资产，改善消费者选择。ECR的要素包括有效率的“辅助手段”，如电子数据处理或缩短订购周期的网络连接，以及“商店分类”，如品类管理和空间分配。

电子数据处理（Electronic Data Interchange）：一种计算机系统，能在计算机之间进行大量数据交换（通常由第三方管理或由互联网提前设定）。

电子销售点（Electronic Point of Sale）：电子化处理的零售备用系统，使用条形码。数据能直接进入EDI或ECR系统来控制存货，进行再次订

学习笔记：

购（电子销售资金转换点——电子销售点——也能通过贷款或信用卡进行支付）。

网上购物中心（e-Mall）：也称为网络购物中心或虚拟购物中心。它将很多单独的网上零售网站联合起来组成一个虚拟中心，每个网上零售商为中心支付管理费用，与离线购物中心运作模式相似。

网上零售（e-Retail）：通过互联网或是其他电子渠道的商品和服务的销售，如消费者的个人或是家庭用途。

网上零售组合（或是零售组合）（7C）：网上零售商（零售商）为消费者提供价值的技术工具和组合。以营销组合的4P或4C为基础，网上零售成功的关键要素可以概括成7C：C1顾客便利；C2客户价值和利益；C3顾客成本；C4沟通和客户关系；C5计算和品类管理问题；C6客户特许；C7客户关注和服务。

网上服务（e-Service）：网站在与用户互动的过程中提供的各种客户服务。

网上购物（e-Shopping）：消费者通过网上零售渠道购买商品或服务。

网上商店设计（e-Store Design）：网上零售网站有目的的设计，包括对文本、图像和音频等的设计，范围涉及商品、价格信息、支付方法、导航性、政策、互动和网页氛围。见网上商店设计模型。

电子杂志（e-Zine）：只以电子形式出版的杂志。

常见问题解答（Frequently Asked Questions）：对网络用户经常提出的问题进行汇总并由网站集中解答。为了减少资源的浪费，对典型问题进行集中解答，避免出现使用80%的时间解答数量只占20%的问题的情况。

商业街（实体的）（High Street）：街道和购物中心的实体商店。

热点（Hotspot）：覆盖无线网络的区域，能通过硬件设备和合适的Wi-Fi接入无线网络。

超级链接（Hyperlink）：由图形或文本链接到其他图形、文本、文件名或网站的链接。用户只需要点击超级链接就能移动到相关目标文件中。

超文本（Hypetext）：在20世纪60年代中期，Ted Nelson在计算机协会（ACM）会议报告中首先提出这一术语。超文本包含交叉相关或交叉链接，是从一个文本到另一个的文本集合。

首次公开上市（Initial Public Offering）：IPO即公司股票第一次在股市上进行交易。此次发行能给公司未来经营发展募集所需的资金。

学习笔记：

互动性（Interactivity）：指用户和网站的沟通互动。网站是一个运行的实体，有提供服务、销售商品、处理现金的能力，无论何种情形都会提供不间断服务。互动软件程序根据用户的需求来输入相关信息，以满足用户的各种要求。互动指令的输入可以通过键盘命令、鼠标点击、操作杆运动、声音命令等方式进行。

准时（生产）制（Just in Time）：这是一套高效的柔性系统，以 IT 为基础，确保商品在准确的时间和地点进行生产，从而使订购数量和存货水平最小化。零售商的等价物是高效消费者回应。

LAN：本地网络的首字母缩写，在小范围区域内进行网络链接。

大量定制（Mass Customization）：在大范围内生产有特定设计要求的商品并进行订购。

集成搜索引擎（引擎）（Metacrawler）：一个提交搜索条件或其他单词的搜索引擎，搜索结果为相关网页列表，并发送给网上购物者。

小额支付（Micropayment）：通过提供支付前浏览、网络链接或网上服务来进行小额结算的方式。

中间设备（Middleware）：是一种软件，建立在用户需求的基础上，通过使用网络浏览器，使用户从数据库中获取数据，展示网页及其配置。

网络品牌模型（Model of e-Branding）：包括了所有影响网上零售商建立的最终网络品牌的所有概念因素。图 8－1 是一个六因素模型，包括导航性、网页氛围、互动性、信任度、品牌态度和品牌忠诚度。

网上商店设计模型（Model of e-Store Design）：结合了设计主要因素的模型，认为不同因素之间相互影响。图 6－4 是网上商店三因素的模型。三个因素相互影响，互动性影响网页氛围的导航性，而网页氛围和导航性又影响网络互动性。

移动购物（m-Shopping）：通过 WAP 或 3G 等移动沟通渠道进行商品和服务的购买，用于满足消费者个人或家庭使用目的。

多渠道零售（Multi-channel Retailing）：通过多种渠道进行零售，如商业街实体零售和网上零售。多渠道零售公司是为多渠道零售创造创新解决途径的软件公司。

多媒体信息服务（Multimedia Messaging Services）：3G 移动设备的信息服务，将图形和声音结合起来。

导航性（Navigatility）：用户在网站上随意、充分、有效沟通的能力，

学习笔记：

即在浏览时不会迷失。好的导航性的一个关键目标是在浏览网站时将浏览深度和冗余最小化。

选择进入（Opt-in）：选择进入项目是建立在准许接收邮件的基础上的，如点击确定，用户则进入相关列表。但其中有些服务并没有受到用户的认同（见两次选择进入）。

选择退出（Opt-out）：点击选择退出项目即可以从邮件列表中移除。如果用户没有注意到"如果不想接收邮件，请点击这里"的项目，就可能被自动加到邮件列表中。

个人数字助理（Personal Digital Assistant）：由苹果机推出的 Newton 系列移动设备，后来通过 3Com's 成为 Palm Pilot。PDA 是一种移动电脑装置，具有编写日记、单词查找、电子邮件发送和网络入口等功能。在移动购物中，PDA 具有目录功能，Tesco 通常使用 AvantGo 来提供商品信息。订单信息可以自动保留，当 PDA 下次与网络链接时，订单可以自动发出（与 3G 或 WAP 不同）。PDA 也叫口袋 PC。

许可营销（Permission Marketing）：仅针对于具有特殊要求的个人，受限于消费者授予的许可范围，用来建立信任度。

个人数码助理（PDA）：见 PDA。

平面图（Planogram）：商店中对特定范围内商品位置的描述和导航。

P2P：个人对个人的电子商务，个人之间直接进行联系而不是通过服务平台，如共享音乐。

无线射频辨识系统或智能识别技术（Radio Frequency Identification）：这是一个卫星电子装置，能够追踪实体方位并执行一些其他工作，将自动识别和数据挖掘结合起来（实时信息收集系统 AIDC）。

零售业（Retail）：通过分销渠道或渠道组合，向个人或家庭提供商品或服务。

零售组合（7C）（Retail Mix）：见网上零售组合。

搜索引擎（Search Engine）：网上购物者用于搜索的应用程序，输入条件就能得到相关的 URL 列表。

搜索条件、词语（Search Term/Word）：网上购物者描述他们感兴趣的一些东西的单词或词组，输入搜索引擎进行搜索，如"香波"等。

网上零售商的服务（Service Component for an e-Retailer）：网上零售商为帮助消费者选择商品、进行结算支付和进行配送所提供辅助性

学习笔记：

服务。

购物虫（Shop Bot）：亚马逊有你想要的 CD，但价格是最低的吗？送货价格呢？购物虫回答了这些问题。这是一种软件程序，能够将传统的网络冲浪自动化，并在网络搜索最低的价格或是最短的送货时间。例如购买 CD，尝试使用 www. comparebeforeyoubuy. com。购物虫能够从消费者或网上零售商的角度来考虑问题。

购物车（Shopping Cart）：实体商店购物车的电子化代表。网络购物者在购物结束之前将选购的商品放入购物车中。

短信系统（SMSs）：一种越来越受欢迎的文本信息系统。

蛇形图（Snake Diagram）：适合多维度的市场定位图。使用蛇形图，能从两种以上维度上比较网上零售商，突破了传统市场定位图的局限。在图 8－2 中，我们能够同时在从七个方面对三个网上零售商进行比较。

发送垃圾邮件（发送干扰信息）（Spam/Sending Persistent Annoying Message）：主动发送的垃圾邮件。垃圾邮件和许可营销相反，指大批量主动发送给地址数据库所有用户的信息。这个词来源于 Monty Python 传单，经常在用餐时间发放。

新兴公司（Start-up）：新建的公司，通常是通过自筹或募集资金建立起来的。新兴公司的新型业务可能同时具有先行者的优势和劣势。另外，与同一部门的既存公司相比，可能存在经验不足的劣势。

流媒体（Streaming）：直接通过网络播放音频或是声频（如收音机或是 TV），和下载文件再播放是不同的。

T 商务（T-commerce）：通过互动电视进行的电子商务，受电视购物的鼓动。

3G：第三代移动电话技术，能够进行快速数据传输，快速进行网络连接。3G 和 WAP 移动消费定单能够直接设置。

24/7：每周 7 天、每天 24 小时的无间断服务（如零售业）。

增值税（Value Added Tax）：向商品征收的一种税。

可视图文（Videotex）：这是一种早期的、以电视为基础的数据转换系统。它的用途逐步被替代，退化为显示字幕的功能（为听力减弱的人服务）。在法国，可视图文产业在国家电信组织旗下专为小型电视机产业。

病毒营销（Viral Marketing）：利用互联网的网络效应（Network Effect），通过消费者的普遍认可而使信息得到广泛传播。

学习笔记：

病毒（Virus）：这是一种计算机符号，将自己与其他程序相链并进行自我复制，具有传播性，危害计算机管理。

无线应用协议（Wireless Application Protocol）：这是手机或其他移动设备适用的一种网络连接标准，方式简便，适于手机的小屏幕。此系统能够通过一个无线服务平台接收和发送信息。WAP 和 3G 能够快速直接地下达移动购物订单。

网页氛围（Web Atmospheric）：从感官上来刺激消费者，通常使用不同水平的图像、视觉、声音、颜色、商品说明和 3D 显示等。网上零售商店通常使用网页设计（如框架、弹出、点击进入）、多媒体（视频、音频、图像和颜色管理）、版面设计、可用性（搜索工具、组织和商品种类）以及音乐等来创造网页氛围。理论上，氛围还包括触觉和味觉、个性化/定制化、视觉的和录像程序、文本、导航性和网络的可用性。

网络爬虫（Web Crawler）：通过搜索引擎来设置数据库的程序。

Wi-Fi：无线保真的缩写形式，是 IEEE802. 1 1b 传输的别名。这是客户与基站之间或客户之间的无线连接。此术语通常和无线以太网兼容联盟（WECA）相联系。Wi-Fi 在 802. 1lb 上使用，与 IEEE802. 3 的情形类似。

无线本地网络（Wireless Local Area Network）：Wi-Fi 网络覆盖区域的计算机连接。

蠕虫（Worm）：一种病毒程序，能自我复制、随意流动并损害计算机网络。